大成·集
丛书主编／韩光

私募股权基金
行业合规管理实务

操作指引与实务范本

张 颖 ◎ 主 编

中国法制出版社
CHINA LEGAL PUBLISHING HOUSE

编委会

丛书主编：韩　光

主　　编：张　颖

编委会成员：王燕平　朱丽静

　　　　　　罗　超　方　琪

作者简介

韩光 "大成·集"丛书主编，北京大成律师事务所公司专业委员会主任。

张颖 北京大成（成都）律师事务所高级合伙人，毕业于西南政法大学经济法系，先后取得四川大学法律硕士学位，西南财经大学工商管理硕士学位。主要执业领域为私募股权和投资基金、公司并购、国资监管。在上述业务领域为客户提供全面的法律服务，参与数十家基金管理机构客户的组建、管理人登记和产品备案、项目投资和公司运营等法律服务工作，提供包括交易结构设计、交易谈判、起草交易文件等法律服务，以及就基金管理机构和基金日常合规运营涉及的各类问题提供法律咨询。

王燕平 北京大成（成都）律师事务所合伙人，毕业于南开大学，所学专业为法学，获得法学硕士学位。主要执业领域为基金、债券、证券及公司法律顾问等业务。在私募基金业务领域，擅长基金公司的设立、管理人登记、入会、产品备案、投资并购及常年法律顾问服务。2018年至今多次受邀参与四川证监局私募基金专项检查工作。

朱丽静 北京大成（成都）律师事务所合伙人，毕业于西南政法大学，所学专业为经济法，获得法学硕士学位。主要执业领域为私募股权与投资基金、资本市场、银行金融及公司法律等业务。曾负责并参与了多家企业、政府引导基金的私募基金管理人登记备案、募集投资和退出业务，熟悉私募基金募投管退各环节。多年受邀参与四川证监局私募基金现场检查和培训工作。

罗超 北京大成（成都）律师事务所资深律师，毕业于西南政法大学，所学专业为民商法，获得法学学士学位。主要执业领域为私募股权基金、公司商事等业务。在私募基金领域，曾负责多家大型国有、民营私募基金管理人登记业务，参与多只私募股权基金产品设立、组建、备案，并担任数家大型国有私募基金管理机构的常年法律顾问。曾参与某区级引导基金管理办法、实施细则以及绩效考评制度的拟定，并协助多家基金开展对外投资与并购。

方琪 北京大成（成都）律师事务所资深律师，毕业于四川大学，所学专业为法学，获得法学学士学位。主要执业领域为证券、私募基金、金融、公司投资与并购。在证券领域，方琪律师曾负责多家企业的改制上市及新三板挂牌项目；在私募基金领域，负责多只基金对外投资以及私募基金管理人登记等私募业务，长期为基金管理机构提供常年法律服务；在投资与并购领域，参与多家拟上市公司和上市公司的收购重组以及国有企业投资并购项目。

序言1

近年来，企业合规运营越来越受到社会和政府监管部门的重视，大成律师事务所一直致力于为企业合规运行保驾护航，对这一法律服务领域始终保持关注。大成律师事务所已为多家大型央企、上市公司提供了合规管理体系建设专项服务，并梳理编写了不同行业、不同类型企业的系列合规手册，积累了大量合规管理法律服务的一线实务经验。

2021年4月13日，ISO 37301:2021《合规管理体系要求及使用指南》(Compliance management systems-Requirements with guidance for use)国际标准正式发布实施。北京大成律师事务所多名合伙人作为国内专家组成员也全程参与了起草、国家标准转化和认证通则制定等工作。

私募股权投资基金行业方兴未艾，合规管理任重道远。自2013年私募股权投资基金的管理职责划归证监会，并授权基金业协会管理后，我国逐步建立起了"7+4+2+N"的多层次自律管理体系，与《私募投资基金监督管理暂行办法》共同奠定和确立了中国私募股权投资基金的现行监管框架。在这样一个发展历程中，合规一直是私募股权投资基金行业发展的基础。为此，基金业协会先后发布了公募和私募证券投资基金的《行业合规管理手册》，并于2021年6月正式发布《私募股权投资基金行业合规管理手册》，本书的内容与《私募股权基金合规手册》十分匹配，配套使用可以很好地解决基金从业人员日常遇到的合规管理实务问题。

北京大成律师事务所公司专业委员会主任

韩 光

序言2

私募基金合规在路上

2006年3月开始实施的《创业投资企业管理暂行办法》(以下简称《创投办法》)是中国私募基金发展史上最早立的"规",当时确立的是"自愿备案"的政策,即如果完成备案就享有优惠,但同时要按照该办法规定运作。《创投办法》确立了出资人数限制、单个投资者投资不低于100万元(算是一个简易版的合格投资者标准)、单一项目投资不超过20%、存续期不少于7年、实收资本不低于3000万元,并对管理团队、经营范围作出了要求,给处于成长初期的中国创投行业厘定了基本规范。看到这里你会发现,近期国家发改委出台的《创业投资主体划型办法(征求意见稿)》仍然是脱胎于《创投办法》的原型,是对《创投办法》的呼应,以及对创投行业进行备案管理的坚持和努力。2006年4月,国家发改委办公厅发布《关于做好创业投资企业备案申请受理工作的通知》,发改委开始作为主管部门,对行业进行备案管理。这开始让业界认识到,做创投也要注意合规,但当时大家并没有感受到太大的合规压力,一方面,备案是自愿的;另一方面,《创投办法》除了取消备案之外,并没有更多的"处罚"措施。

2007年6月1日新修订的《合伙企业法》实施,该法首次引入了"有限合伙"这一在国外私募基金行业广泛采用的组织形式。当时大家对此还非常陌生。我亲历的一个"插曲"——一位基金负责人向募资对象介绍说GP出1%，负责管理基金，赚了分20%，赔了就大家共担，每年收2%管理费，LP不能干预管理，这是国际通行的模式，在座的一位国企领导听完脱口而出，这就是骗子，国际诈骗通行模式吧？！当时也很少有地方给予注册。但很快天津市大胆尝试，率先发力，允许合伙制基金注册，并给予优惠待遇，这让天津迅速成为中国私募基金聚集地。遗憾的是，在繁荣的同时总伴随着风险，古老的非法集资在私募基金行业上借尸还魂，2012年前后"天津卓远案"等一系列借助私募基金进行非法集资案件，让政府管理部门意识到私募基金的法律风险和社会风险，也让监管层和业界首次认识到私募基金"合规"存在的意义。直到现在，"非法集资"仍然是私募基金行业发展过程中如影随行的顽疾。

2012年修改，并于2013年6月1日生效的《证券投资基金法》首次在第十章引入"非公开募集基金"的概念，并在第九十条、第九十五条规定了私募基金管理人向基金业协会登记及基金募集完毕后向基金业协会备案的要求。虽然《证券投资基金法》并未成功摘除"证券"的帽子，但是其第九十五条第二款，实际埋下了扩展的伏笔。非公开募集基金财产的证券投资，不仅包括买卖公开发行的股份有限公司股票、债券、基金份额，还包括国务院证券监督管理机构规定的其他证券及其衍生品种。2014年8月21日证监会颁布的《私募投资基金监管管理暂行办法》第二条第二款规定，私募基金财产的投资包括买卖股票、股权、债券、期货、期权、基金份额及投资合同约定的其他投资标的。其中的"股权"二字，就很好地跟《证券投资基金法》第九十五条第二款呼应，形成闭环，从而把"私募基金"（含私募股权基金）纳入《证券投资基金法》管辖范围，继而于2012年6月6日成立的中国证券投资基金业协会依法获得了对私募基金管理人登记及私募基金备案的法定权限。证券投资基金通常是契约式，而私募股权基金采用有限合伙制较多，为此，《证券投资基金法》第一百五十三条还专门规定公开或者非公开募集资金，以进行证券投资活动为目的设立的公司或者合伙企业，资产由基金管理人或者普通合伙人管理的，其证券投资活动适用本法。在组织形式上，也形成了闭环。

基金业协会成立伊始，并未引起业界足够重视。最早证监会希望通过允许私募机构从事公募业务，发展大资管的方式，吸引机构入会，为此于2013年2月发布了《资产管理机构开展公募证券投资基金管理业务暂行规定》，其中规定，申请开展基金管理业务的资产管理机构的条件之一就是成为"基金业协会会员"。而发改委则发文要求PE不得参与发起或管理公（私）募证券投资基金、投资金融衍生品、发放贷款等。这让业界很多机构对是否入会持观望态度。我所在的大成律师事务所在我的推动下成为最早入会的会员单位之一。

直到2013年6月27日，中央编办通知划分了国家发改委和证监会的权限，该通知明确，证监会负责私募股权基金的监督管理，实行适度监管，保护投资者权益；发展改革委负责组织拟订促进私募股权基金发展的政策措施，会同有关部门研究制定政府对私募股权基金出资的标准和规范；两部门要建立协调配合机制，实现信息共享。自此，私募基金行业监管进入证监会监管加基金业协会自律监管为主导的时代。

2014年1月基金业协会制定的《私募投资基金管理人登记和基金备案办法（试行）》几乎没有设置任何门槛。实际当时证监会《私募投资基金监督管理暂行办法》尚未出台（出台时间是2014年8月21日）。直至2016年2月5日发布的《关于进一步规范私募基金管理人登记若干事项的公告》（以下简称《二五公告》），行业才开始进入"强监管"阶段。伴随着《二五公告》，基金业协会迅速推出了"7+2"的自律规则体系，涉及募集行为、托管等方方面面，初步建立了我国私募基金的行业自律规范体系。但徒法不足以自行，现在回过头来看，2008年金融危机之后十年，是中国影子银行无序大发展的十年，私募基金行业自然也不能独善其身，一时间各种"伪私募"充斥市场，"资金池""通道""多层嵌套""拆份对接互金平台"等成为市场非常熟悉的套路，在当时环境下，如果一个律师跳出来谈私募基金"合规"，恐怕等待他的只会是冷笑。

2018年4月27日，《关于规范金融机构资产管理业务的指导意见》（以下简称《资管新规》）出台，无疑是整个资产管理行业的里程碑事件，它改变了整个行业的法律环境和生态基础，整饬了市场各种乱象。此后，中国人民银行、证监会、银保监会等金融相关的六大部门，纷纷跟进出台各种配套文件，落实《资管新规》的要求。严格来说，根据《资管新规》第二条第三款，普通的私募基金管理人管理的私募基金并不在《资管新规》的管辖范围，该款规定私募投资基金适用私募投资基金专门法律、行政法规，私募投资基金专门法律、行政法规中没有明确规定适用本意见，创业投资基金、政府出资产业投资基金的相关规定另行制定。但是作为一个重要的资产管理产品类型，私募基金当然不会也不能置身事外，相反，监管机构不断加码，陆续更新了《私募基金管理人登记须知》《私募投资基金备案须知》等文件，大幅度提高了私募基金管理人登记及私募基金备案的规范要求。2020年12月30日，证监会出台《关于加强私募投资基金监管的若干决定》，在未修改105号文的情况下，对亟待解决的若干问题进行了补充。

在规则逐步到位，市场不断出清，投资者被反复再教育的历史演进之下，时至今日，私募基金合规对于私募基金管理人来讲，已经从"要我学"变成了"我要学"。在今天的监管环境和市场环境下，如果一家机构不懂合规，不重视合规，可以说一定会被"合规"所教育。合规一方面是监管的强力要求，另一方面也是市场投资者的门槛要求。在募资难的市场环境中，不合规的做法不再可能被机构投资者所接受，相反，大家都开始主动追求远超合规要求的最佳实践。但是如何借助企业合规的体系化视角，审视和构建适合私募股权基金的合规系统，应当说还是个空白点，我的同事们推出的这本书，借助企业合规的理论框架和最佳实践，系统梳理了私募股权基金合规的全貌，并给出了自己的量化建议，可以说很好地完成了这项基础性工作，非常值得大家参考。

私募基金合规永远在路上。展望未来，私募基金合规还将面临很多亟待解决的问题，而且合规必须要先有好的"规"，"规"本身也在不断发展完善当中。我国私募基金法律体系，在立法、执法、司法、守法等各方面，都还有很多工作要做，也有很多现实问题和将来可能发生的风险需要面对。我自己在这方面也一直努力保持思考，表达个人不成熟的观点。篇幅所限，试举一例。比如我们经常谈及的私募基金管理人的"信义义务"问题，虽然说管理人应当履行信义义务已逐渐成为共识，但无论是《证券投资基金法》第九条，还是《资管新规》第二条等，都大体表述为"恪尽职守，履行诚实信用、谨慎勤勉的义务"，随后会做很多列举，要求管理人不得如何如何，比如《关于加强私募投资基金监管的若干规定》第九条规定。但是诸如不得占用基金资产、公平对待投资者等，似乎都是最基本的底线，换句话说是最低要求，而非最高或者严格要求。参考2019年6月，美国证监会发布的《关于投资顾问行为标准的解释》，"为了客户最佳利益行事"才是统摄"忠实义务"和"注意义务"的核心标准和最高原则。在我国的法律体系中，只有《信托法》第二十五条准确地表达了"信义义务"的精神实质，该条规定，受托人应当遵守信托文件的规定，为受益人的最大利益处理信托事务。受托人管理信托财产，必须恪尽职守，履行诚实、信用、谨慎、有效管理的义务。这其中的"为受益人的最大利益处理信托事务"是最核心原则，而第二款的"有效管理"一词，可谓切中当下时弊。简单以"诚实信用、谨慎勤勉"阐述加禁止行为的列举，可以说在某种程度上是对"信义义务"的矮化。较真这一点并非咬文嚼字，因为如果规则体系没有一个核心准则和精神实质的指引，就会让"合规"变为形式主义和应付的套路，比如现在募资时履行的投资者适当性程序，很多情况下就是机械地填问卷，而且是为了填而填，距离美国证监会发布的《关于投资顾问行为标准的解释》中反复强调的基于客户和投资顾问之间的关系，而挖掘客户需求，从客户最佳利益出发服务客户，恐怕还有很大的差距。再如，很多基金管理人所谓的尽责实质就是告诉别人"我都做了"，但是从"有效管理"的视角看，差距还很大，相反，可能恰恰是无效管理。我讲一个亲历的案件：一家管理人搞非标债权投资，实际就是围绕解决一家上市公司大股东融资需求，表面看也做了几张纸的尽调，但是实际根本没有深入考察合作方的偿付能力，出了兑付危机之后，也只是满足于说你看我也跟进起诉了。募集过程则是通过一个中间方忽悠投资者使其认为其为固定收益产品。这哪里是为客户最佳利益服务，完全是为了自己的最佳利益服务。这种案例在实践中仍不少见，而且一旦出现问题，投资者维权非常困难。对照现有的标准，它似乎做得面面俱到，法院或仲裁庭面对几张纸的所谓尽调报告，还是不敢判管理人失职。《全国法院民商事审判工作会议纪要》第八十八条第二款规定，根据《资管新规》的规定，其他金融机构开展的资产管理业务构成信托关系的，当事人之间的纠纷适用信托法及其他有关规定处理。但对于私募基金能否适用《信托法》，还颇有争议。

私募基金合规可谓任重道远，好在千里之行始于足下，开始就是成功的一半。期待我同事们的这本书成为私募基金合规演进道路上一块坚实的铺路石。

北京大成律师事务所高级合伙人

李寿双

简称表

本书中，下列词语具有下述含义：

全　称	简　称
中国证券投资基金业协会	基金业协会 / 中基协 / 协会
中国证券监督管理委员会	证监会
中华人民共和国国家发展和改革委员会	发改委
中国银行保险监督管理委员会	银保监会
国家外汇管理局	外管局
中华人民共和国财政部	财政部
国务院国有资产监督管理委员会	国资委
政府主管市场监管和行政执法的部门，2018年3月更名为市场监督管理局	工商部门 / 工商主管部门
《中华人民共和国公司法》	《公司法》
《中华人民共和国信托法》	《信托法》
《中华人民共和国合伙企业法》	《合伙企业法》
《中华人民共和国证券法》	《证券法》
《中华人民共和国证券投资基金法》	《证券投资基金法》
《中华人民共和国民法典》	《民法典》
《中华人民共和国企业国有资产法》	《国有资产法》
《企业国有资产交易监督管理办法》	32号令
《创业投资企业管理暂行办法》	《创投办法》
《私募投资基金监督管理暂行办法》	《私募管理办法》
《全国法院民商事审判工作会议纪要》	《九民纪要》
《关于规范金融机构资产管理业务的指导意见》	《资管新规》

续表

全　称	简　称
《关于加强私募投资基金监管的若干规定》（2020年12月30日发布）	《若干规定》
《私募投资基金管理人内部控制指引》	《内部控制指引》
《基金管理公司风险管理指引（试行）》	《风险管理指引》
《私募投资基金管理人登记和基金备案办法（试行）》	《登记备案办法》
《私募投资基金募集行为管理办法》	《募集行为管理办法》
《私募投资基金信息披露管理办法》	《信息披露管理办法》
《私募基金管理人登记法律意见书指引》	《法律意见书指引》
《私募基金登记备案相关问题解答（七）》	《问题解答（七）》
《私募基金登记备案相关问题解答（十二）》	《问题解答（十二）》
《私募基金登记备案相关问题解答（十三）》	《问题解答（十三）》
《私募基金登记备案相关问题解答（十四）》	《问题解答（十四）》
《私募基金登记备案相关问题解答（十五）》	《问题解答（十五）》
《私募基金管理人登记须知》（2018年12月更新）	《登记须知》
《私募投资基金备案须知》（2019年版）	《备案须知》
《私募基金管理人登记申请材料清单》（非证券类）	《登记材料清单》
《政府出资产业投资基金管理暂行办法》（发改财金规〔2016〕2800号）	《政府出资产业投资基金管理办法》
《政府投资基金暂行管理办法》（财预〔2015〕210号）	《政府投资基金管理办法》
《保险资金投资股权暂行办法》（保监发〔2010〕79号）	《保险资金投资股权暂行办法》
《中国证券投资基金业协会会员管理办法》	《会员管理办法》
《中国证券投资基金业协会章程》	《协会章程》
《中国证券投资基金业协会纪律处分实施办法（试行）》	《纪律处分实施办法》
《中国证券投资基金业协会会员登记注册程序》（中基协发〔2012〕5号）	《会员登记注册程序》
《商业银行理财子公司管理办法》（中国银行保险监督管理委员会令2018年第7号）	《商业银行理财子公司管理办法》
《证券期货经营机构私募资产管理业务运作管理暂行规定》（证监会公告〔2016〕13号）	《私募资产管理业务运作》

续表

全　称	简　称
私募股权基金管理人	管理人
向基金业协会提交私募基金管理人登记的机构	申请机构
资产管理业务综合报送平台 https://ambers.amac.org.cn/	AMBERS 系统
私募基金信息披露备份系统 https://pfid.amac.org.cn/	信息披露备份系统
《私募股权投资基金行业合规管理手册》	《私募股权基金合规手册》

目录

002 **第一章 私募基金行业法律风险控制与合规管理**

005 　一、私募股权投资基金法律风险控制与合规管理

006 　　（一）私募基金法律风险管理体系

007 　　（二）私募基金内部控制活动

008 　　（三）私募基金风险管理、内部控制与合规管理的关系

009 　二、私募股权投资基金管理人的合规管理步骤

011 　　（一）私募基金合规管理的内部、外部环境分析

016 　　（二）合规管理风险的识别和分析

017 　　（三）完善合规管理架构

018 　　（四）明确合规管理职责

018 　　（五）建立健全合规管理制度

019 　三、合规管理风险指标库

019 　　（一）合规管理风险指标库的编制说明

020 　　（二）合规管理风险等级划分标准的说明

022 　　（三）合规管理风险指标库的构成

030	**第二章　管理人登记及合规运营指引**
032	一、管理人设立
032	（一）管理人设立的基本要素
047	（二）管理人设立的程序
050	二、管理人登记
050	（一）登记审核要点
063	（二）申请登记材料
065	（三）中止办理
066	（四）不予登记
073	三、重大事项变更
074	（一）需提交专项法律意见书的重大事项变更情形
074	（二）重大事项变更要求
076	（三）重大事项变更相关限制性要求
080	四、入会
080	（一）入会条件
080	（二）会员类型
081	（三）会员权利
083	（四）会员管理措施
089	五、管理人持续合规
090	（一）基础性要求
091	（二）信息披露管理
106	（三）人员管理
110	（四）基金投后管理
112	（五）诚信管理
115	（六）管理人资格注销

126	**第三章 基金产品设计、募集、备案及变更合规指引**
128	一、基金产品设计
128	（一）基本信息
148	（二）治理结构
153	（三）基金托管安排
157	（四）投资范围
162	（五）费用及分配
165	二、基金募集流程
166	（一）基金募集流程图
167	（二）建立基金募集制度文件
169	（三）基金募集方式
170	（四）特定对象确认
173	（五）基金推介
176	（六）投资者适当性匹配
181	（七）风险揭示
182	（八）合格投资者审查
188	（九）签署基金合同及缴款
192	（十）冷静期起算及回访确认
201	三、私募基金备案
201	（一）备案时间要求
201	（二）备案材料
202	（三）常见基金备案反馈问题及建议
204	**第四章 基金投资合规指引**
206	一、基金投资决策流程
206	（一）基金管理人内部投资决策

208	（二）基金内部投资决策
214	（三）基金外部投资决策
214	（四）关联交易投资决策
215	二、基金尽职调查
216	（一）基金管理人尽职调查
216	（二）拟投资标的基金尽职调查
223	三、基金运作方式
232	**第五章　基金退出合规指引**
235	一、项目退出
235	（一）项目退出程序
237	（二）项目退出涉及的相关问题
254	二、投资者退出
254	（一）投资者退出的程序
255	（二）投资者退出涉及的相关问题
265	三、基金清算
265	（一）基金清算程序
265	（二）基金清算合规依据
269	（三）管理人后续工作
276	**第六章　基金参与资本市场投资的合规指引**
278	一、基金参与首次公开发行股份并上市(IPO)涉及的重点问题
278	（一）"三类股东"的问题
292	（二）私募股权投资基金备案的问题
296	（三）是否涉及穿透核查的问题
308	（四）私募股权投资基金的减持和锁定期要求

321	二、基金参与上市公司非公开发行股票
321	（一）关于私募股权投资基金作为认购对象适格性核查
322	（二）私募股权投资基金或资管计划作为认购对象认购上市公司非公开发行股票应履行的核查要求

| 328 | **附录一：《私募股权投资基金合规风险管理指标库（范本）》** |
| 362 | **附录二：私募基金管理人登记法律尽职调查清单** |

私募股权投资基金行业方兴未艾,合规管理任重道远!

CHAPTER 1

第一章

私募基金行业法律风险
控制与合规管理

☑ 一、私募股权投资基金法律风险控制与合规管理
☑ 二、私募股权投资基金管理人的合规管理步骤
☑ 三、合规管理风险指标库

自2014年《私募管理办法》颁布以来，私募基金行业得到了前所未有的发展，截至2021年6月30日，根据基金业协会的官方公示，通过登记的私募基金管理人24476家，备案的私募基金产品108848只，已备案基金实缴规模达到17.88万亿元。私募基金行业已成为促进创新资本形成、服务实体经济以及推动科技和产业创新的新力量，成为我国现代金融体系的重要组成部分、资本市场最重要的专业机构投资者。

私募基金行业快速发展基于私募基金作为投融资工具所具备的灵活性特点，私募基金通过私募管理人的专业能力，发现新的具有长期价值增长的投资标的，通过"投早、投新、投小"，发现价值和管理风险来获得超额收益。此种灵活性特点在募资端表现为投资人与私募基金管理人的关系建立依托于基金合同；在投资端表现为私募基金与目标公司的权利义务依托于投资协议；在基金管理过程中基金合同义务的履行主要依靠基金管理人的诚实信用、基金业协会的自律监管。在合同意思自治的前提下，私募基金"募投管退"过程中各方权利义务的设置、收益分配的约定以及责任的承担均依赖于基金合同约定和从业机构人员自身对信义义务的遵守。信义义务是将投资者的利益置于自身利益之上的一种积极尽职义务，此种义务的履行并不能完全依靠法律和行政监管来制约，只能依靠整个私募基金行业机构和从业人员的自律行为来实现。

私募基金作为投融资工具，其所体现出来的灵活性特点以及对创新标的的青睐和对高额投资收益的追求都使其面临巨大的投资风险。而私募基金行业在我国发展历史较短，目前全行业信义义务的共识和合规文化尚未形成，这使整个行业面临较大的法律风险和合规管理压力。特别是私募股权投资基金，由于发展时间最短，投资方式复杂多变，成为私募基金行业合规管理最困难的一个领域，本书将重点予以探讨。

一、私募股权投资基金法律风险控制与合规管理

自 2013 年私募股权投资基金的管理职责划归证监会，并授权基金业协会管理后，基金业协会逐步建立起了多层次的自律管理体系，与《私募管理办法》共同奠定和确立了中国私募股权投资基金的现行监管框架。在这样一个发展历程中，"合规"一直是私募基金行业发展的核心关键词。

私募股权投资基金管理人在建立风险控制和合规管理体系时，主要依据《内部控制指引》的相关规定，并参考基金业协会颁布的《风险管理指引》。《风险管理指引》适用对象是公募基金管理公司，其适用范围并不包含私募基金，但由于私募基金尚无专门的风险管理指引，故大多数律师在制定审核私募股权基金管理人风险管理制度时均参考之。其实两个指引对于风险管理和内部控制的理论和方法，主要来源于 COSO[①] 颁布的《企业风险管理框架》和《企业内部控制框架》，虽然 COSO 颁布文件的名称、框架、原则和要素在不断更新，但基本的管理和控制活动原理并没有大的变化，主要包括：控制环境、风险评估、控制活动、信息与沟通、监督。本书将主要基于上述两个指引的内容和 COSO 的风险管理框架来梳理私募股权投资基金管理人的风险管理和合规管理活动。

---

① 美国反欺诈财务报告委员会（The Committee of Sponsoring Organizations of the Treadway Commission, COSO）网站为 www.coso.org。

（一）私募基金法律风险管理体系

《风险管理指引》[①]共五章，总计43条，包括总则、风险管理的组织架构和职责、风险管理主要环节、风险分类及应对和附则等内容，对基金管理公司建立全面的风险管理体系进行了系统指引。

第一章"总则"明确了基金管理公司风险管理活动的定义、目标、基本原则以及风险管理体系的构成。基金公司的风险管理活动是指围绕总体经营战略，全员参与识别潜在风险，评估风险并根据公司风险偏好制定风险应对策略，有效管理公司各环节风险的持续过程。合理有效的风险管理体系应包括完善的组织架构，全面覆盖公司主要业务流程、环节的风险管理制度，完备的风险识别、评估、报告、监控和评价体系等。

第二章"风险管理的组织架构和职责"明确了风险管理的组织架构，即董事会、管理层、履行风险管理职能的委员会、独立于业务汇报路径的风险管理职能部门或岗位以及各业务部门分别应承担的风险管理职责。

第三章"风险管理主要环节"明确了风险管理活动，主要包括风险识别、风险评估、风险应对、风险报告和监控及风险管理体系的评价。所有风险管理活动都应与基金管理的业务流程匹配，并对业务流程中的主要风险点进行梳理评估，建立控制措施，定期进行评价，并根据内外部环境变化和公司业务情况进行调整、补充、完善和重建。

第四章"风险分类及应对"将基金的风险分为市场风险、信用风险、流动性风险、操作风险、合规风险、声誉风险和子公司管控风险七大类。

本书关注的私募股权投资基金法律风险管理主要是指合规风险。根据

---

① 《风险管理指引》第二条："本指引所称风险管理是指公司围绕总体经营战略，董事会、管理层到全体员工全员参与，在日常运营中，识别潜在风险，评估风险的影响程度，并根据公司风险偏好制定风险应对策略，有效管理公司各环节风险的持续过程……"

《风险管理指引》第三十三条的明确规定,"合规风险"是指"因公司及员工违反法律法规、基金合同和公司内部规章制度等而导致公司可能遭受法律制裁、监管处罚、重大财务损失和声誉损失的风险。合规风险的控制目标是确保遵守法律、法规、监管规则和基金合同或独立账户投资方针的规定,审慎经营"。

(二)私募基金内部控制活动

《内部控制指引》共五章,总计33条,包括总则、目标与原则、基本要求、检查和监督、附则。《内部控制指引》在对"私募基金管理人内部控制"[1]进行定义时,明确"内部控制"是私募基金管理人为防范和化解风险,保证各项业务的合法合规运作,实现经营目标,在充分考虑内外部环境的基础上,对经营过程中的风险进行识别、评价和管理的制度安排、组织体系和控制措施。

内部控制活动的要素包括:(一)内部环境;(二)风险评估;(三)控制活动;(四)信息与沟通;(五)内部监督。各个环节应当相互关联、相互影响、循环互动,并依据内部环境、市场环境、法规环境等内外部因素的变化及时更新完善。内部控制是公司识别、评估风险后,根据公司的整体风险管理战略而选择的一类风险管理手段,是风险应对的一种方式。

综上可见,根据《风险管理指引》和《内部控制指引》,风险管理和内部控制的目标都是对基金在经营过程中的风险进行识别、评价、管理和控

---

[1] 《内部控制指引》第二条:"私募基金管理人内部控制是指私募基金管理人为防范和化解风险,保证各项业务的合法合规运作,实现经营目标,在充分考虑内外部环境的基础上,对经营过程中的风险进行识别、评价和管理的制度安排、组织体系和控制措施。"

制,以达到合法合规运作,实现基金管理机构可持续经营的目的,而且管理和控制活动的过程,均以风险识别和风险评估为基础。

(三)私募基金风险管理、内部控制与合规管理的关系

在风险管理的概念之下,合规风险是基金运营过程中的众多风险之一,通过基金的内部控制活动和合规管理,可以确保基金管理机构遵守法律、法规、监管规则和基金合同,审慎经营,可持续发展。合规管理的范围比风险管理范围更小但要求更加严格,依据内外部管理制度和要求,合规管理对违规行为零容忍。但是风险管理具有一定的包容性,根据不同基金管理人的风险偏好,对风险的处置方式不同。我们理解,风险管理活动的实施是进行合规管理的前提,如果没有进行风险的评估和管理,相关流程和制度的搭建,合规管理将缺乏基础。

1.风险管理与合规管理的内容存在交叉

全面的风险管理包括法律风险、运营风险、战略风险、市场风险、财务风险、操作风险等。而合规管理中的"规",是风险管理中"法律风险"的一部分,合规管理和法律风险管理仅在法律法规和行业监管规定这一部分存在交集。法律风险一般来说包括:法律环境变化风险、违法风险、违约风险、侵权风险、行为不当风险等,但是合规管理依据的自律管理规定、企业内部规章制度、商业信誉等部分是其独有的。例如,违反行业自律规范、企业规章制度并不是法律风险,而怠于行使权利、一般性的违约等法律风险也不是合规风险。在私募股权基金行业,存在大量的行业自律监管规定,虽不属于法律法规范畴,但对私募管理机构和基金的可持续经营产生重大影响,所以合规管理显得更为重要。

2. 法律风险管理是合规管理的基础，合规管理是零容忍的底线管理

合规管理和法律风险管理是两个不同层级的风险管理，范围和要求都存在差异，合规管理是最低要求，是底线行为管理，对违反外部监管要求或内部管理制度的违规行为是零容忍态度。在筛选和确定合规管理内容和标准时，运用全面风险管理的理论和方法，对企业内外部法律风险进行分析、评估，对风险指标进行分类分级的活动是十分重要的基础工作，它决定了合规管理是否能有的放矢，不流于形式，是否能与风险管理工作相互促进。

本书的重点在于探讨私募股权投资基金管理人如何运用风险管理、内部控制和合规管理的要素，更好地进行法律风险控制和合规管理活动，故我们不就法律风险管理、内部控制和合规管理等概念进行深入分析，仅以基金业协会颁布的两个指引内容和对基金管理机构的自律要求为基础，结合私募股权投资基金管理人日常运营和私募股权投资基金股权投资业务的实际来进行实务探讨。

二、私募股权投资基金管理人的合规管理步骤

基于我们对私募股权投资基金合规管理工作的理解，我们在进行私募股权投资基金管理人的合规管理专项法律服务时，总结归纳出如下九大工作步骤：

步骤1：首先对私募基金行业的外部法律环境进行分析，根据内外部法律和制度规定，对特定私募基金管理人的运行现状进行整体法律风险评估，就其自身和其管理的基金进行合规现状分析，并形成《法律风险评估报告》。

↓

步骤2：就私募基金管理人的发展战略、现有业务和经营计划与管理层进行充分沟通，确定有针对性的合规目标、合规体系和合规工作计划。

↓

步骤3：根据私募基金管理人的性质、投资业务特点对其内外部合规义务进行识别，形成法律法规和制度汇编库。

↓

步骤4：在就私募基金管理人日常运营、基金"募、投、管、退"主要业务流程进行全过程法律风险分析的基础上，建立风险指标库；同时，评估对应核心制度流程的完整性。

↓

步骤5：对合规风险指标进行识别、评估，分类分级，形成四级合规风险指标库。

↓

步骤6：以管控和业务为导向，完善核心制度流程，编制合规指引。

↓

步骤7：将合规目标、合规体系、合规风险指标库和合规指引整合形成《合规手册》。

↓

步骤8：将《合规手册》进行全员宣讲，分级分类培训。

↓

步骤9：就《合规手册》执行情况配合私募基金管理人业务进行重点领域的合规专项检查，并对合规管理效果进行定期评价。

图1-1 私募股权投资基金管理人的合规管理步骤

最后形成的成果文件《合规手册》包括合规目标、合规管理体系、合规管理制度、合规管理风险指标库、重点业务合规指引（包括公司治理、管理人合规运营、基金募集、基金投资、基金管理、基金退出）、合规调查报告范本等内容。

本书第一章概括介绍我们进行私募股权投资基金管理人合规法律服务的主要过程，第二章、第三章、第四章、第五章将分别展示重点业务的合规指引，即私募股权投资基金管理人日常运营、基金"募、投、管、退"主要业务流程的合规指引和实务范本。

（一）私募基金合规管理的内部、外部环境分析

1.私募基金合规管理的外部环境分析（私募基金行业监管环境分析）

（1）证监会监管政策和趋势分析

2013年6月1日，修订后的《证券投资基金法》[①]正式实施，将非公开募集证券投资基金纳入统一规范，并明确由证监会实施监督管理，由基金业协会实施登记备案和行业自律管理。

2014年8月21日，证监会《私募管理办法》正式实施，强化事中事后监管，并对私募投资基金登记备案、合格投资者认定、资金募集、投资运作、行业自律等提出相应的监管要求。

2017年8月30日，国务院法制办公室[②]发布《私募投资基金管理暂行条例（征求意见稿）》对私募基金管理人的股东或合伙人提出了"负面清单"式监管[③]，如存在负面清单中列举的情形，不得担任私募基金管理人，不得成为私募基金管理人的主要股东或者合伙人。

---

① 根据2015年4月24日第十二届全国人民代表大会常务委员会第十四次会议《全国人民代表大会常务委员会关于修改〈中华人民共和国港口法〉等七部法律的决定》，《证券投资基金法》再次修正，再次修正后的《证券投资基金法》于2015年4月24日起生效。

② 2018年3月，根据第十三届全国人民代表大会第一次会议批准的国务院机构改革方案，将国务院法制办公室的职责整合，重新组建中华人民共和国司法部，不再保留国务院法制办公室。

③ 如存在因故意犯罪被判处刑罚，刑罚执行完毕未逾3年；最近3年因重大违法违规行为被金融监管、税收、海关等行政机关处以行政处罚；净资产低于实收资本的50%，或者有负债达到净资产的50%；不能清偿到期债务等情形。

2018年4月27日，证监会、中国人民银行、银保监会、外管局等部门联合印发了《资管新规》，针对资管业务的多层嵌套、杠杆不清、监管套利、刚性兑付等问题，设定了统一监管标准。私募投资基金在其行业法律法规中没有明确规定的，也适用《资管新规》。

2020年12月30日中国证监会公布《关于加强私募投资基金监管的若干决定》（以下简称《若干决定》），提升了监管层级，完善了监管法律体系。

《若干规定》共14条，适用于在基金业协会登记的私募基金管理人从事的私募基金业务。证监会结合私募基金行业最新情况和问题，对私募基金监管的底线要求进行了进一步的重申和细化，具体的规范大体可分为六类：

一是规范私募基金管理人名称、经营范围，并实行新老划断；

二是优化集团化私募基金管理人监管，实现扶优限劣；

三是重申细化非公开募集和合格投资者要求；

四是明确私募基金财产投资要求；

五是强化私募基金管理人及从业人员等主体规范要求，规范开展关联交易；

六是明确法律责任和过渡期安排。

《若干规定》的出台使得各地证监局在打击私募基金行业各类违法违规行为时有法可依。违反《若干规定》的，证监会可根据不同程度采取行政监管、市场禁入，实施行政处罚等措施，并记入中国资本市场诚信数据库；涉嫌违法犯罪的，依法移送司法机关追究刑事责任。

同时，证监会每年均组织各地证监局对私募机构开展专项检查工作，并进行通报。2019年证监会在其官网上通报：为持续引导私募机构提高规范化运作水平，证监会上半年组织各证监局对497家私募机构开展专项检查，重点为交易合规性，流动性风险，非法集资风险，跨区域经营私募机构的业务和资金往来、产品嵌套情况，业务隔离、风险隔离等制度的有效性，自融自担和利益冲突等情况。

出于各种原因，2020年证监会虽未对私募机构开展专项集中检查，但仍于年初向各地证监局下发了《关于开展2020年私募投资基金专项检查工作的通知》，各地证监局也都组织了辖区内私募机构的自查和现场检查。

经对比近几年的专项检查情况，证监会及各地证监局的检查重点已经从原来常规的"登记备案信息真实完整性、资金募集和投资行为合规性、基金财产安全性、信息披露合规性等方面"逐步调整到"交易合规、产品嵌套、同一实际控制人下管理机构的风险隔离、关联交易、交叉投资、管理人员的独立和专业性、投资的合规性"等问题，且监管检查的频率、方法和标准均逐年强化严格。

（2）自律监管

2016年2月5日，中基协发布《关于进一步规范私募基金管理人登记若干事项的公告》，开启登记备案和行业自律监管时代，自前述公告发布以来，中基协又发布了多项自律规范和监管规定，构建了"7+2"体系，全面覆盖私募投资基金登记备案、募集行为、投资顾问业务、信息披露、内部控制、合同指引、托管业务、外包业务等。

2017年11月7日，中基协发布《登记须知》，并于2018年12月进行了更新，更新后的《登记须知》特别强调了股东真实性、稳定性要求，集团类机构主体资格责任要求和内控制度要求。此外，特别明确了关联私募机构需要承担合规连带责任，即关联私募机构中任一机构成为异常机构，其他关联方的新设管理人登记将不予受理，同时其他关联私募机构的重大变更和产品备案也可能受到影响。由此看来，《登记须知》整体对私募基金管理人提出了更高的合规要求。

2019年12月23日，基金业协会颁布新版《备案须知》，再次明确借贷性质的行为不属于私募基金备案的范围。私募投资基金不应是借（存）贷活动。但在过去的私募股权基金组建实务中，不乏通过"明股实债"的方式进行的各类投资，以在基金合同之外，与投资人签署差额补足协议、远期回购协议等方式直接或间接保本保收益。新版《备案须知》再次明确借贷性质的行为不属于私募基金备案的范围，"明股实债"类型的投资不符合私募基金的本质。同时，结合近期最高人民法院公布的《九民纪要》、四部院联合下发的《关于办理非法放贷刑事案件若干问题的意见》的相关精神和具体规定，可以预判此类不合规的投资行为必将面临更加严格的自律和行业监管及更加不确定的司法环境，私募基金管理机构应充分关注监管尺度和司法裁判趋势的变化。

2020年3月20日，基金业协会发布《关于公布私募投资基金备案申请材料清单的通知》，并随通知发布证券类投资基金备案、非证券类投资基金备案、基金重大变更和清算三套备案所需材料清单。结合2020年2月28日已发布的《关于便利申请办理私募基金管理人登记相关事宜的通知》，基金业协会完成私募基金管理人申请登记、私募基金备案申请材料清单梳理工作。至此，私募基金管理人登记和产品备案正式进入"清单管理"时代。

2020年6月5日，基金业协会发布《私募证券投资基金业绩报酬指引（征求意见稿）》，确定私募基金管理人在业绩报酬的机制设计和执行中应遵循利益一致、收益实现、公平对待和信息透明四项原则，规定业绩报酬的计提比例不应超过业绩报酬计提基准投资收益的60%，明确除赎回和清算外连续"两次计提间隔期应不短于三个月"的底线要求。

2020年10月28日，中基协发布《私募投资基金电子合同业务管理办法（试行）（征求意见稿）》，明确基金当事人及电子合同业务服务机构法律关系、各方权利义务，电子合同含义、法律效力及基本业务范围，规范电子合同业务服务机构系统评测与认证、运营技术、数据管理等，并规定协会自律管理及过渡期安排等要求。

（3）财政部、发改委监管

2015年11月12日，财政部《政府投资基金管理办法》正式施行，用以规范政府投资基金的设立、运作和风险控制等工作。

2017年4月1日，发改委《政府出资产业投资基金管理办法》正式施行，对政府出资产业投资基金的募集、投资、管理、退出等环节，以信息登记、绩效评价等方式进行宏观信用信息监督管理。

因此，对使用财政预算内资金或专项资金出资设立的政府出资产业投资基金需要进行中基协和发改委的"双重备案"。

综上可见，私募基金行业处于快速发展阶段，行业的规范性和专业性有待提高，行业的监管政策变化较大。证监会及中基协对私募管理机构的监管和自律要求逐步提高，且特别关注交易合规性、私募管理机构的股东稳定性、股权结构清晰（禁止代持）、风险隔离、关联交易、同业竞争、管理人员的独立和专业性、投资的合规性；同时要求私募基金管理人的实际控制人和控股股东保持持续控制，关联私募机构人员、财务、业务独立并承诺承担合规连带责任。上述监管和自律要求的变化对私募基金管理人来说具有重大的影响，督促其对自身的合规风险管理标准进行及时调整，以便更好适应外部监管环境的变化。

2.私募基金合规管理的内部环境分析

根据《内部控制指引》第三章"基本要求"之第六条规定，"私募基金管理人建立与实施有效的内部控制，应当包括下列要素：（一）内部环境：包括经营理念和内控文化、治理结构、组织结构、人力资源政策和员工道德素质等，内部环境是实施内部控制的基础……"可见内部环境分析是开展合规和内控管理工作的基础，十分重要。从实务来看，我们理解基金管理人在进行合规风险分析之前，应首先对自身的战略规划、业务定位、经营计划、治理结构和人力资源状况有客观清晰的认识。合规管理的范围和深度，与基金管理人的业务类型和可以调动的资源密不可分。我们建议私募基金管理人可以对照分析以下问题：

（1）私募基金管理人自身的战略定位分析；

（2）私募基金管理人主导和参与基金的行业、类型、投资偏好分析；

（3）私募基金管理人现有的内部组织结构、决策流程、信息沟通、人力资源情况分析；

（4）私募基金管理人现有在管基金的规模、已投项目的情况分析；

（5）私募基金管理人现有在管基金所处的阶段，在募集期、投资期、退出期和清算期的基金规模分析；

（6）私募基金管理人现有在管基金所投标的企业的行业分析；

（7）私募基金管理人成立以来已经出现的各类风险事项统计分析。

（二）合规管理风险的识别和分析

根据合规管理体系的构成要素要求，在对私募基金管理人内外部合规管理环境进行分析后，应对私募基金管理人的合规管理主要风险领域进行系统梳理。

首先，根据私募基金管理人组织形式和业务性质，对其应遵守的法律法规、监管规定、行业准则和企业章程、规章制度等进行收集整理，形成基础法规制度库。在此过程中，应考虑基金管理人的组织形式、内部结构、特殊监管要求、主要投资行业的特定风险等。

其次，对私募基金管理人应承担的合规义务进行识别，此步骤应结合私募基金管理人运营和基金管理业务的实际，主要关注以下风险领域：私募行业监管风险（包括基金管理人持续合规风险、私募基金募投管退全过程风险）、公司治理风险、内控执行风险，部分基金管理人还应关注集团化经营风险、国有企业监督管理风险、参与资本市场投资等特定风险。在识别合规义务的基础上，梳理分析私募基金管理人面临的合规风险，形成合规管理风险指标库，并对合规管理风险指标进行分类和风险等级评价。

再次，以合规管理风险指标和业务流程为导向，编制关键业务板块的合规风险指引手册。

最后，应注意完善合规管理组织体系和制度体系，在《合规手册》和合规管理制度中分别明确合规培训、考核、评价及违规处置等程序和要求，建立健全合规管理的运行和保障体系，确保各项合规管理要素落到实处。

（三）完善合规管理架构

1.合规管理架构图

合规管理架构图如图1-2所示。

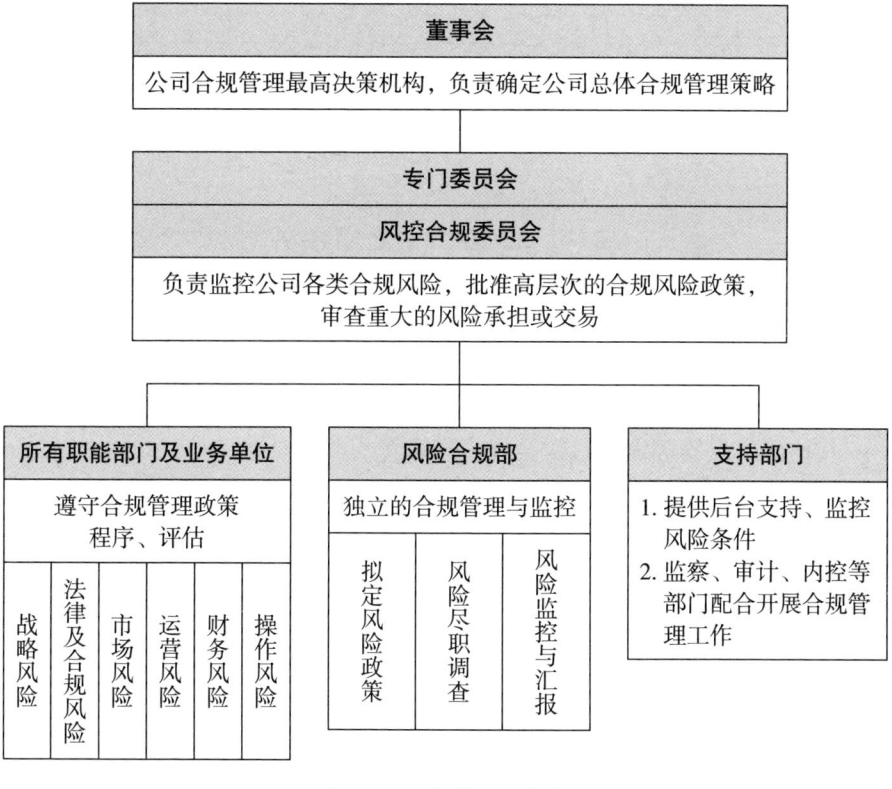

```
┌─────────────────────────────────────────────┐
│                  董事会                      │
├─────────────────────────────────────────────┤
│  公司合规管理最高决策机构，负责确定公司总体合规管理策略  │
└─────────────────────────────────────────────┘
                      │
┌─────────────────────────────────────────────┐
│                 专门委员会                    │
├─────────────────────────────────────────────┤
│                风控合规委员会                  │
├─────────────────────────────────────────────┤
│  负责监控公司各类合规风险，批准高层次的合规风险政策，   │
│          审查重大的风险承担或交易              │
└─────────────────────────────────────────────┘
        │              │              │
┌──────────────┐ ┌──────────────┐ ┌──────────────┐
│所有职能部门   │ │  风险合规部   │ │   支持部门    │
│及业务单位     │ ├──────────────┤ ├──────────────┤
├──────────────┤ │独立的合规管理 │ │1.提供后台支持、│
│遵守合规管理政策│ │   与监控     │ │  监控风险条件 │
│  程序、评估   │ ├──┬──┬──────┤ │2.监察、审计、 │
├──┬──┬──┬──┬──┤ │拟│风│风    │ │  内控等部门   │
│战│法│市│运│财│操│ │定│险│险    │ │  配合开展合规 │
│略│律│场│营│务│作│ │风│尽│监    │ │  管理工作     │
│风│及│风│风│风│风│ │险│职│控    │ │              │
│险│合│险│险│险│险│ │政│调│与    │ │              │
│  │规│  │  │  │  │ │策│查│汇报  │ │              │
│  │风│  │  │  │  │ │  │  │      │ │              │
│  │险│  │  │  │  │ │  │  │      │ │              │
└──┴──┴──┴──┴──┴──┘ └──┴──┴──────┘ └──────────────┘
```

图1-2 合规管理架构图

2.合规管理的三级防控体系

科学有效地确立合规风险控制的三道防线：业务部门是防范合规风险的第一道防线，业务人员及其负责人应当承担首要合规责任；风控合规部是管理（牵头）部门，是防范合规风险的第二道防线，同时也是合规管理体系建设的责任单位；合规审计、调查与合规联动是防范合规风险的第三道防线。

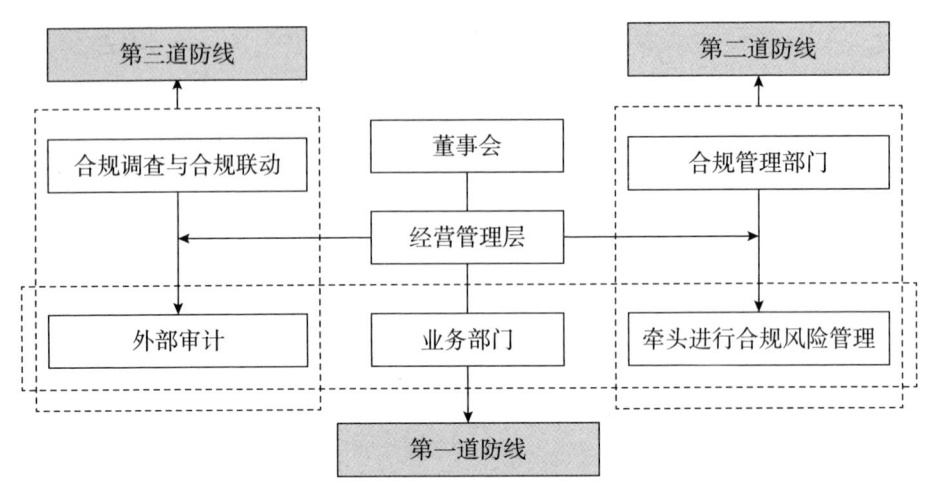

```
┌─────────────────┐                          ┌─────────────────┐
│    第三道防线    │                          │    第二道防线    │
└─────────────────┘                          └─────────────────┘
         ↑                                            ↑
┌ ─ ─ ─ ─│─ ─ ─ ─ ─ ┐  ┌───────────┐  ┌ ─ ─ ─ ─│─ ─ ─ ─ ─ ─ ┐
│ ┌─────────────┐  │  │   董事会   │  │ ┌─────────────────┐ │
│ │合规调查与合规联动│◄─┼──┤           │──┼►│   合规管理部门    │ │
│ └─────────────┘  │  └─────┬─────┘  │ └─────────────────┘ │
│        ↕         │        │        │         ↕           │
│                  │  ┌───────────┐  │                     │
│                  │◄─┤ 经营管理层 ├─►│                     │
│                  │  └─────┬─────┘  │                     │
│ ┌─────────────┐  │        │        │ ┌─────────────────┐ │
│ │   外部审计    │  │  ┌───────────┐  │ │牵头进行合规风险管理│ │
│ └─────────────┘  │  │  业务部门  │  │ └─────────────────┘ │
└ ─ ─ ─ ─ ─ ─ ─ ─ ┘  └─────┬─────┘  └ ─ ─ ─ ─ ─ ─ ─ ─ ─ ─ ┘
                           ↓
                    ┌─────────────┐
                    │  第一道防线  │
                    └─────────────┘
```

图1-3　合规管理的三级防控体系

（四）明确合规管理职责

在构建合规管理体系后，合规管理职责的明确是对完整合规体系所涉及的各岗位工作内容以及应当承担责任范围的界定，是协调管理职能和资源配置的基础，是合规体系建立运行的组织保障。在合规体系中应明确如下机构和岗位的主要职责：董事会、监事会、经理层、合规委员会（如有）、合规负责人、合规管理部门或岗位、各业务部门。

（五）建立健全合规管理制度

私募基金管理人应当建立健全合规管理制度，制定全员普遍遵守的合规行为规范，针对重点领域制定专项合规管理制度，并根据法律法规、监管动态等外部营商环境的变化，及时将外部有关合规要求转化为内部合规制度并进行宣传培训，培养良好的企业合规文化氛围。合规管理制度是私募基金管理人合规管理的制度保障，应包括以下关键要素：私募基金管理人合规行为准则，合规风险管理流程，合规审查流程，合规计划与合规报告，合规评审与考核流程，合规审计与评价，合规培训与宣传，反腐败政策，违规举报、调查与处置办法，合规信息管理系统，合规文化，各业务合规流程等。

三、合规管理风险指标库

合规风险，是指"因公司及员工违反法律法规、基金合同和公司内部规章制度等而导致公司可能遭受法律制裁、监管处罚、重大财务损失和声誉损失的风险"。企业合规管理的核心是合规风险管理，包括：合规风险的识别并建立合规风险清单，合规风险分析评价，合规风险应对整改，合规风险日常监测和预警，以及持续改进。

（一）合规管理风险指标库的编制说明

实务中，我们在提供私募股权投资基金管理人合规法律服务时，通常会使用风险管理的方法，并以私募股权投资基金业务为主线，以基金管理人的合规管理为重点，对私募股权投资基金行业通用的重要法律法规、监管规定、自律管理规定等条文进行梳理、归类；同时，结合私募股权投资基金管理人内部的主要管理制度，在此基础上建立一系列的合规依据汇编。根据不同私募股权投资基金管理人的需求，此类合规依据汇编主要包括：私募基金法律法规汇编、私募基金管理人内部制度汇编、国有企业及国有资产监管法律法规汇编、上市公司收购特殊要求以及IPO退出法律法规汇编、股权投资相关法律法规汇编等。

上述合规依据汇编梳理完成后，我们会以此为基础，识别私募股权投资基金重点业务领域的合规义务，就公司治理、管理人合规运营、基金募集、基金投资、基金管理、基金退出等主要风险领域，编制四级合规管理风险指标（详见附录一：《私募股权投资基金合规风险管理指标库（范本）》），以完成合规风险识别和评价的基础工作。

（二）合规管理风险等级划分标准的说明

本书按照合规管理风险指标的性质和可能导致的法律责任、行政处罚、经济损失等负面影响进行风险分类，可以对每项合规管理风险三级指标划分风险类别和等级。对合规管理风险进行类型和等级的划分，并不意味着可以接受这些合规风险，而是便于使用者更好地认识和管理风险。

1.合规管理风险类型具体分为A、B、C、D、E五类

A类为存在或可能存在合规刑事责任风险；

B类为存在或可能存在合规行政责任风险（违反强制性规定）、特定行业监管责任风险（违反强制性规定）和党纪党规管理责任风险；

C类为存在或可能存在合规行政责任风险（违反管理性规定）、特定行业监管责任风险（违反管理性规定）、违反私募基金管理人上级机构管理制度风险；

D类为存在或可能存在行业合规自律责任、私募基金管理人内部管理制度风险；

E类为存在或可能存在合规民事责任风险。

评价指标项下存在多种风险时，可同时标注多种风险类型。

2.合规管理风险等级具体分为5级

即1级（低风险）、2级（中偏低风险）、3级（中等风险）、4级（中偏高风险）、5级（高风险）。

3.合规管理风险等级划分的方法和主要标准

（1）首先根据指标的合规管理风险类型确定该指标的合规管理基础风险等级，分别为：A类为5级、B类为4级、C类为3级、D类为2级、E类为1级；其次根据指标是否涉及审慎评估因素、风险调整因素等确定该指标的最终风险等级。

（2）考虑审慎评估因素，对可能造成以下法律后果的风险指标，原则上应直接列入5级高风险等级：

- 影响管理人持续合规经营，可能被列入异常机构或黑名单；
- 导致管理人不予登记；
- 导致注销管理人登记；
- 影响基金产品存续；
- 影响后续基金产品正常备案；
- 影响关联管理人的合规经营、重大事项变更、产品备案；
- 导致受到行政监管机构的处罚或被采取监管措施；
- 导致产生巨额民事赔偿责任[①]；
- 导致严重违反内外部管理制度；
- 影响公司高级管理人员任职资格的情形，例如被撤销从业资格、禁入证券市场等；
- 导致其他严重法律结果或负面影响。

（3）考虑风险调整因素，可适当进行风险等级的上调：

- 风险可能发生的概率和频次：发生可能性和频次较高的，可上调1—2个风险等级；
- 风险项下可能存在多种类型风险或多项风险指标叠加的，可上调1—3

---

① "巨额民事赔偿责任"的具体标准，私募基金管理人可以根据自身资产规模和所管理的基金具体情况予以制定，并通过其风险控制委员会和合规管理委员会等有权机构予以审核确定。

个风险等级；

- 风险的隐蔽性较高和可探测性低的，可上调1—2个风险等级；
- 风险涉及关联交易和利益冲突的，可上调1—3个风险等级；
- 风险涉及跨境交易的，可上调1—3个风险等级；
- 风险涉及资本市场（上市公司、公众公司）监管的，可上调1—3个风险等级；
- 风险涉及管理人或基金产品的合作方、投资人、标的企业、标的项目等主体涉外的，可上调1—2个风险等级；
- 风险涉及基金提前清算，非正常解散的，可上调1—3个风险等级；
- 风险事项已经正式启动相关司法程序的争议，可上调1—3个风险等级；
- 风险涉及其他可能影响其风险定级的因素，可上调1—3个风险等级。

本书对风险等级的划分仅作为风险和合规管理的参考，不意味着可以接受低等级合规风险。

（三）合规管理风险指标库的构成

根据私募股权投资基金管理人的日常经验业务范围，合规管理风险指标库包含六大模块，分别为公司治理合规、管理人运营合规、基金募集合规、基金投资合规、基金管理合规、基金退出合规，总结梳理合规管理风险指标达732项，其中一级指标21项，二级指标111项，三级和四级指标合计共600项。同时按照合规管理风险等级划分标准，对合规管理风险指标进行了分类和风险等级划分，具体参考范本1：《私募基金合规风险管理指标库（范本）》。需要说明的是，由于不同基金管理人的主体性质和业务范围各不相同，本书提供的《私募基金合规风险管理指标库（范本）》对风险指标项的筛选、评估并不适用所有私募基金管理人，同时有鉴于本书体例篇幅的限制，也未按合规风险管理指标库和《合规手册》的结构安排本书的章节。

第一章 私募基金行业法律风险控制与合规管理 023

实务范本

范本1 《私募基金合规风险管理指标库（范本）》

模块三 基金产品设立、募集、备案及变更

一级指标	二级指标	三级指标	四级指标	内容描述	主要规定内容	相关法律法规、制度名称	合规管理风险类型	风险等级
一、基金产品设计	（一）基本信息	1.基金名称	（1）禁止性规定	基金名称在基金方案制定时，即需根据现行有效监管文件进行拟订，故在最初确认基金名称时了解相关禁止性规定以及义务要求非常重要。关于私募投资基金名称的禁止性规定：a.不得明示、暗示基金投资活动不受损失或者承诺最低收益，或者含有可能误导或	第三条 私募投资基金名称不得明示、暗示基金投资活动不受损失或者承诺最低收益，不得含有"安全""保本""稳赢""避险""高收益"等可能误导投资者或混淆投资风险的字样，不得违规使用"高收益""无风险"等与私募投资基金风险收益特征不匹配的表述。 第四条 私募投资基金	《证券投资基金法》（2015年修正） 《私募投资基金命名指引》	D类	3级

续表

模块三基金产品设立、募集、备案及变更								
一级指标	二级指标	三级指标	四级指标	内容描述	主要规定内容	相关法律法规、制度名称	合规管理风险类型	风险等级
				混淆投资人判断的字样，不得违规使用与私募投资基金风险收益特征不匹配的表述； b. 不得含有虚假记载和误导性陈述，不得对投资业绩进行预测，不得在未提供客观证据的情况下使用夸大或误导基金业绩的字样； c. 不得未经合法授权、非法使用知名人士姓名、知名机构的名称或者商号；	名称中不得含有虚假记载和误导性陈述，不得对投资业绩进行预测，不得在未提供客观证据的情况下使用“最佳业绩”“最大规模”“名列前茅”“最强”“500倍”等夸大或误导基金业绩的字样。 第五条　未经合法授权，私募投资基金名称中不得非法使用知名人士姓名、知名机构的名称或者商号。 第六条　私募投资基金名称不得使用“资管计			

续表

模块三基金产品设立、募集、备案及变更									
一级指标	二级指标	三级指标	四级指标	内容描述	主要规定内容		相关法律法规、制度名称	合规管理风险类型	风险等级
				d. 不得使用容易与金融机构发行的资产管理产品混淆的相同或相似字样。	划”“信托计划”“专户”“理财产品”等容易与金融机构发行的资产管理产品混淆的相同或相似字样。				
			（2）义务性规定	关于私募投资基金名称的义务性规定： a. 应当列明体现基金业务类别的字样。 b. 可以使用体现具体投资领域特点的字样。 c. 契约型私募投资基金名称的特殊规定：应当包含“私募”及“基金”字样；应当简单明了，列明私募投	第七条　私募投资基金名称应当列明体现基金业务类别的字样，且应当与基金合同、合伙协议或者公司章程约定的基金投资范围、投资方向和风险收益特征保持一致。 私募证券投资基金名称中可以使用“股票投资”“混合投资”“固定	《私募投资基金命名指引》	《私募投资基金命名指引》	D 类	2 级

续表

模块三 基金产品设立、募集、备案及变更

一级指标	二级指标	三级指标	四级指标	内容描述	主要规定内容	相关法律法规、制度名称	合规管理风险类型	风险等级
				基金管理人，可以在私募基金名称及系列基金名称中使用连续数字或字母（如有分级安排）；原则上应当使用"分级"或"结构化"字样（如有分级安排）；涉及同一私募基金管理人管理的系列契约型私募投资基金策略相同的系列基金。	收益投资"或者其他体现具体投资领域特点的字样。如未体现具体投资领域特点的，则应当使用"证券投资""期货投资"字样。私募股权投资基金名称中可以使用"创业投资""并购投资""基础设施投资"或者其他体现具体投资领域特点的字样。如未体现具体投资领域特点的，则应当使用"股权投资"字样。 第八条 契约型私募投资基金名称中应当包含"私募"及"基金"字样。			

续表

模块三 基金产品设立、募集、备案及变更

一级指标	二级指标	三级指标	四级指标	内容描述		合规管理风险类型	风险等级
				主要规定内容	相关法律法规、制度名称		
				避免与公开募集基金混淆。第九条 契约型私募投资基金名称应当简单明了，列明私募投资基金，管理人全称或能清晰代表私募投资基金管理人名称的简称。私募投资基金聘请投资顾问的，私募投资基金名称中可以列明投资顾问机构的简称。第十条 契约型私募投资基金有分级安排的，私募投资基金名称中应当含有"分级"或"结构化"字样。			

续表

模块三 基金产品设立、募集、备案及变更

一级指标	二级指标	三级指标	四级指标	内容描述		相关法律法规、制度名称	合规管理风险类型	风险等级
				主要规定内容				
				第十一条 同一私募基金管理人契约型私募投资基金名称中原则上应当使用中文数字、阿拉伯数字或字母进行区分。第十二条 通过合伙、有限责任公司、股份有限公司等形式募集设立的私募投资基金名称应当符合《工商总局关于印发〈企业名称禁限用规则〉〈企业名称相同相近比对规则〉的通知》（工商企注字〔2017〕133号）相关规定。				

CHAPTER 2

第二章

管理人登记及合规
运营指引

- ☑ 一、管理人设立
- ☑ 二、管理人登记
- ☑ 三、重大事项变更
- ☑ 四、入会
- ☑ 五、管理人持续合规

根据《证券投资基金法》相关规定，各类私募基金管理人应当根据基金业协会的规定，向基金业协会申请登记。根据《私募管理办法》相关规定，各类私募基金管理人应当根据基金业协会的规定，向基金业协会申请登记。因此，开展私募基金管理业务的必要前提是向基金业协会申请私募基金管理人登记，取得从事私募基金业务的资格。本章就私募基金管理人设立登记以及后续合规运营等相关事宜进行论述。

一、管理人设立

管理人设立是私募基金管理人开展私募基金业务的基础。因设立后需向基金业协会申请私募基金管理人登记，因此在设立之初，应结合私募基金管理人登记要求，对部分重点要素予以提前考量，尽量避免设立后因不符合登记要求而不得不进行工商变更登记的风险。根据多年私募基金法律服务实务经验，在管理人设立阶段，申请机构常关心的问题主要有两个方面：一是管理人在工商设立时应注意哪些要素；二是需履行何种审批程序。本章即结合实践中申请机构关心的重点问题予以论述。

（一）管理人设立的基本要素

管理人设立的基本要素指在向市场监督管理部门申请设立私募基金管理

人主体时，需要结合私募基金管理人登记要求考虑的重点要素。结合实践经验，我们建议应主要关注管理人的组织形式、管理人的名称和经营范围、管理人的出资人、管理人的注册资本、管理人的注册地和实际经营场所以及管理人的法定代表人和总经理人选等内容。

1. 管理人的组织形式

根据《证券投资基金法》第十二条"基金管理人由依法设立的公司或者合伙企业担任"的规定，私募基金管理人应为公司或者合伙企业，自然人不能担任管理人。实践中，以有限责任公司形式设立管理人的情况较多。根据基金业协会官方网站公示数据，截至2021年3月底，已登记未注销的私募基金管理人共24000余家，其中采用有限合伙企业形式的1806家，采用普通合伙企业形式的66家，采用有限责任公司形式的22136家，采用股份有限公司形式的490家。

2. 管理人的名称和经营范围

（1）管理人的名称

对于管理人名称的要求，存在一个逐步规范的过程。2015年之前设立的管理公司，名称要求不是很严格，包含"资产管理""投资管理""基金管理""股权投资""创业投资"字样或仅包含"投资"字样的投资类公司均可完成登记。

2015年11月23日，《问题解答（七）》〔已于2020年8月10日被基金业协会《关于废止部分自律规则的公告（第一批）》（中基协字〔2020〕123号）文件废止〕明确提出："为落实《暂行办法》关于私募基金管理人的专业化管理要求，私募基金管理人的名称和经营范围中应当包含'基金管理'、'投资管理'、'资产管理'、'股权投资'、'创业投资'等相关字样，对于名称和经营范围中不含'基金管理'、'投资管理'、'资产管理'、'股权投资'、'创业投资'等相关字样的机构，中国基金业协会将不予登记。"

基金业协会于2016年2月5日发布的《法律意见书指引》中要求律师事务所对申请机构名称和经营范围中是否含有"基金管理""投资管理""资产管理""股权投资""创业投资"等与私募基金管理人业务属性密切相关字样，以及私募基金管理人名称中是否含有"私募"相关字样进行核查并发表法律意见。尽管有该核查要求，申请机构名称中只要包含与私募基金管理人业务属性密切相关的字样，即使未包含"私募"二字字样，也不会对管理人登记申请构成障碍。

在基金业协会2017年发布的《私募基金管理人登记须知》中，对上述要求予以了重申。2018年12月7日，基金业协会发布新版《登记须知》，除对上述要求予以再次重申外，还在"中止办理情形"中明确，申请机构名称不突出私募基金管理主业，与知名机构重名或名称相近的，名称带有"集团""金控"等存在误导投资者字样的，将可能被协会终止办理登记6个月。因此，在2018年以后，管理人名称除了常规性要求以外，增加了上述两项禁止性要求。

2020年底以来，证监会和基金业协会对管理人名称的要求进一步具化。

证监会于2020年12月30日发布的《若干规定》第三条第二款规定："私募基金管理人应当在名称中标明'私募基金'、'私募基金管理'、'创业投资'字样，并在经营范围中标明'私募投资基金管理'、'私募证券投资基金管理'、'私募股权投资基金管理'、'创业投资基金管理'等体现受托管理私募基金特点的字样。"

基金业协会2021年1月26日发布的《关于适用中国证监会〈关于加强私募投资基金监管的若干规定〉有关事项的通知》要求，自2021年1月8日起首次提交管理人登记申请的机构，应当按照《若干规定》第三条的要求，在名称中标明"私募基金""私募基金管理""创业投资"字样，在经营范围中标明"私募投资基金管理""私募证券投资基金管理""私募股权投资基金管理""创业投资基金管理"等体现受托管理私募基金特点的字样。和之前的相关规定相比，明确了私募基金管理人名称中应当包含"私募"字样，或者"创业投资"字样。该通知同时明确几种情形的管理人名称的处理方式：

2021年1月8日前已完成登记的机构，无须根据《若干规定》的要求进行名称变更，但如果自行变更，或发生实际控制人变更，则名称需要进行整改；《若干规定》发布前已经提交申请且2021年1月8日前未完成登记的机构，需要出具书面承诺并在2022年1月7日前完成整改。

关于管理人名称的相关合规依据参见表2-1：

表2-1　关于管理人名称的相关合规依据

相关规定名称	发布时间	相关规定内容
《问题解答（七）》	2015年11月23日	为落实《暂行办法》关于私募基金管理人的专业化管理要求，私募基金管理人的名称和经营范围中应当包含"基金管理"、"投资管理"、"资产管理"、"股权投资"、"创业投资"等相关字样，对于名称和经营范围中不含"基金管理"、"投资管理"、"资产管理"、"股权投资"、"创业投资"等相关字样的机构，中国基金业协会将不予登记。
《法律意见书指引》	2016年2月5日	四、经办执业律师及律师事务所应在充分尽职调查的基础上，就下述内容逐项发表法律意见，并就对私募基金管理人登记申请是否符合中国基金业协会的相关要求发表整体结论性意见。不存在下列事项的，也应明确说明。若引用或使用其他中介机构结论性意见的应当独立对其真实性进行核查。 （一）申请机构是否依法在中国境内设立并有效存续。 （二）申请机构的工商登记文件所记载的经营范围是否符合国家相关法律法规的规定。申请机构的名称和经营范围中是否含有"基金管理"、"投资管理"、"资产管理"、"股权投资"、"创业投资"等与私募基金管理人业务属性密切相关字样；以及私募基金管理人名称中是否含有"私募"相关字样。 （三）申请机构是否符合《私募投资基金监督管理暂行办法》第22条专业化经营原则，说明申请机构主营业务是否为私募基金管理业务；申请机构的工商经营范围或实际经营业务中，是否兼营可能与私募投资基金业务存在冲突的业务、是否兼营与"投资管理"的买方业务存在冲突的业务、是否兼营其他非金融业务。

续表

相关规定名称	发布时间	相关规定内容
《私募基金管理人登记须知》	2017年11月7日	根据《私募基金登记备案相关问题解答（七）》，为落实《私募投资基金监督管理暂行办法》关于私募基金管理人的专业化管理要求，私募基金管理人的名称和经营范围中应当包含"基金管理"、"投资管理"、"资产管理"、"股权投资"、"创业投资"等相关字样，对于名称和经营范围中不含上述相关字样的机构，将不予受理登记申请。已登记私募基金管理人应按照上述要求进行整改，下一步协会将对不符合要求的私募基金管理人进行自律管理。
《登记须知》	2018年12月7日	四、机构名称及经营范围相关要求 （一）【经营范围】根据《私募基金登记备案相关问题解答（七）》，为落实《私募投资基金监督管理暂行办法》关于私募基金管理人的专业化管理要求，私募基金管理人的名称和经营范围中应当包含"基金管理"、"投资管理"、"资产管理"、"股权投资"、"创业投资"等相关字样。 八、中止办理情形 申请机构出现下列两项及以上情形的，协会将中止办理该类机构私募基金管理人登记申请6个月： （一）申请机构名称不突出私募基金管理主业，与知名机构重名或名称相近的，名称带有"集团"、"金控"等存在误导投资者字样的……
《若干规定》	2020年12月30日	私募基金管理人应当在名称中标明"私募基金"、"私募基金管理"、"创业投资"字样，并在经营范围中标明"私募投资基金管理"、"私募 证券投资基金管理"、"私募股权投资基金管理"、"创业投资基金管理"等体现受托管理私募基金特点的字样。
《关于适用中国证监会〈关于加强私募投资基金监管的若干规定〉有关事项的通知》	2021年1月26日	为进一步加强私募基金监管，提升行业规范发展水平，保护投资者及相关当事人合法权益，根据证监会发布的《关于加强私募投资基金监管的若干规定》（中国证监会公告〔2020〕71号，以下简称《规定》）有关要求，现就《规定》第三条、第六条第三款有关适用问题通知如下：

续表

相关规定名称	发布时间	相关规定内容
		一、自2021年1月8日起首次提交管理人登记申请的机构，应当按照《规定》第三条的要求，在名称中标明"私募基金""私募基金管理""创业投资"字样，在经营范围中标明"私募投资基金管理""私募证券投资基金管理""私募股权投资基金管理""创业投资基金管理"等体现受托管理私募基金特点的字样。 二、考虑到各地市场监督管理部门的变更业务办理的因素，针对《规定》发布前已提交申请且2021年1月8日前未完成登记的申请机构，不符合《规定》第三条要求的，应当出具书面承诺并在2022年1月7日前完成整改。整改期间，协会将对外公示上述情况。逾期仍未完成整改的管理人，在整改完成前，协会将暂停办理其私募基金备案。另，按照《关于便利申请办理私募基金管理人登记相关事宜的通知》要求，2019年9月1日前协会已反馈意见且未再提交的申请机构，再次提交申请时，视同新申请机构，机构名称和经营范围应当符合《规定》第三条的要求。 三、已登记管理人于2021年1月8日后发生实际控制人变更的，其名称和经营范围应当符合《规定》第三条的要求。 已登记管理人自主申请工商注册名称或经营范围变更，工商变更之日在2021年1月8日后的，应当符合《规定》第三条的要求。 四、根据《规定》第六条第三款规定，私募基金管理人不得管理未备案的私募基金。对于未备案的私募基金，私募基金管理人应当自《规定》施行之日起六个月内（即2021年7月7日前）完成整改，整改期内暂停新增私募基金募集和备案。

（2）管理人的经营范围

关于管理人的经营范围要求，多是与管理人名称要求一并规定的，可参见表2-1。

实务当中经常会遇到关于管理人是否可从事咨询业务的问题。根据基金业协会列举的与私募基金相冲突的业务,"民间借贷、民间融资、配资业务、小额理财、小额借贷、P2P/P2B、众筹、保理、担保、房地产开发、交易平台等业务"与私募基金属性相冲突,属于明确禁止范畴,未明确列举"咨询"业务。但我们理解,咨询业务属于与"投资管理"的"买方业务"冲突的"卖方业务",从基金业协会对于部分申请机构在管理人登记申请过程中的反馈意见来看,对于私募基金管理人开展咨询业务,基金业协会原则上是持反对态度的。但从已通过的私募基金管理人工商登记的经营范围搜索看,管理人经营范围中包含"咨询服务"等字样,并未构成登记障碍,实践中,也存在管理人从事咨询业务的情形。因此我们倾向于认为,咨询业务与管理人所从事的"投资管理"买方业务冲突,不符合证监会和基金业协会关于私募基金管理人专业化运营的监管原则,但如果基于实际需要开展咨询业务,建议相关业务收入应适当控制,不得超过投资管理收入,以免违反专业化运营要求。

2021年1月15日,国家市场监督管理总局发函,对私募基金管理人的经营范围进行了明确统一。根据相关要求,私募基金管理人在办理经营范围登记时,统一使用"私募证券投资基金管理服务(须在中国证券投资基金业协会完成登记备案后方可从事经营活动)"或"私募股权投资基金管理、创业投资基金管理服务(须在中国证券投资基金业协会完成登记备案后方可从事经营活动)"的表述办理经营范围登记。

3.管理人的出资人

在设立管理人时,出资人应注意以下事项:

(1)主要出资人不得从事与私募基金相冲突的业务(指民间借贷、民间融资、融资租赁、配资业务、小额理财、小额借贷、P2P/P2B、众筹、保理、担保、房地产开发、交易平台等),否则存在被基金业协会不予登记的风险。

📝 实务提示

关于"主要出资人"是否需要穿透核查的问题，经咨询中基协，答复为"协会没有具体解释，具体还是以审核意见为准。建议一级股东和实控人不应从事冲突业务，如关联方中有从事冲突业务的，需提交不存在利益输送的承诺函和冲突业务许可证明文件"。即申请机构直接股东和穿透后的实际控制人均不得从事冲突业务，但实际控制人控制下的其他关联方从事冲突业务是可以的，管理人登记申请时需要提交不存在利益输送的承诺函和冲突业务许可证明文件。尽管如此，对于关联方从事冲突业务，也需要从实质重于形式角度进行把握，如实际控制人自身虽未从事冲突业务，但其控制的多个关联方均从事冲突业务如房地产业务等，那么我们认为仍存在被认定为实际控制人从事冲突业务的风险。

关于管理人出资人的相关合规依据参见表2-2：

（2）应当以货币财产出资，出资人应具备与其认缴资本金额相匹配的出资能力，向基金业协会申请管理人登记时须提供证明材料。

（3）股权架构简明清晰，建议不超过三层。股权架构向上穿透超过三层的，需向基金业协会说明多层股权架构设置的合理性及必要性，上穿出资人如为SPV应说明设立目的及出资来源。

（4）出资人、实际控制人不得为资产管理产品。

表2-2 关于管理人出资人的相关合规依据

相关规定内容	相关规定名称
五、机构出资人及实际控制人相关要求 （一）【严禁股权代持】申请机构出资人应当以货币财产出资。出资人应当保证资金来源真实合法且不受制于任何第三方。申请机构应保证股权结构清晰，不应当存在股权代持情形。	《登记须知》

续表

相关规定内容	相关规定名称
出资人应具备与其认缴资本金额相匹配的出资能力，并提供相应的证明材料。 （二）【股权架构要求】申请机构应确保股权架构简明清晰，不应出现股权结构层级过多、循环出资、交叉持股等情形。协会将加大股权穿透核查力度，并重点关注其合法合规性。 （三）【股权稳定性要求】申请机构应当专注主营业务，确保股权的稳定性。对于申请登记前一年内发生股权变更的，申请机构应详细说明变更原因。如申请机构存在为规避出资人相关规定而进行特殊股权设计的情形，协会根据实质重于形式原则，审慎核查。 申请机构的出资人、实际控制人不得为资产管理产品。 （四）【实控定义】实际控制人应一致追溯到最后自然人、国资控股企业或集体企业、上市公司、受国外金融监管部门监管的境外机构。在没有实际控制人情形下，应由其第一大股东承担实际控制人相应责任。 八、中止办理情形 申请机构出现下列两项及以上情形的，协会将中止办理该类机构私募基金管理人登记申请6个月： …… （六）申请机构股权代持或股权结构不清晰的； （七）申请机构实际控制关系不稳定的； （八）申请机构通过构架安排规避关联方或实际控制人要求的； 九、私募基金管理人不予登记情形 根据《中华人民共和国证券投资基金法》、《私募投资基金监督管理暂行办法》、《私募投资基金管理人登记和基金备案办法（试行）》、《关于进一步规范私募基金管理人登记若干事项的公告》及相关自律规则，申请登记私募基金管理人的机构存在以下情形的，协会将不予办理登记，且自该机构不予登记之日起一年内不接受办理其高管人员担任私募基金管理人高管人员、作为私募基金管理人的出资人或实际控制人： …… （三）申请机构主要出资人、申请机构自身曾经从事过或目前仍兼营民间借贷、民间融资、融资租赁、配资业务、小额理财、小额借贷、P2P/P2B、众筹、保理、担保、房地产开发、交易平台等与私募基金业务相冲突业务的……	

4.管理人的注册资本

关于注册资本金额，市场监督管理部门和基金业协会无具体金额要求，基金业协会仅要求"相关资本金应覆盖一段时间内机构的合理人工薪酬、房屋租金等日常运营开支"，但"针对私募基金管理人的实收资本/实缴资本比例未达到注册资本/认缴资本的25%的情况，协会将在私募基金管理人公示信息中予以特别提示，并在私募基金管理人分类公示中予以公示"。

同时，管理人登记过程中，需要提交股东出资能力证明，包括实缴出资部分和认缴出资部分。

因此，在管理人设立时，需结合股东出资能力、运营需求等因素，综合确定管理人的注册资本。同时，如所设立的管理人未来拟管理某些特殊基金，比如政府出资产业投资基金、保险公司所投资的股权投资基金等，则应当注意该类基金对于管理人注册资本的特殊要求。

关于管理人注册资本的相关合规依据参见表2-3：

表2-3 关于管理人注册资本的相关合规依据

相关规定内容	相关规定名称
二、申请机构应当按规定具备开展私募基金管理业务所需的从业人员、营业场所、资本金等运营基本设施和条件，并建立基本管理制度 （二）【资本金满足运营】作为必要合理的机构运营条件，申请机构应根据自身运营情况和业务发展方向，确保有足够的实缴资本金保证机构有效运转。相关资本金应覆盖一段时间内机构的合理人工薪酬、房屋租金等日常运营开支。律师事务所应当对私募基金管理人是否具备从事私募基金业务所需的资本金、资本条件等进行尽职调查并出具专业法律意见。 针对私募基金管理人的实收资本/实缴资本未达到注册资本/认缴资本的25%的情况，协会将在私募基金管理人公示信息中予以特别提示，并在私募基金管理人分类公示中予以公示。	《登记须知》

续表

相关规定内容	相关规定名称
第二十条 （政府出资产业投资基金）基金管理人应符合以下条件： （一）在中国大陆依法设立的公司或合伙企业，实收资本不低于1000万元人民币……	《政府出资产业投资基金管理暂行办法》
第十条 保险公司投资股权投资基金，发起设立并管理该基金的投资机构，应当符合下列条件： （一）具有完善的公司治理、管理制度、决策流程和内控机制； （二）注册资本不低于1亿元，已建立风险准备金制度……	《保险资金投资股权暂行办法》

5.管理人的注册地和实际经营场所

管理人办公场所的必备条件是独立性。根据基金业协会《登记材料清单》关于办公场地使用证明的内容要求，办公场所如为直接租赁所得，应提供租赁协议及产权证复印件；如为转租所得，应提供原租赁协议、转租协议、产权人或物业管理人同意转租的确认文件；如由股东、关联方等无偿提供取得，应提供原租赁协议或产权证、无偿使用证明、产权人或物业管理人同意使用的确认文件。

关于管理人的工商注册地址和实际经营场所是否必须一致是实务中普遍关心的问题。根据基金业协会《登记须知》的规定，二者可以不一致，但应当充分说明分离的合理性。但是，在市场监督管理层面，公司注册地址与实际经营地址不一致，通过登记的住所或者经营场所无法联系企业的，将被列入异常经营名录。因此，管理人的注册地和实际经营场所建议尽量保持一致，如不一致，建议确保注册地的可联系性，避免因无法联系而被列入异常经营名录。

实务提示

证监会《关于加强私募投资基金监管的若干规定（征求意见稿）》中曾规定"私募基金管理人的注册地与主要办事机构所在地应当设于同一省级、

计划单列市行政区域内"，后因分歧太大，正式稿将该要求予以删除，因此，现行有效的监管政策仍允许管理人注册地和实际经营场所不一致，但未来监管趋势将如何变化，需要管理人予以高度关注。

关于管理人办公场所的相关合规依据参见表2-4：

表2-4　关于管理人办公场所的相关合规依据

相关规定内容	相关规定名称
第四条　县级以上工商行政管理部门应当将有下列情形之一的企业列入经营异常名录： （一）未按照《企业信息公示暂行条例》第八条规定的期限公示年度报告的； （二）未在工商行政管理部门依照《企业信息公示暂行条例》第十条规定责令的期限内公示有关企业信息的； （三）公示企业信息隐瞒真实情况、弄虚作假的； （四）通过登记的住所或者经营场所无法联系的。	《企业经营异常名录管理暂行办法》
二、申请机构应当按规定具备开展私募基金管理业务所需的从业人员、营业场所、资本金等运营基本设施和条件，并建立基本管理制度 （三）【办公地要求】申请机构的办公场所应当具备独立性。申请机构工商注册地和实际经营场所不在同一个行政区域的，应充分说明分离的合理性。申请机构应对有关事项如实填报，律师事务所需做好相关事实性尽职调查，说明申请机构的经营地、注册地分别所在地点，是否确实在实际经营地经营等事项。	《登记须知》
申请材料名称：办公场地使用证明 具体要求：如申请人的办公场地为直接租赁所得，应提供租赁协议及产权证复印件；如为转租所得，应提供原租赁协议、转租协议、产权人或物业管理人同意转租的确认文件；如由股东、关联方等无偿提供取得，应提供原租赁协议或产权证、无偿使用证明、产权人或物业管理人同意使用的确认文件。	《登记材料清单》

6.管理人的法定代表人和总经理人选

管理人工商注册登记时，应确定法定代表人和总经理人选，该等人选在管理人向基金业协会申请登记时将作为高管予以登记，故需注意法定代表人和总经理的人选应符合《公司法》关于公司高级管理人员的基本任职资格条件和基金业协会关于私募基金管理人高管应当具备的条件，如具备基金从业资格、专业胜任能力、不得在非关联私募机构兼职等，以免完成工商注册后因不符合条件而进行更换。

关于管理人法定代表人和总经理人选的相关合规依据参见表2-5：

表2-5 关于管理人法定代表人和总经理人选的相关合规依据

相关规定内容	相关规定名称
第一百四十六条 有下列情形之一的，不得担任公司的董事、监事、高级管理人员：（一）无民事行为能力或者限制民事行为能力；（二）因贪污、贿赂、侵占财产、挪用财产或者破坏社会主义市场经济秩序，被判处刑罚，执行期满未逾五年，或者因犯罪被剥夺政治权利，执行期满未逾五年；（三）担任破产清算的公司、企业的董事或者厂长、经理，对该公司、企业的破产负有个人责任的，自该公司、企业破产清算完结之日起未逾三年；（四）担任因违法被吊销营业执照、责令关闭的公司、企业的法定代表人，并负有个人责任的，自该公司、企业被吊销营业执照之日起未逾三年；（五）个人所负数额较大的债务到期未清偿。	《公司法》
三、高管人员及其他从业人员相关要求 （一）【高管定义】根据《关于进一步规范私募基金管理人登记若干事项的公告》等的要求，从事私募证券投资基金业务的各类私募基金管理人，其高管人员（包括法定代表人/执行事务合伙人（委派代表）、总经理、副总经理、合规/风控负责人等）均应当取得基金从业资格。从事非私募证券投资基金业务的各类私募基金管理人，至少2名高管人员应当取得基金从业资格，其法定代表人/执行事务合伙人（委派代表）、合规/风控负责人应当取得基金从业资格。各类私募基金管理人的合规/风控负责人不得从事投资业务。 （二）【资格认定】根据《私募基金登记备案相关问题解答（九）》，高管人员通过协会资格认定委员会认定的基金从业资格，仅适用于私募股权投资基金管理人（含创业投资基金管理人）。 （三）【竞业禁止】私募基金管理人的从业人员、出资人应当遵守竞业禁止原则，恪尽职守、勤勉尽责，不应当同时从事与私募业务可能存在利益冲突的活动。 （四）【高管任职要求】根据《私募基金登记备案相关问题解答（十二）》，	《登记须知》

续表

相关规定内容	相关规定名称
为维护投资者利益，严格履行"受人之托、代人理财"义务，防范利益输送及道德风险，私募基金管理人的高管人员应当勤勉尽责、恪尽职守，合理分配工作精力，在私募基金管理人登记及相关高管人员提出变更申请时，应当遵守以下要求： 1. 不得在非关联的私募机构兼职； 2. 不得在与私募业务相冲突业务的机构兼职； 3. 除法定代表人外，私募基金管理人的其他高管人员原则上不应兼职；若有兼职情形，应当提供兼职合理性相关证明材料（包括但不限于兼职的合理性、胜任能力、如何公平对待服务对象、是否违反竞业禁止规定等材料），同时兼职高管人员数量应不高于申请机构全部高管人员数量的1/2； 4. 私募基金管理人的兼职高管人员应当合理分配工作精力，协会将重点关注在多家机构兼职的高管人员任职情况； 5. 对于在一年内变更2次以上任职机构的私募高管人员，协会将重点关注其变更原因及诚信情况； 6. 私募基金管理人的高管人员应当与任职机构签署劳动合同。在私募基金管理人登记、提交高管人员重大事项变更申请时，应上传所涉高管的劳动合同及社保证明。 已登记机构应当按照上述规定自查私募基金管理人相关高管人员的兼职情况。协会将按照有关规定对私募基金管理人高管人员的兼职情况进行核查，逐步要求不符合规范的机构整改。 （五）【专业胜任能力】根据《私募投资基金管理人内部控制指引》，从事私募基金管理业务相关工作人员应具备与岗位要求相适应的职业操守和专业胜任能力。负责私募合规/风控的高管人员，应当独立地履行对内部控制监督、检查、评价、报告和建议的职能，对因失职渎职导致内部控制失效造成重大损失的，应当承担相关责任。申请机构负责投资的高管人员，应当具备相应的投资能力。 （六）【员工人数】根据《私募投资基金管理人内部控制指引》，申请机构员工总人数不应低于5人，申请机构的一般员工不得兼职。 八、中止办理情形 申请机构出现下列两项及以上情形的，协会将中止办理该类机构私募基金管理人登记申请6个月： （九）申请机构员工、高管人员挂靠，或者专业胜任能力不足的……	

续表

相关规定内容	相关规定名称
九、私募基金管理人不予登记情形 根据《中华人民共和国证券投资基金法》、《私募投资基金监督管理暂行办法》、《私募投资基金管理人登记和基金备案办法（试行）》、《关于进一步规范私募基金管理人登记若干事项的公告》及相关自律规则，申请登记私募基金管理人的机构存在以下情形的，协会将不予办理登记，且自该机构不予登记之日起一年内不接受办理其高管人员担任私募基金管理人高管人员、作为私募基金管理人的出资人或实际控制人： （五）申请机构的高管人员最近三年存在重大失信记录，或最近三年被中国证监会采取市场禁入措施的； 十一、私募基金管理人登记完成后应特别知悉事项 （二）【持续内控要求】根据《私募投资基金监督管理暂行办法》、《私募投资基金管理人内部控制指引》、《私募投资基金合同指引》等相关要求，为保证新登记私募基金管理人的公司治理、组织架构和管理团队的稳定性，确保私募基金管理人持续有效执行登记申请时所提出的商业运作计划和内部控制制度，自《私募基金登记备案相关问题解答（十四）》发布之日起，申请私募基金管理人登记的机构应当书面承诺：申请登记机构保证其组织架构、管理团队的稳定性，在备案完成第一只基金产品前，不进行法定代表人、控股股东或实际控制人的重大事项变更；不随意更换总经理、合规风控负责人等高管人员。法律法规另有规定或发生不可抗力情形的除外。	
非证券类：申请机构应提供高管或投资人员股权（含创投）项目成功退出证明，包括但不限于管理产品的证明材料、退出材料等；申请机构高管人员、团队员工在其岗位或私募投资基金领域具备专业能力的证明材料。	《登记材料清单》
申请机构需提供现任职高管或投资人员近三年内连续六个月以上可追溯的投资业绩证明材料（包括但不限于管理证券类产品的证明材料或股票、期货等交易记录，不含模拟盘），若能提供，请律师在补充法律意见书中对其真实性发表结论性意见，该证明应反映资金规模、投资期限、投资业绩、组合投资及获益情况，并在法律意见书中逐一论述；申请机构高管人员、团队员工在其岗位或私募投资基金领域具备专业能力的证明材料。	《私募基金管理人登记申请材料清单（证券类）》

（二）管理人设立的程序

管理人设立的程序是指在满足设立的基本要素之后还需履行设立各程序事项，包括内部决策和工商注册两方面的程序。

首先是内部决策，股东之间通常需要签署相关投资协议书，就股东之间的权利义务进行约定。如股东为国有企业，则该股东还需根据国有企业对外投资的相关规定履行决策程序。

其次是工商注册，管理人的设立需要符合公司法和合伙企业法的设立要求。同时，对于新设投资类企业，各地工商部门普遍存在需要当地金融办前置审批程序，建议注册前提前和市场监督管理部门沟通相关程序。

关于管理人内部决策和工商注册两个程序的相关合规依据参见表2-6：

表2-6 内部决策和工商注册两个程序相关合规依据

程　序	相关规定内容	相关规定名称
内部决策	第二十一条　企业新投资项目应当履行项目立项、可行性研究、尽职调查、账务审计和资产评估、审查论证、董事会审议等程序。项目决策前应进行技术、市场、财务、法律和风险等方面的可行性研究与论证，必要时选聘具有相应资质、专业经验和良好信誉的法律、财务、评估等中介机构进行论证。 （一）企业拟实施股权投资项目的，应开展必要的尽职调查、财务审计和资产评估。企业开展并购项目的，以资产评估值为参考确定股权并购价格，有特殊目的的，可考虑资源优势、协同效应、发展前景、市盈率等因素适当溢价，同时应就期间损益、职工安置、或有债务处理等事项作出明确安排。 （二）企业投资项目引入非国有资本，原则上应通过相关产权交易机构或新闻媒体、互联网等渠道公开征集意向合作方。在综合考虑投资主体资质、商业信誉、经营情况、管理能力、资产规模、社会评价等因素的基础上择优选取合作方，并与合作方通过章程或协议（合同），就法人治理结构、同业竞争、关联交易、风险管控、后续投资的资金（经营）安排等做出明确约定。	《四川省属国有企业投资监督管理试行办法》

续表

程　序	相关规定内容	相关规定名称
	第二十二条　企业应当明确投资项目决策机制，对投资决策实行统一管理。企业投资决策权和开展股权投资原则上控制在两级以内（集团公司为第一层级），确因客观需要，集团公司下属第三级子公司开展股权投资应报请省国资委审核通过后，由集团公司授权。涉及参股子公司的投资事项，由国有股东委派的股东代表，按照本办法规定和委派单位指示发表意见、行使表决权，并将履职情况和结果及时报告委派单位。各级投资决策机构对投资项目做出决策，应当形成决策文件，所有参与决策的人员均应在决策文件上签字背书，所发表意见应记录存档。	
工商注册	第六条　设立公司，应当依法向公司登记机关申请设立登记。符合本法规定的设立条件的，由公司登记机关分别登记为有限责任公司或者股份有限公司；不符合本法规定的设立条件的，不得登记为有限责任公司或者股份有限公司。 法律、行政法规规定设立公司必须报经批准的，应当在公司登记前依法办理批准手续。	《公司法》
	第九条　申请设立合伙企业，应当向企业登记机关提交登记申请书、合伙协议书、合伙人身份证明等文件。 合伙企业的经营范围中有属于法律、行政法规规定在登记前须经批准的项目的，该项经营业务应当依法经过批准，并在登记时提交批准文件。	《合伙企业法》

实务范本

实务中，在私募基金管理人工商注册前，常常面临需要向金融监管部门提交设立申请的情形。现提供如下设立申请书参考版本[①]：

---

①　因各地金融监管部门对管理人/投资类公司设立所需提交的材料要求不尽一致，本样本仅供参考，具体请以金融部门的要求为准。

关于设立××基金管理有限公司的申请

××金融工作局：

为充分利用我国经济发展所创造的投资机遇，充分发挥公司股东、高管的资产管理能力，现向贵局申请在××市××区设立××基金管理有限公司（拟定名称，以下简称××公司），为合格投资者提供专业的私募股权投资基金管理服务，在谋求企业自身发展的同时，积极为××区及××市经济发展作出应有贡献。

现将申请设立公司的情况向贵局汇报如下：

一、公司基本情况

××公司是一家拟专业从事创投、股权类私募基金管理业务的基金公司，拟设立于××市××区，注册资本××万元，公司设立后首期实缴资金不低于××万元。经营范围包括受托管理股权投资基金；受托管理资产、投资管理；股权投资；创业投资（以市场监督管理部门核准经营范围为准）。

二、公司股东及实际控制人介绍

（一）股东情况

_____

（二）实际控制人情况

公司实际控制人为××，基本情况如下：_____

三、公司拟组建的管理团队

公司拟任法定代表人、执行董事、总经理：_____，具有多年金融从业经验，其工作经历及参与的投资项目情况如下：_____

同时，公司将组建包括证券、投资行业资深从业人员、注册会计师等在内的管理团队，能够为投资者和拟投项目提供专业、优质、高效的服务。公司拟组建的管理团队情况如下：_____

四、公司拟开展的业务

_____

五、承诺

在未来业务开展过程中,公司将始终秉承最大限度维护客户利益的宗旨,合法合规经营,为客户提供专业、务实的金融服务,为××市经济发展作出应有的贡献。

鉴于上述,特向贵局申请设立××公司,望予批准为盼!

申请人:_____

日期:____年____月____日

二、管理人登记

私募基金管理人在开展私募基金业务前,首先需要向基金业协会申请私募基金管理人登记,取得私募基金管理人资格后才能开展私募基金相关业务。本部分主要阐述私募基金管理人登记审核要点、申请登记材料、中止办理和不予登记情形及法律后果等内容。

(一)登记审核要点

根据《登记须知》《法律意见书指引》等文件规定及实践,管理人登记审核要点主要包含:

1.登记主体

私募基金管理人的登记主体应在中国境内依法设立并有效存续,境外注册设立的私募基金管理机构不纳入登记范围。

2.名称和经营范围

管理人的名称中应标明"私募基金""私募基金管理""创业投资"字样,在经营范围中标明"私募投资基金管理""私募证券投资基金管理""私募股权投资基金管理""创业投资基金管理"等体现受托管理私募基金特点的字样,不包含上述内容的将不予登记。

对于名称不突出主业、与知名机构重名或相近,带有"集团""金控"等误导投资者字样的,可能被中止办理登记。

相关合规依据参见本章"一、管理人设立"之"(一)管理人设立的基本要素"之"2.管理人的名称和经营范围"。

3.专业化运营

私募基金管理人开展业务应符合专业化运营的要求,主要体现为以下四点:

第一,私募基金管理人的业务内容应为私募基金管理。

第二,私募基金管理人不得兼营与私募基金业务相冲突的业务内容,即不得兼营民间借贷、民间融资、融资租赁、配资业务、小额理财、小额借贷、P2P/P2B、众筹、保理、担保、房地产开发、交易平台等业务。

第三,私募基金管理人在选择登记类型时,仅可选择一类机构类型和业务类型,不能同时登记为私募证券投资基金管理人、其他类私募投资基金管理人、资产配置类。

第四,私募基金管理人在登记时已展业的,需要在申请登记时说明展业的具体情况以及可能存在的风险;同时,需要在申请登记时提交商业计划书,在提交商业计划书时不得套用模板,且提交的展业计划应具有可行性。

关于管理人专业化运营的相关合规依据参见表2-7:

表 2-7 关于管理人专业化运营的相关合规依据

合规事项名称	相关规定内容	相关规定名称
专业化运营要求	四、机构名称及经营范围相关要求 (三)【专业化运营】根据《私募投资基金管理人内部控制指引》和《私募基金登记备案相关问题解答(十三)》,私募基金管理人应当遵循专业化运营原则,主营业务清晰,不得兼营与私募基金管理无关或存在利益冲突的其他业务。	《登记须知》
	第八条 私募基金管理人应当遵循专业化运营原则,主营业务清晰,不得兼营与私募基金管理无关或存在利益冲突的其他业务。	《内部控制指引》
冲突业务要求	四、机构名称及经营范围相关要求 (二)【冲突业务】为落实《私募投资基金监督管理暂行办法》关于私募基金管理人防范利益冲突的要求,对于兼营民间借贷、民间融资、融资租赁、配资业务、小额理财、小额借贷、P2P/P2B、众筹、保理、担保、房地产开发、交易平台等业务的申请机构,因上述业务与私募基金属性相冲突,为防范风险,协会对从事冲突业务的机构将不予登记。 九、私募基金管理人不予登记情形 (三) 申请机构主要出资人、申请机构自身曾经从事过或目前仍兼营民间借贷、民间融资、融资租赁、配资业务、小额理财、小额借贷、P2P/P2B、众筹、保理、担保、房地产开发、交易平台等与私募基金业务相冲突业务的……	《登记须知》
	根据《中华人民共和国证券投资基金法》、《私募投资基金监督管理暂行办法》、《私募投资基金管理人登记和基金备案办法(试行)》、《关于进一步规范私募基金管理人登记若干事项的公告》及相关自律规则,申请登记私募基金管理人的机构存在以下情形的,中国证券投资基金业协会将不予办理登记: 三、申请机构兼营民间借贷、民间融资、配资业务、小额理财、小额借贷、P2P/P2B、众筹、保理、担保、房地产开发、交易平台等《私募基金登记备案相关问题解答(七)》规定的与私募基金业务相冲突业务的。	《问题解答(十四)》
	四、经办执业律师及律师事务所应在充分尽职调查的基础上,就下述内容逐项发表法律意见,并就对私募基金管理人	《法律意见书指引》

续表

合规事项名称	相关规定内容	相关规定名称
	登记申请是否符合中国基金业协会的相关要求发表整体结论性意见。不存在下列事项的，也应明确说明。若引用或使用其他中介机构结论性意见的应当独立对其真实性进行核查。 （三）申请机构是否符合《私募投资基金监督管理暂行办法》第22条专业化经营原则，说明申请机构主营业务是否为私募基金管理业务；申请机构的工商经营范围或实际经营业务中，是否兼营可能与私募投资基金业务存在冲突的业务、是否兼营与"投资管理"的买方业务存在冲突的业务、是否兼营其他非金融业务。	
机构类型要求	问：私募基金管理人在申请登记、备案私募基金时，应当如何落实专业化管理原则？ 答：根据《私募投资基金监督管理暂行办法》第二十二条，以及中国证券投资基金业协会《私募投资基金管理人内部控制指引》等相关自律规则，为进一步落实私募基金管理人专业化管理原则，切实建立有效机制以防范可能出现的利益输送和利益冲突，提升行业机构内部控制水平，私募基金管理人在申请登记时，应当在"私募证券投资基金管理人"、"私募股权、创业投资基金管理人"等机构类型，以及与机构类型关联对应的业务类型中，仅选择一类机构类型及业务类型进行登记；私募基金管理人只可备案与本机构已登记业务类型相符的私募基金，不可管理与本机构已登记业务类型不符的私募基金；同一私募基金管理人不可兼营多种类型的私募基金管理业务。若私募基金管理机构确有经营多类私募基金管理业务的实际、长期展业需要，可设立在人员团队、业务系统、内控制度等方面满足专业化管理要求的独立经营主体，分别申请登记成为不同类型的私募基金管理人。	《问题解答（十三）》
展业要求	二、申请机构应当按规定具备开展私募基金管理业务所需的从业人员、营业场所、资本金等运营基本设施和条件，并建立基本管理制度 （五）【已展业情况】申请机构提交私募基金管理人登记申请前已实际展业的，应当说明展业的具体情况，并对此事项可能存在影响今后展业的风险进行特别说明。若已存在	《登记须知》

续表

合规事项名称	相关规定内容	相关规定名称
	使用自有资金投资的，应确保私募基金财产与私募基金管理人自有财产之间独立运作，分别核算。 八、中止办理情形 申请机构出现下列两项及以上情形的，协会将中止办理该类机构私募基金管理人登记申请6个月： （三）申请机构展业计划不具备可行性的……	
	商业计划书应详述申请机构展业计划，内容应包括投资类型、投资标的、如何募集、如何选择投资对象等，并详细说明基金产品的交易结构、资金来源及投出方式，并列出首只基金的产品要素表。（不要套用模板，详细、具体描述真实的展业计划） 申请机构成立满一个会计年度需提交审计报告。申请机构成立不满一个会计年度自愿提交审计报告，但近期资产负债表、损益表及现金流量表需上传。	《登记材料清单》

反馈问题示例

◎ 请具体说明申请机构业务定位及展业规划，如有正在洽谈的项目，请披露相关情况并上传证明材料。

◎ 请详述申请机构展业计划并加盖公章，如投资类型、投资标的、如何募集、如何选择投资对象等。

◎ 建议有具体项目后再进行私募基金管理人登记。

◎ 建议申请机构在具备真实展业需求的前提下申请私募管理人登记。请提交申请机构从事私募投资业务的商业计划书，详述公司未来发展方向、运作规划及当前业务需求等内容。如公司确有业务需求，可提供相关证明文件，如拟投资项目投资协议或合作意向书、项目合作方联系方式、拟担任政府引导基金管理人相关政府批文等。

4.股权结构

私募基金管理人的股权结构应当清晰，不得存在股权代持的情形，如设置了多层架构的，需要说明其存在的必要性。私募基金管理人在申请登记前一年内发生股权变更的，需要详细说明其原因，第一大股东及实际控制人应保持股权或控制权不少于三年。

私募基金管理人对于股东资质有特殊要求，如私募基金管理人的主要股东不得曾经从事或目前仍兼营私募基金的冲突业务，出资人和实际控制人不得为资管产品。此外，股东还应当具备与其认缴出资金额相匹配的出资能力，资金来源应当合法。

（1）自然人出资人的出资能力证明：固定资产（非首套房屋产权证）、非固定资产（不限于薪资收入证明、完税证明、理财收入证明、配偶收入等），如为银行账户存款或理财金额，可提供近半年银行流水及金融资产证明；如涉及家族资产，应说明具体来源等情况。

（2）非自然人出资人的出资能力证明，如为经营性收入，应结合成立时间、实际业务情况、营收情况等论述收入来源合理与合法性，并提供审计报告等证明材料。

（3）出资能力证明应包括资产所有权证明及该资产的合法来源证明，律师应结合上述证明材料，核查财产证明真实性、估计及除贷后净值、资产来源及合法性、股东是否具备充足的出资能力等。

私募基金管理人的股东在穿透核查后若存在境外股东的，需要对境外股东进行穿透核查。根据相关规定，私募证券投资基金管理人的境外股东应为所在国家或者地区金融监管当局批准或者许可的金融机构、境外股东所在国家或者地区的证券监管机构已与中国证监会或者中国证监会认可的其他机构签订证券监管合作谅解备忘录，且不得存在重大处罚；私募股权基金管理人对其境外股东资质暂无明确要求。

💡 反馈问题示例

◎ 请申请机构股东出具《出资能力证明》,《出资能力证明》应详细说明股东的合计出资能力如何与申请机构的认缴资金相匹配,《法律意见书》中应对此发表结论性意见（银行存款需要说明对应的收入来源，并提供相关证明材料）。律师事务所及其经办律师应当恪尽职守，勤勉尽责地对申请机构相关情况进行尽职调查，独立、客观、公正地出具《法律意见书》,《法律意见书》中相关内容应包含完整的尽职调查过程描述，对有关事实、法律问题作出认定和判断的适当证据和理由，不得瞒报信息，应当确保《法律意见书》不存在虚假记载、误导性陈述及重大遗漏。

◎ 工商公示的出资人信息截图：请核对截图中的股东出资信息与贵机构情况是否一致。

5.实际控制人

基金业协会对私募基金管理人实际控制人的认定标准为最后自然人、国资控股企业或集体企业、上市公司以及受国外金融监管部门监管的境外机构。在私募基金管理人无实际控制人时，由私募基金管理人的第一大股东承担实际控制人的相应责任。

对于同一实际控制人下设立多家私募基金管理机构的，需说明设置多个私募基金管理人的目的与合理性、业务方向区别、如何避免同业化竞争等问题；同时，已登记的私募基金管理人作为关联方，需出具合规连带责任承诺函，实际控制人也须出具继续持有申请机构股权或实际控制不少于三年以及承担合规连带责任的承诺函。

💡 反馈问题示例

◎ 请详细说明实际控制人能够对机构起到的实际支配作用。

◎ 实际控制人不是高管，不参与经营管理，请说明情况。

◎ 请详细说明申请机构的实际控制人情况。

◎ 请提供实际控制人出具的继续持有申请机构股权或实际控制不少于三年以及承担合规连带责任的承诺函。

6.子公司、分支机构和关联方

申请管理人登记过程中，申请机构需如实披露管理人子公司（持股5%以上的金融企业、上市公司及持股20%以上的其他企业）、分支机构及其关联方（受同一控股股东/实际控制人控制的金融机构、私募基金管理人、投资类企业、冲突业务企业、投资咨询及金融服务企业等）的信息。

在申请管理人登记过程中，对子公司、分支机构及关联方应当予以重视：

（1）子公司、分支机构或关联方已从事私募业务的，应当先办理子公司、分支机构及关联方的管理人登记。

（2）子公司、分支机构或关联方已登记为私募基金管理人的，应当在上述机构实际展业并完成首只私募基金备案后，再提交申请机构的私募基金管理人登记申请。

（3）申请机构登记过程中，需要关联方出具相关承诺函。关联方中有已登记私募基金管理人，或控股股东/第一大股东为已登记私募基金管理人的，关联私募基金管理人需出具承诺函，承诺若申请机构展业中出现违法违规情形，应当承担相应的合规连带责任和自律处分后果；存在冲突业务的机构，申请机构与冲突业务关联方共同出具不存在利益输送的承诺函，承诺申请机构自身及其未来管理的私募基金均不涉及民间借贷、民间融资、配资业务、小额理财、小额借贷、P2P/P2B、众筹、保理、融资租赁、担保、房地产开发、交易平台、典当等可能与私募投资基金属性相冲突的业务（申请机构与冲突业务关联方均需出具）。从事小额贷款、融资租赁、商业保理、融资担保、互联网金融、典当等冲突业务（房地产除外）的关联方需提供相关主管部门正式许可文件。

💡 反馈问题示例

◎ 请申请机构完整填报关联方信息以及说明该公司是否有相关主管部门设立批复，若有，请上传相关文件。

◎ 申请机构未说明申请机构的相关子公司/关联方之间存在关联业务往来的情况，及是否需要根据《信息披露办法》向其管理的私募基金持有人披露相关信息。（请查证申请机构与关联方之间是否存在关联交易，并由申请机构出具今后的业务开展中不会与关联机构发生内幕交易和利益输送的承诺函。）

◎ 贵机构存在关联方，请解释说明利益冲突、关联交易等情况，并说明在基金业协会登记备案情况，以及是否从事私募基金业务，若从事，为何未在基金业协会登记备案。并说明关联方是否存在相关冲突业务，如小额贷款、互联网金融、融资配资等。请承诺未来不会发生利益输送等行为。

◎ 股东及向上穿透的机构中名称含"投资管理"及相关字样的，请详细说明业务经营情况，是否从事私募，是否已登记为私募基金管理人，如未登记请说明原因。

◎ 关联方机构中名称含"投资""基金""资产管理"等相关字样的，请详细说明业务经营情况，是否从事私募，是否已登记为私募基金管理人，如未登记请说明原因。请提供承诺函，承诺在未来业务开展中，不会与分支机构或关联机构存在利益输送。

◎ 请说明关联方"××有限公司"是否取得相关业务资质。

◎ 请详细说明关联方实际业务经营情况，是否从事私募，是否已登记为私募基金管理人，如未登记请说明原因。关联机构中存在经营范围与《问题解答（七）》私募基金可能冲突的相关业务，请申请机构和每个关联机构出具承诺函，承诺在未来业务开展中，不会与分支机构/关联机构存在利益输送，损害投资者利益，与《法律意见书》一起放入压缩包中上传。

◎ 请说明是否详尽披露申请机构分支机构、子公司或关联方。

7.运营基本设施和条件

私募基金管理人在申请登记时应具备开展私募基金管理业务的基本设施和条件，包括但不限于人员和办公场所。私募基金管理人的人员总数不低于5个人，从事私募基金业务的专业人员应具备私募基金从业资格和专业胜任能力；私募基金管理人的办公场所应具备相对独立性，注册地和实际办公场所不一致的需在登记时说明原因，但注册地和实际办公场所不一致的不构成私募基金管理人登记的实质性法律障碍。

申请登记时，需向基金业协会提交全体员工劳动合同、简历和社保证明，全体员工简历应涵盖员工基本信息、学习经历、工作经历等；社保缴费记录应显示员工姓名及申请机构名称，新参保无缴费记录的可提供社保增员记录等，第三方人力资源服务机构代缴的上传申请机构签署的代缴协议、人力资源服务资质证明文件、代缴记录，退休返聘的上传退休证。

💡 反馈问题示例

◎ 前台照片应体现贵机构与固定、专业、独立的办公场所的必然联系（建议多角度拍摄并在法律意见书中补充房屋租赁合同）。

◎ 需说明机构无偿使用办公场所的原因及合理性。若办公场所为股东无偿提供，应当提交股东与申请机构共同出具的无利益输送承诺函。

◎ 请补充描述机构办公场所经营情况，是否具有租赁合同，如机构注册地址与实际办公地址不一致，请解释相关原因。

◎ 请对公司运营场所、办公条件、人员作出详细说明。

◎ 请在法律意见书中详细描述实收资本信息，并且说明实缴资本如何足以支持企业日常运营中的各项开支，如房屋租赁、员工工资、设备购买等相关费用支出的资金支持情况。

◎ 申请机构员工人数过少，请在法律意见书中详细阐述在当前员工人数情况下，申请机构如何顺利开展私募基金管理业务，以及如何有效执行风险管理和内部控制等相关制度。

8. 制度

私募基金管理人在申请登记时应根据《法律意见书指引》的相关要求建立必备的私募基金管理相关制度，管理人必须建立的制度包括：运营风险控制制度，信息披露制度，机构内部交易记录制度，防范内幕交易、利益冲突的投资交易制度，合格投资者风险揭示制度，合格投资者内部审核流程及相关制度，私募基金宣传推介、募集相关规范制度以及适用于私募证券投资基金业务的公平交易制度，从业人员买卖证券申报制度等配套管理制度。同时，管理人可根据业务开展需要，制定包括但不限于关联交易制度、投资决策委员会制度、投资管理制度等。

管理人建立的制度应与私募基金管理人的组织架构和人员设置相匹配，以保证制度具备有效执行的现实基础和条件。

💡 *反馈问题示例*

◎ 请评估私募基金管理人风险管理和内部控制制度是否具备有效执行的现实基础和条件。

◎ 请对公司投资决策流程作出详细说明。

◎ 请在法律意见书中详细描述公司风险管理和风控制度的可行性和可操作性。

◎ 请对申请人制度与机构现有组织架构和人员设置匹配情况和具体执行情况进行更加翔实的描述。

9.外包服务

私募基金管理人在现有组织架构和人员配置难以完全自主有效执行相关制度的情形下，可以选择外包服务机构。为私募基金管理人提供外包服务的机构应在中国证券投资基金业协会完成备案并成为会员。申请机构如与其他机构签署基金外包服务协议，登记时应在法律意见书中说明其外包服务协议情况，指出是否存在潜在风险。

同时，申请机构开展业务外包的，应制定相应的风险管理框架及制度。

10.高级管理人员

私募基金管理人的高级管理人员[指董事长、总经理、副总经理、执行事务合伙人（委派代表）、合规风控负责人以及实际履行上述职务的其他人员]应满足基金业协会对于高级管理人员的相关要求，包括但不限于从业资格、任职资格、专业胜任能力等方面的要求。相关合规依据请参见本章"一、管理人设立"之"（一）管理人设立的基本要素"之"6.管理人的法定代表人和总经理人选"。

实务提示

关于从业资格，私募股权基金管理人中的至少2名高管人员应当取得基金从业资格，其法定代表人/执行事务合伙人（委派代表）、合规/风控负责人应当取得基金从业资格，其余高管未做强制性要求，但建议管理人的全体高管均取得基金从业资格。

自基金业协会对管理人登记实行"清单制"管理以来，高管的任职资格和专业胜任能力是需要重点关注的问题。

关于兼职，管理人的高管不得在非关联的私募机构兼职，也不得在与私募基金业务相冲突业务的机构兼职，除法定代表人外，其余高管原则上不应兼职。如存在兼职情况，高管在管理人处的任职应取得兼职单位的同意，同时需要说明兼职的合理性，如何公平对待服务对象，是否违反竞业禁止规定等。根据实务经验，高管如在其他单位存在工商公示的法定代表人、执行董事、总经理等职务，即使该高管与管理人签署劳动合同并在管理人处缴纳社保，也应将该高管认定为兼职。对于高管在其他单位只担任董事、监事职务是否应被认定为兼职的问题，原则上可不认定为兼职，但仍需结合其任职的具体情况分析判断，建议届时与基金业协会咨询人员或审核人员沟通确认。

关于专业胜任能力，建议提交详细的投资经历相关证明材料，包括但不限于任职单位出具的任职证明或离职证明、其在投资项目募投管退全流程中所任岗位及其具体工作内容证明（如项目筛选/尽职调查/风险控制/投资决策等体现高管本人签字署名材料、附有既往任职单位有效签章的本人具名投资报告等）、其投资项目的工商确权情况截图等（存续期限/是否退出/盈亏情况等）。

💡 反馈问题示例

关于高级管理人员登记的常见反馈问题。

◎ 根据《内部控制指引》第十一条规定，从事私募基金管理业务相关工作人员应具备与岗位要求相适应的职业操守和专业胜任能力。请在补充法律意见书中详细说明申请机构目前的高管人员、团队员工在其岗位或私募投资基金领域的专业能力，负责风控工作的高管和员工需要特别说明其相关工作经历及岗位胜任能力。如涉及相关经历或投资经验，请进一步提供证明材料。

◎ 任职证明请上传高管劳动合同及社保证明（社保缴费记录或增员证明）。不能提交社保证明的，请进行合理说明。

◎ 请详述所有员工的专兼职、委派等情况（建议以列表形式清晰展示后再详细论述），如有兼职情况，请详细说明兼职/委派原因（如有委派情况，请说明该名员工在委派期间是否全职在申请机构工作）并说明其任职机构的名称、该机构的基本营业情况、所从事的职务、该机构与贵公司的关系，说明如何做到相关业务在人员上的隔离（如高管有兼职情况，请说明是否符合

《问题解答（十二）》中相关要求，如不符合，请整改完成后继续提交申请)，高管如在与私募业务有冲突业务的公司兼职，请整改该兼职情况。

◎ 贵机构高管人员缺乏拟申请业务类型相关行业从业经验，建议贵机构招聘具有投资管理经验的专业人士担任公司高管。

◎ 高管均在别的企业担任职务，请说明高管和员工具体兼职情况，并解释说明若存在员工兼职的情况下，如何保证业务正常开展、内部制度有效落实。

◎ 高管的工作经历在从业人员系统中与资产管理业务综合报送平台不一致，请核实后整改。

◎ 请核实公司高管和员工是否存在兼职情况，如有兼职高管或员工，请核查兼职机构是否清楚知晓，兼职情况是否违反竞业禁止及是否符合《问题解答（七）》和《问题解答（十二）》的相关要求，并提交补充法律意见书进行说明。

11.诚信与被处罚情况

根据《登记须知》，管理人存在以下诚信情况将被不予登记：申请机构违反《证券投资基金法》《私募管理办法》关于资金募集的相关规定，在申请登记前违规发行私募基金，且存在公开宣传推介、向非合格投资者募集资金行为的；申请机构提供，或申请机构与律师事务所、会计师事务所及其他第三方中介机构等串谋提供虚假登记信息或材料的；提供的登记信息或材料存在误导性陈述、重大遗漏的；申请机构被列入国家企业信用信息公示系统严重违法失信企业名单的。

（二）申请登记材料

私募基金管理人在申请登记时，应按照登记材料清单的要求全面、真实、准确、规范地准备并提交申请材料，律师事务所需要对申请机构的登记申请材料、工商登记情况、专业化运营情况、股权结构、实际控制人等内容进行核查并逐项发表意见，基金业协会将通过约谈高管、现场核查、向相关专业协会征询意见的方式核查。

💡 反馈问题示例

◎ 申请机构上传的公司章程（合伙协议）应当含有所有股东（合伙人）签名并加盖公章，请补充后重新上传。

◎ 承诺函应包含完整的机构名称、注册地址、办公场所、填写日期并盖机构章。

◎ 系统填报信息中的关联方信息与《法律意见书》中所述不一致，请补正（系统填报信息中的营业范围与《法律意见书》中所述不一致，请补正）。

◎ 系统填报信息中《高级管理人员情况表》（资产管理业务综合报送平台）里高管的工作经历与《高级管理人员情况表》（从业人员系统）填报的工作经历不一致，请补正。

2020年2月28日，基金业协会发布《关于便利申请办理私募基金管理人登记相关事宜的通知》，自2020年3月1日起，新提交登记申请的机构应对照登记材料清单，全面、真实、准确、规范地准备登记所需申请材料，并通过AMBERS系统审慎完整提交申请材料。申请机构提交的材料符合登记材料清单齐备性要求的，协会将依法依规按时按要求办理登记手续，仅就登记材料清单所列事项进行核对或者进一步问询，不会就登记材料清单以外事项额外增加问询，做到"单外无单"。申请机构提交的材料存在不符合登记材料清单齐备性要求的，协会将在5个工作日内通过AMBERS系统退回申请材料。申请机构在第二次提交时仍未按登记材料清单提交所需材料或信息的，协会将参照《登记须知》,对申请机构适用中止办理程序。①

(三)中止办理

私募基金管理人在申请登记时,需注意是否存在基金业协会规定的中止办理情形,否则将有被基金业协会中止办理私募基金管理人登记申请6个月的风险。

关于中止办理的相关合规依据参见表2-8:

表2-8 关于中止办理的相关合规依据

相关规定内容	相关规定名称
八、中止办理情形 申请机构出现下列两项及以上情形的,协会将中止办理该类机构私募基金管理人登记申请6个月: (一)申请机构名称不突出私募基金管理主业,与知名机构重名或名称相近的,名称带有"集团"、"金控"等存在误导投资者字样的; (二)申请机构办公场所不稳定或者不独立的; (三)申请机构展业计划不具备可行性的; (四)申请机构不符合专业化经营要求,偏离私募基金主业的; (五)申请机构存在大额未清偿负债,或负债超过净资产50%的; (六)申请机构股权代持或股权结构不清晰的; (七)申请机构实际控制关系不稳定的; (八)申请机构通过构架安排规避关联方或实际控制人要求的; (九)申请机构员工、高管人员挂靠,或者专业胜任能力不足的; (十)申请机构在协会反馈意见后6个月内未补充提交登记申请材料的; (十一)中国证监会、中国证券投资基金业协会认定的其他情形。	《登记须知》
申请机构提交的材料存在不符合登记材料清单齐备性要求的,协会将在5个工作日内通过AMBERS系统退回申请材料。申请机构第二次提交仍未按登记材料清单提交所需材料或信息的,协会将参照《私募基金管理人登记须知》,对申请机构适用中止办理程序。	《关于便利申请办理私募基金管理人登记相关事宜的通知》

① 《私募基金管理人登记申请材料清单》具体详见基金业协会官方网站,https://www.amac.org.cn/governmentrules/czxgf/zlgz/zlgz_smjj/zlgz_smjj_glrdj/202003/t20200312_7624.html。

(四)不予登记

私募基金管理人在申请登记时,若出现违反资金募集、宣传推荐、专业经营、提供虚假资料、存在失信行为以及未提交年度财务报告等情形的,存在被基金业协会不予登记的风险。一旦申请机构被不予登记的,自该机构不予登记之日起一年内不接受办理其高管人员担任私募基金管理人高管人员、作为私募基金管理人的出资人或实际控制人。

关于管理人不予登记的相关合规依据参见表2-9:

表2-9 关于管理人不予登记的相关合规依据

相关规定内容	相关规定名称
九、私募基金管理人不予登记情形 根据《中华人民共和国证券投资基金法》、《私募投资基金监督管理暂行办法》、《私募投资基金管理人登记和基金备案办法(试行)》、《关于进一步规范私募基金管理人登记若干事项的公告》及相关自律规则,申请登记私募基金管理人的机构存在以下情形的,协会将不予办理登记,且自该机构不予登记之日起一年内不接受办理其高管人员担任私募基金管理人高管人员、作为私募基金管理人的出资人或实际控制人: (一)申请机构违反《中华人民共和国证券投资基金法》、《私募投资基金监督管理暂行办法》关于资金募集相关规定,在申请登记前违规发行私募基金,且存在公开宣传推介、向非合格投资者募集资金行为的; (二)申请机构提供,或申请机构与律师事务所、会计师事务所及其他第三方中介机构等串谋提供虚假登记信息或材料;提供的登记信息或材料存在误导性陈述、重大遗漏的; (三)申请机构主要出资人、申请机构自身曾经从事过或目前仍兼营民间借贷、民间融资、融资租赁、配资业务、小额理财、小额借贷、P2P/P2B、众筹、保理、担保、房地产开发、交易平台等与私募基金业务相冲突业务的; (四)申请机构被列入国家企业信用信息公示系统严重违法失信企业名单的; (五)申请机构的高管人员最近三年存在重大失信记录,或最近三年被中国证监会采取市场禁入措施的; (六)中国证监会、中国证券投资基金业协会规定的其他情形。	《登记须知》

续表

相关规定内容	相关规定名称
新申请私募基金管理人登记的机构被列入企业信用信息公示系统严重违法企业公示名单的，中国基金业协会将不予登记。 新申请私募基金管理人登记的机构成立满一年但未提交经审计的年度财务报告的，中国基金业协会将不予登记。	《关于进一步规范私募基金管理人登记若干事项的公告》

实务范本

1. 管理人登记工作计划

序号	工作阶段	工作事项	工作成果	执行主体	计划完成用时
1	一、律师进场	签订专项法律服务合同	专项法律服务合同	公司&律所	1—3个工作日
2	二、开展法律尽职调查工作	尽职调查材料清单制定并发送	尽职调查函告、尽职调查清单制定并发送	律师	1个工作日
3		尽职调查材料收集	底稿材料	律师	10个工作日（视资料提供进度）
4		资料补充及整改（如需）	补充资料清单整改建议（如有）	公司&律师	视资料提供及整改情况
5		底稿清单编制	底稿清单	律师	1个工作日
6	三、出具专项法律意见书	法律意见书出具	法律意见书拟定	律师	3个工作日（与资料收集同步）
7		法律意见书内核	内核审查通过	律所	5个工作日
8		法律意见书盖章	法律意见书用印完成	律所	1个工作日
9	四、提交申请	中基协系统提交登记申请	系统操作完成	公司&律师	1—2个工作日

续表

序号	工作阶段	工作事项	工作成果	执行主体	计划完成用时
10	五、反馈及补正	针对反馈意见进行补正,律师事务所出具补充法律意见书	补正资料 补充法律意见书	中基协 公司 律师	提交后5—20个工作日反馈,反馈次数视公司资质,平均3次
11	六、通过	通过登记	登记公示	中基协	从进场日起算,通常为2—6个月,视公司资质及补正情况

2.管理人登记法律尽职调查清单[①]

3.管理人登记控股股东、实际控制人、关联方承诺函

控股股东、实际控制人承诺函

中国证券投资基金业协会:

××作为××公司的第一大股东及实际控制人,根据中国证券投资基金业协会发布的《私募基金管理人登记须知》要求,承诺如下:

1.如果××公司展业中出现违法违规情形时,本人/本公司愿意依据法律法规和中基协自律规则的规定,依法承担相应的合规连带责任和自律处分后果;

2.在××公司完成私募基金管理人登记后,本人/本公司将继续保持××公司股权和实际控制权不少于三年。

××

_____年___月___日

---

① 鉴于管理人登记法律尽职调查清单篇幅较大,具体内容详见本书附录二。

关联方承诺函

中国证券投资基金业协会：

××有限公司（以下简称本公司）作为××的关联方，现承诺如下：

1.本公司未与××公司发生不法关联交易及利益输送。

2.在未来业务开展中，本公司将严格遵守国家相关法律法规和中国证券投资基金业协会相关规定，不会与××公司及其未来管理的基金产品存在利益输送、损害投资者利益的情形。如确需进行业务往来的，本公司将会严格履行内部决策程序进行。

3.如××公司在展业中出现违法违规情形时，本公司愿意依据相关法律法规以及中国证券投资基金业协会的自律规则承担相应的合规连带责任和自律处分后果。

××

_____年___月___日

4.商业计划书[①]

××公司商业计划书

一、基金管理公司概况

（一）公司概况

××股权投资基金管理有限公司（以下简称公司）成立于____年____月____日。注册资本____万元，办公地址位于_____。

公司专注于创业投资、股权投资基金的管理与运营，具备完善的业务组织架构，专业的投资运营团队，规范的产品运作流程。公司积极投身于市场化基金的管理与运作，挖掘优质资源项目，通过IPO、上市公司并购、股东回购、股权出售等方式退出，力求为投资者实现资产保值增值。

---

① 请注意，本商业计划书仅供参考，申请机构需结合自身情况制定商业计划书，不得照搬照抄。

（二）公司股权结构

公司股东由_____和_____组成，其中____认缴出资____万元，持股比例____%，_____认缴出资_____万元，持股比例_____%。公司股权结构如下：

_____

（三）公司股东介绍

公司股东基本情况如下：_____

（四）公司组织架构

公司设置较为合理和完备的组织架构。

各部门主要职责如下：

投资部：项目开发、梳理和筛选；项目尽职调查；投资项目实施、投后管理及退出方案的设计和执行；项目的重大事务联络和协调。

风控部：制定风险控制流程，组织项目风险审查评估；对投资项目风险控制提供支持与服务；进行内部审计工作；履行资产管理职能；开展投后监管工作。

财务部：财务管理；后勤保障等。

行政部：人力资源；文书管理；档案管理；印章印鉴管理；公共关系管理；会议管理；行政事务管理等。

二、拟设基金情况

如顺利通过中国证券投资基金业协会私募基金管理人登记，公司将募集设立重点投向于_____领域的股权投资基金，运用先进的投资管理模式和理念，优化产业创新和发展环境，提升研发创新能力，加大企业培育力度，培育龙头企业，支持中小企业，支持企业壮大规模。对有效促进产业壮大规模、支持企业提挡升级、鼓励企业做大做强，具有重要的意义。

（一）基金名称

_____股权投资合伙企业（有限合伙）（暂定名，以工商核准名称为准）。

（二）基金性质

有限合伙制私募股权投资基金。

（三）基金规模

基金总规模_____亿元，首期募集资金_____亿元。

（四）基金期限

基金存续期_____年，经全体合伙人同意可延长基金期限。

（五）基金意向出资人

_____

（六）基金投资

1. 投资方向：_____

2. 投资方式：_____

3. 投资限制：_____

（七）退出方式

基金将通过IPO、并购退出、大股东回购、股权转让等方式实现退出。

三、基金运营管理

（一）基金运作流程

基金的运作流程将严格遵循以下程序：项目筛选、项目立项、尽职调查、投资决策、投资协议、投后管理、投资退出。

1. 项目筛选。投资团队根据投资原则和项目经济指标测算结果，选择优质项目。

2. 项目立项。投资团队通过对项目现场、环境分析等调查后形成《立项报告》，并向投资决策委员会报告项目情况，经投资决策委员会审议通过后方可立项。

3. 尽职调查。依据项目特点，投资团队制订尽职调查方案和计划，进行项目尽职调查，根据项目实际需要聘请中介机构（根据项目具体情况而定）对项目进行财务、法务等方面的调查，形成尽职调查报告。

4. 投资决策。对于投资团队提交的尽职调查报告，由投资经理向投资决策委员会报告项目情况，经投资决策委员会审议通过后签署投资协议和拨款。必要时，投资决策委员会可邀请外部行业专家、投资机构专家等提供专业意见。

5.投资协议。投资团队和相关各方达成一致意见，签署《投资协议》。

6.投后管理。建立项目管理台账，定期走访投资项目，了解项目经营情况，提供半年/年度投后管理报告、实施决策性管理等。

7.投资退出。当《投资协议》中约定的退出条件成立时，按照协议约定的退出方式退出。

（二）基金风险控制

1.投资全流程风险监控制度：设立三道防线，一是业务和辅助部门日常风险管理；二是风险管理部门在投前、投中、投后的风险监督；三是投资决策委员会的风险控制决策机制。

2.投资保障机制：为保障投资利益的实现及最大化，合伙企业在签订投资协议时均安排相应的约束条款。

3.项目审查：根据项目需要组建专家咨询委员会，聘请相关行业业内专家，形成专家库，为拟投项目选取相应专家组提供独立的专家组意见。

4.法律条款保护：通过协议条款方式降低项目投资风险。

5.法律顾问合规审查：聘请法律顾问，对于项目决策、运行管理进行合规性审查监督。

四、信息披露

（一）披露频率

基金的信息披露报告应包括年度报告和季度报告。季度报告应在每季度结束之日起10个工作日内完成。年度报告应在每个会计年度结束后的4个月内完成，每年4月30日前发布上一年度报告。

（二）披露方式

除基金合同另有约定的外，季报、年报应通过中国证券投资基金业协会指定的私募基金信息披露平台进行发布，投资者须登录后查询；基金份额净值或基金份额累计净值应根据合伙协议的约定，通过邮件、传真、信件等方式进行发布。

（三）其他事项

其他未尽事宜将严格按照中国证券投资基金业协会《私募投资基金信息披露管理办法》之规定披露基金的相关信息。

三、重大事项变更

私募基金管理人完成登记后，发生重大事项的，应及时向基金业协会以及投资人进行信息披露。

证监会《私募管理办法》第二十五条规定，私募基金管理人应当根据基金业协会的规定，及时填报并定期更新管理人及其从业人员的有关信息、所管理私募基金的投资运作情况和杠杆运用情况，保证所填报内容真实、准确、完整。发生重大事项的，应当在10个工作日内向基金业协会报告。

基金业协会《登记备案办法》第二十二条规定，私募基金管理人发生以下重大事项的，应当在10个工作日内向基金业协会报告：

（一）私募基金管理人的名称、高级管理人员发生变更；

（二）私募基金管理人的控股股东、实际控制人或者执行事务合伙人发生变更；

（三）私募基金管理人分立或者合并；

（四）私募基金管理人或高级管理人员存在重大违法违规行为；

（五）依法解散、被依法撤销或者被依法宣告破产；

（六）可能损害投资者利益的其他重大事项。

根据上述规定，私募基金管理人发生重大事项的，应当在10个工作日内向基金业协会报告。其中，根据《关于进一步规范私募基金管理人登记若干事项的公告》，已登记的私募基金管理人申请变更控股股东、变更实际控制人、变更法定代表人/执行事务合伙人等重大事项或基金业协会审慎认定的其他重大事项的,应提交《私募基金管理人重大事项变更专项法律意见书》。本节主要就管理人需向协会提交专项法律意见书的重大变更进行论述。

(一)需提交专项法律意见书的重大事项变更情形

根据《关于进一步规范私募基金管理人登记若干事项的公告》和《登记须知》的规定,以下情形需提交重大事项变更专项法律意见书:

1.已登记的私募基金管理人申请变更控股股东;

2.已登记的私募基金管理人申请变更实际控制人;

3.已登记的私募基金管理人申请变更法定代表人/执行事务合伙人(委派代表);

4.基金业协会审慎认定的其他重大事项。

需特别注意的是,根据《登记须知》的要求,已登记私募基金管理人1年内法定代表人/执行事务合伙人(委派代表)、主要出资人、实际控制人均发生变化的,应重新提交针对发生变更后私募基金管理人登记法律意见书,视为新申请登记机构进行核查。

(二)重大事项变更要求

管理人发生重大事项变更的,应当履行以下程序:

1.按基金合同、基金公司章程或者合伙协议的相关约定,履行基金份额持有人大会、股东大会或合伙人会议的相关表决程序。

2.按照《信息披露管理办法》相关规定和基金合同、基金公司章程或者合伙协议的相关约定,在完成工商变更登记后10个工作日内,向私募基金投资者及时、准确、完整地进行信息披露,并向基金业协会报告。

3.提交私募基金管理人重大事项变更专项法律意见书,对私募基金管理人重大事项变更的相关事项逐项明确发表结论性意见。已登记私募基金管理人1年内法定代表人/执行事务合伙人（委派代表）、主要出资人、实际控制人均发生变化的，应重新提交针对发生变更后私募基金管理人登记法律意见书，根据《法律意见书指引》对申请机构整体情况逐项发表法律意见。

4.提供相关证明材料，充分说明变更事项缘由及合理性。

根据近期办理私募基金管理人高管重大变更项目经验，在进行高管人员重大变更时，可能被反馈要求提交高管和相关投资人员（不限于发生变更的高管）的既往投资经历情况。

反馈问题示例

◎ 请说明申请机构高级管理人员及相关投资人员既往投资经历情况：1.其所任职机构（持牌金融机构/已登记私募基金管理人/冲突业务机构/一般机构自有资金投资等）；2.其在投资项目募投管退全流程中所任岗位及其具体工作内容（项目筛选/尽职调查/风险控制/投资决策等）；3.其投资项目的基本情况（存续期限/是否退出/盈亏情况等），并出具相关直接证明材料（如股权投资项目投委会决议等高管本人签字署名材料、附有既往任职单位有效签章的本人具名投资报告等，并提供所有论述项目的工商确权情况）。同时请律所就此发表法律意见。

关于管理人重大事项变更要求的相关合规依据参见表2-10：

表2-10 关于管理人重大事项变更要求的相关合规依据

相关规定内容	相关规定名称
七、法律意见书相关要求 （二）【重大事项法律意见书】已登记的私募基金管理人申请变更控股股东、变更实际控制人、变更法定代表人/执行事务合伙人（委派代表）等重大事项或协会审慎认定的其他重大事项的，应提交私募基金管理	《登记须知》

续表

相关规定内容	相关规定名称
人重大事项变更专项法律意见书，对私募基金管理人重大事项变更的相关事项逐项明确发表结论性意见，还应当提供相关证明材料，充分说明变更事项缘由及合理性；已按基金合同、基金公司章程或者合伙协议的相关约定，履行基金份额持有人大会、股东大会或合伙人会议的相关表决程序；已按照《私募投资基金信息披露管理办法》相关规定和基金合同、基金公司章程或者合伙协议的相关约定，向私募基金投资者及时、准确、完整地进行了信息披露。	

（三）重大事项变更相关限制性要求

为保证新登记私募基金管理人的公司治理、组织架构和管理团队的稳定性，确保私募基金管理人持续有效执行登记申请时所提出的商业运作计划和内部控制制度，在备案完成第一只基金产品前，管理人不得进行法定代表人、控股股东或实际控制人的重大变更，不得随意更换总经理、合规风控负责人等高管人员。

除了上述变更限制外，基金业协会要求，如首次提交后6个月内仍未办理通过或退回补正次数超过5次的，协会将暂停申请机构新增产品备案直至办理通过。即管理人重大变更提交后，并不会立即对产品备案产生影响，而是在首次提交后6个月或补正次数超过5次后，才会暂停产品备案。

需重点提示的是，根据基金业协会AMBERS系统在提交管理人重大变更时的特别提示信息，管理人重大变更一旦提交，中途不得撤销变更登记，直到通过为止。同时，控股股东/第一大股东/实际控制人发生变更的管理人在变更后若无私募基金产品的，需要在6个月内完成新产品的备案，逾期将被注销。上述两项要求暂未体现在相关规定中，而是在AMBERS系统中予以提示，因此不易被知悉。

关于重大事项变更相关限制性要求的相关合规依据参见表2-11：

表 2-11 关于重大事项变更相关限制性要求的相关合规依据

相关规定内容	相关规定名称
问：未完成首只私募基金备案的私募基金管理人可否办理法定代表人、实际控制人或控股股东的重大事项变更？ 答：根据《私募投资基金监督管理暂行办法》、《私募投资基金管理人内部控制指引》、《私募投资基金合同指引》等相关要求，为保证新登记私募基金管理人的公司治理、组织架构和管理团队的稳定性，确保私募基金管理人持续有效执行登记申请时所提出的商业运作计划和内部控制制度，自本问答发布之日起，申请私募基金管理人登记的机构应当书面承诺：申请登记机构保证其组织架构、管理团队的稳定性，在备案完成第一只基金产品前，不进行法定代表人、控股股东或实际控制人的重大事项变更；不随意更换总经理、合规风控负责人等高级管理人员。法律法规另有规定或发生不可抗力情形的除外。	《问题解答（十四）》
十一、私募基金管理人登记完成后应特别知悉事项 （二）【持续内控要求】根据《私募投资基金监督管理暂行办法》、《私募投资基金管理人内部控制指引》、《私募投资基金合同指引》等相关要求，为保证新登记私募基金管理人的公司治理、组织架构和管理团队的稳定性，确保私募基金管理人持续有效执行登记申请时所提出的商业运作计划和内部控制制度，自《私募基金登记备案相关问题解答（十四）》发布之日起，申请私募基金管理人登记的机构应当书面承诺：申请登记机构保证其组织架构、管理团队的稳定性，在备案完成第一只基金产品前，不进行法定代表人、控股股东或实际控制人的重大事项变更；不随意更换总经理、合规风控负责人等高管人员。法律法规另有规定或发生不可抗力情形的除外。 已有管理规模的私募基金管理人在办理法定代表人、实际控制人或控股股东的重大事项变更申请时，除应按要求提交专项法律意见书外，还应当提供相关证明材料，充分说明变更事项缘由及合理性；已按基金合同、基金公司章程或者合伙协议的相关约定，履行基金份额持有人大会、股东大会或合伙人会议的相关表决程序；已按照《私募投资基金信息披露管理办法》相关规定和基金合同、基金公司章程或者合伙协议的相关约定，向私募基金投资者就所涉重大事项及时、准确、完整地进行了信息披露。 十二、重大事项变更相关要求 （一）【期限及整改次数要求】私募基金管理人进行主要出资人、实际控制人、法定代表人/执行事务合伙人（委派代表）等需提交重大事项	《登记须知》

续表

相关规定内容	相关规定名称
变更法律意见书的重大事项变更申请，首次提交后6个月内仍未办理通过或退回补正次数超过5次的，协会将暂停申请机构新增产品备案直至办理通过。	
变更后不可以取消当前页签的变更，您确定需要变更？针对通过重大事项变更进行"控股股东/第一大股东变更"或"实际控制人变更"的私募基金管理人，自重大事项变更办结之日起，若无正在运作的私募基金产品，需在6个月内完成新产品备案；逾期未达到要求的，系统将注销该私募基金管理人登记。	《窗口指导意见》

实务范本

重大事项变更尽职调查清单

调查事项	编号	文件名称	备注
一、公司基本情况	1-1	基金管理人现行有效的营业执照	
	1-2	盖有工商行政管理部门查询章的公司自设立以来的全套工商登记资料（最新打印）	
二、公司的关联方	2-1	申请机构出具是否设立分公司、子公司或其他分支机构的书面说明	
	2-2	关联机构的营业执照复印件、关联方中小融资担保提供金融许可证、设立批复	
	2-3	关联机构及公司出具的有关关联交易、利益冲突的说明	
三、股权变更背景及过程资料	3-1	股权转让协议及转让款支付凭证	
	3-2	本次股权转让或变更涉及的政府批文或会议纪要	
	3-3	请提供本次股权变动的原因说明	
四、公司变更后控股股东及实际控制人信息	4-1	公司股权转让后目前的股权结构图，结构图应披露至各个股东的最终权益持有人（实际控制人）及持股比例	
	4-2	请提供股东/实际控制人如下材料：(1)股东营业执照复印件；(2)股东章程	加盖出资人公章

续表

调查事项	编号	文件名称	备注
	4-3	公司股东是否存在信托持股、委托持股或类似协议安排的情况（如有，请提供相关协议。如无，请出具相关说明）	
	4-4	控股股东最近月度的财务报表或最新的审计报告	加盖出资人公章
	4-5	控股股东/实际控制人对外投资的说明	律师可提供说明参考文件
五、变更后法定代表人基本信息	5-1	请变更后的法定代表人/总经理填写《高管调查表》	
	5-2	请提供变更后的法定代表人/总经理的身份证明（证件正反面，不大于500kb的图片）、个人照片（不大于500kb的图片）、学历学位证书（不大于500kb的图片或不大于20mb的pdf文件）、相关从业资格证明文件	学位/学历证明文件复印件需加盖申请机构公章
	5-3	公司高级管理人员任职承诺书	复印件需高管签字并加盖申请机构公章，多页加盖骑缝章
	5-4	法定代表人签署的劳动合同以及社会保险缴纳凭证	
	5-5	法定代表人有关最近三年是否存在尚未了结、已结案的重大诉讼、仲裁案件、行政处罚以及受到相关行政监管措施的说明	
	5-6	法定代表人提供有关投资管理证明材料	复印件需高管签字并加盖申请机构公章，多页加盖骑缝章
六、本次重大事项变更信息披露情况	6-1	请提供正在运行的基金的合伙协议及历次补充协议	
	6-2	请提供本次变更控股股东、实际控制人以及法定代表人/总经理已经向投资者进行信息披露的证明材料	
	6-3	请提供本次变更已在私募基金信息披露备份系统上传重大临时报告的截图	

四、入会

私募基金管理人在登记完成后,可视其自身情况,申请成为基金业协会的会员。成为会员后,可享有相关会员权利,同时应履行会员义务。违反基金业协会关于会员管理的相关要求,将可能被变更会员等级、终止会员资格或取消会员资格。

(一)入会条件

私募基金管理人在完成登记后,可视其自身情形,在符合相关条件的情况下,自愿申请成为基金业协会相应等级的会员。

根据《会员管理办法》第十六条规定,申请成为会员,应当具备下列条件:(一)自愿加入协会,拥护《章程》及协会自律规则;(二)遵守法律法规的规定,私募基金管理人及其股东或者执行事务合伙人最近三年不存在严重违法违规情形;(三)具备法律法规和协会要求的资本金、基金从业人员、营业场所和经营设施、风险控制和内部管理制度和诚信记录;(四)协会规定的其他条件。

(二)会员类型

根据《会员管理办法》,协会会员包括普通会员、联席会员、观察会员和特别会员。私募基金管理人加入协会,应当先申请成为观察会员,当符合以下全部条件后可以申请成为普通会员:(一)自成为观察会员之日起满一年;(二)最近一年在协会备案的基金规模在二十亿元以上,或者备案的创业投资基金规模在三亿元以上;(三)不存在违反法律法规及协会自律规则的行为。

（三）会员权利

私募基金管理人在成为会员后，可以享受参与协会治理、查询或打印会员信用信息报告等会员权利，同时，在产品备案时，信用信息良好的会员可以享受"绿色通道"，即"分道制+抽查制"。另外，会员在业务开展方面可能较非会员存在一定优势，如成为银行理财子公司的投资合作机构，私募证券类管理人成为会员后才可成为提供投资建议的第三方机构等。

关于管理人会员权利的相关合规依据参见表2-12：

表2-12 关于管理人会员权利的相关合规依据

合规事项名称	相关规定内容	相关规定名称
参与协会治理	第十二条　会员享有下列权利： （一）普通会员有选举权、被选举权和表决权，联席会员、特别会员有表决权； （二）参加本团体的活动和获得本团体提供的服务； （三）对本团体工作提出批评、建议并进行监督； （四）通过本团体向有关部门反映意见和建议； （五）要求本团体维护其合法权益不受损害； （六）对本团体给予的纪律处分提出听证、陈述和申辩； （七）会员大会决议规定的其他权利。	《协会章程》
	第三十八条　【会员治理框架】会员按照协会《章程》和本办法的规定，通过会员大会、会员代表大会、理事会、监事会和专业委员会等机构，参与协会治理，推动行业发展。会员大会、会员代表大会、理事会以及监事会的设置和工作规则，按照协会《章程》的有关规定执行。 第三十九条　【大会代表】会员根据《章程》和选举办法的规定，推选产生会员代表大会代表（以下简称大会代表），参加会员代表大会，行使大会代表的相关权利。 大会代表应当具有行业代表性和履行职责的能力，积极行使大会代表职责，反映会员的意见和建议。大会代表名单向行业公示，接受会员的监督。	《会员管理办法》

续表

合规事项名称	相关规定内容	相关规定名称
会员信用信息报告	第七条　信用信息报告每季度更新一次，将分别以表格或者雷达图等形式展示。 私募股权、创业投资基金管理人会员可在协会"资产管理业务综合报送平台"的"会员信用信息报告"模块，查阅或打印本会员各期的信用信息报告。	《私募股权、创业投资基金管理人会员信用信息报告工作规则（试行）》
产品备案"分道制＋抽查制"试点	自 2020 年 2 月 7 日起，中国证券投资基金业协会（以下简称"协会"）对持续合规运行、信用状况良好的私募基金管理人，试行采取"分道制＋抽查制"方式办理私募基金产品备案。即，符合条件的私募基金管理人通过资产管理业务综合报送平台（https://ambers.amac.org.cn，以下简称"AMBERS 系统"）提交私募基金备案申请后，将于次日在协会官网（www.amac.org.cn）以公示该私募基金基本情况的方式完成该基金备案。协会将在该基金备案后抽查其合规情况。若抽查中发现该基金存在不符合法律法规和自律规则的情形，协会将要求管理人进行整改。针对未达到适用指标基准和相关条件的私募基金管理人提交的私募基金备案申请仍维持现有人工办理方式。 协会创新信用管理模式，自 2018 年起制作并按季度向私募证券投资基金管理人会员免费推送了 7 期信用信息报告，私募股权、创业投资基金管理人会员首期信用信息报告也将于 2020 年 2 月 7 日正式向会员推送。信用信息报告从合规经营、稳定存续、专业运作、信息披露等四个主要方面持续动态展示私募基金管理人的信用信息情况，通过管理人、投资者、合作方对信用信息的使用，促使私募基金管理人自觉重视并维护好自身信用信息。基于协会已公布的《私募证券／股权、创业投资基金管理人会员信用信息报告》所列的"合规性、稳定度、专业度、透明度"等四大维度指标的动态表现和分值分布，协会将探索形成试行"分道制＋抽查制"私募基金管理人的客观指标基准和条件，具体如下： 将会员信用信息报告指标体系运用于所有已登记管理人；先剔除合规类指标存在问题的管理人；再以管理人每项指标的六十分位作为指标基准，筛选出非合规性指标中 80% 的指标在基准线以上的管理人。	《中国证券投资基金业协会将推出私募基金产品备案"分道制＋抽查制"改革试点》

续表

合规事项名称	相关规定内容	相关规定名称
会员优势	第三十二条第三款　银行理财子公司可以选择符合以下条件的私募投资基金管理人担任理财投资合作机构： （一）在中国证券投资基金业协会登记满1年、无重大违法违规记录的会员； （二）担任银行理财子公司投资顾问的，应当为私募证券投资基金管理人，其具备3年以上连续可追溯证券、期货投资管理业绩且无不良从业记录的投资管理人员应当不少于3人； （三）金融监督管理部门规定的其他条件。	《商业银行理财子公司管理办法》
	第十四条　本规定涉及的相关术语释义如下： （八）符合提供投资建议条件的第三方机构，是指依法可从事资产管理业务的证券期货经营机构，以及同时符合以下条件的私募证券投资基金管理人： 1. 在中国证券投资基金业协会登记满一年、无重大违法违规记录的会员； 2. 具备3年以上连续可追溯证券、期货投资管理业绩的投资管理人员不少于3人、无不良从业记录。	《私募资产管理业务运作》

（四）会员管理措施

基金业协会按照《会员管理办法》等规定对会员进行管理。会员违反相关规定，可能导致会员资格变更、会员资格终止或被取消会员资格。

关于管理人会员管理措施的相关合规依据参见表2-13：

表2-13　关于管理人会员管理措施的相关合规依据

合规事项名称	相关规定内容	相关规定名称
会员资格变更	第二十八条　【会员资格变更】会员有下列情形之一的，其会员资格相应变更： （一）两个或两个以上会员合并的，原会员资格由存续方或新设方继承；	《会员管理办法》

续表

合规事项名称	相关规定内容	相关规定名称
	（二）会员分立成两个或两个以上具备会员条件的机构的，原会员资格由其中一个机构继承，其余机构另行申请加入协会。会员资格变更后，应当按照新入会会员条件办理注册手续并提交相关文件。 第二十九条 【会员类型变更】已经成为普通会员的私募基金管理人持续两年以上不能满足本办法第十一条规定的备案管理规模要求的，应当变更为观察会员。	
会员资格终止	第十四条 除法律、法规规定应当加入协会的会员外，其他会员单位有下列情形之一的，其会员资格经会长办公会确认后终止： （一）申请退会的； （二）不再符合《章程》或本办法规定的会员条件的； （三）主体资格发生终止情形的； （四）不能按规定及时缴纳会费的； （五）两年内不缴纳会费或不参加协会组织的任何活动的； （六）受到协会取消会员资格处分的。	《会员登记注册程序》
	第三十三条 【会员资格终止】会员有下列情形之一的，其会员资格相应终止： （一）申请退会的，但根据法律法规的规定应当加入协会的除外； （二）不再符合《章程》或本办法规定的会员条件的； （三）主体资格发生终止情形的； （四）连续两年不缴纳会费或不参加协会组织的任何活动的； （五）受到协会取消会员资格处分的； （六）应当终止会员资格的其他情形。 会员根据上述第一项至第三项规定申请退会的，应当向协会提交申请书、有关批准文件或者决定书、会员证书以及协会要求提交的其他文件。 会员资格的终止，由会长办公会审议通过后报理事会批准。 会员资格终止后，协会在官方网站上予以公示。	《会员管理办法》
会员资格取消	第三十条 私募基金管理人、高级管理人员及其他从业人员存在以下情形的，基金业协会视情节轻重可以对私募基金管理人采取警告、行业内通报批评、公开谴责、暂停受理基金	《登记备案办法》

续表

合规事项名称	相关规定内容	相关规定名称
	备案、取消会员资格等措施，对高级管理人员及其他从业人员采取警告、行业内通报批评、公开谴责、取消从业资格等措施，并记入诚信档案。情节严重的，移交中国证监会处理： （一）违反《证券投资基金法》及本办法规定； （二）在私募基金管理人登记、基金备案及其他信息报送中提供虚假材料和信息，或者隐瞒重要事实； （三）法律法规、中国证监会及基金业协会规定的其他情形。	
	第十一条　信息披露义务人披露基金信息，不得存在以下行为： （一）公开披露或者变相公开披露； （二）虚假记载、误导性陈述或者重大遗漏； （三）对投资业绩进行预测； （四）违规承诺收益或者承担损失； …… （七）采用不具有可比性、公平性、准确性、权威性的数据来源和方法进行行业绩比较，任意使用"业绩最佳"、"规模最大"等相关措辞…… 第二十七条　私募基金管理人在信息披露中存在本办法第十一条（一）、（二）、（三）、（四）、（七）所述行为的，中国基金业协会可视情节轻重对基金管理人采取公开谴责、暂停办理相关业务、撤销管理人登记或取消会员资格等纪律处分。	《信息披露管理办法》
	第二十条　【申请材料要求】申请人应当按照规定向协会提交申请材料，确保申请材料的真实、准确和完整。申请人隐瞒情况或者提交虚假材料的，不予入会，一年以内不得再次提出入会申请。已经成为会员的，视情节予以纪律处分，暂停会员资格或者取消会员资格。 第三十四条　【信息报送及检查、考评】会员应当按照协会规定，定期或不定期向协会报送有关信息，接受协会根据自律管理需要组织的检查、考评。对于不能按时报送信息，提交虚假信息或者出现其他异常经营情形的会员，协会可以将其列入异常会员名录，暂停会员资格并对其进行公示。连续两年列入异常名录的，协会可以将其加入黑名单并取消会员资格。	《会员管理办法》

实务范本

1. 入会申请书

入会申请书

（一般格式）

中国证券投资基金业协会：

　　我公司××××（申请机构名称）申请加入中国证券投资基金业协会，推荐×××（姓名）为会员代表。我们承诺，遵守中国证券投资基金业协会章程，履行章程规定的会员义务，接受中国证券投资基金业协会自律管理，维护行业秩序和行业利益。现将入会相关申请材料一并报送协会，请办理入会注册登记手续。

申请机构名称（公章）

_____年___月___日

入会申请书

（适用于其他资产管理类机构）

中国证券投资基金业协会：

　　我公司××××（申请机构名称）申请加入中国证券投资基金业协会，推荐×××（姓名）为会员代表。我们承诺，遵守中国证券投资基金业协会章程，履行章程规定的会员义务，接受中国证券投资基金业协会自律管理，维护行业秩序和行业利益。我公司具有良好的市场声誉，无不良诚信记录，最近1年未受到监管或行政管理机构处罚；主要负责人员无不良诚信记录。现将入会相关申请材料一并报送协会，请办理入会注册登记手续。

申请机构名称（公章）

_____年___月___日

2.入会承诺书

入会承诺书

中国证券投资基金业协会：

本机构全称为×××（申请机构名称），自愿申请加入中国证券投资基金业协会，推荐×××（姓名）为会员代表。本机构及会员代表承诺：

1.遵守《中国证券投资基金业协会章程》以及《中国证券投资基金业协会会员管理办法》等协会自律规则的相关规定。

2.提交的入会申请材料真实、准确和完整，不存在虚假记载、误导性陈述或重大遗漏。

3.近三年内不存在严重违反法律法规及自律规则的情形以及其他不良诚信记录。

4.会员代表具有基金从业资格（注：申请普通会员、观察会员和联席会员的会员代表应当具有基金从业资格，申请特别会员的会员代表无须此项承诺）。

申请机构名称（公章）
会员代表（签字）
_____年___月___日

3.未来一年持续经营计划

××公司未来一年持续经营计划

致：中国证券投资基金业协会

基于公司向贵会提交观察会员入会申请而对公司未来一年持续经营计划作如下说明：

一、满足一年持续经营的资本金或其他收入来源及支出预算

1.公司现有资本金

截至____年____月,公司股东实缴出资为_____,总资产为_____,净资产为_____。

2.未来收入预测

××年公司全年营业收入为_____,营业支出为_____,同时由于所发行的基金产品持续运作,管理费和业绩报酬预计会对营业收入的增长提供较多支撑,净利润以及利润率预计会大幅增长,保障公司持续良性运作。

3.未来一年支出预算

根据公司业务运营情况及支出预算,公司现有资本金及收入来源能够满足未来一年持续运营。

二、未来一年的投资方向及板块

公司主营业务为_____,预计未来的投资方向为_____。

三、公司持续经营的合规风控措施介绍

1.原则

公司坚持按照如下原则制定和执行风控制度:

(1)全面性:公司风险控制制度覆盖投资业务的各级人员和各项工作,并渗透到决策、执行、监督、反馈等各个环节。

(2)审慎性:公司内部组织的构成、各岗位管理制度的建立以防范风险、审慎经营为出发点。

(3)有效性:公司风险控制制度符合国家法律法规和监管部门的规章,成为所有员工严格遵守的行动指南;执行不能存在任何例外,任何员工不得拥有超越制度或违反规章的权力。

(4)适时性:根据国家法律法规、政策制度的变化,公司经营战略等内部环境的改变,以及公司业务的发展,及时对风险控制制度进行相应修改和完善。

(5)防火墙:公司与关联公司之间在业务、人员、机构、办公场所、资

金、账户、经营管理等方面严格分离、相互独立，严格防范因风险传递及利益冲突给公司带来的风险。

2.具体执行层面

公司根据业务类型和贵会的要求，建立了适用于公司业务的风险管理和内部控制制度，包括：《运营风险控制制度》《信息披露制度》《机构内部交易记录制度》《防范内幕交易、利益冲突的投资交易制度》《合格投资者风险揭示制度》《合格投资者内部审核流程及相关制度》《私募基金宣传推介、募集相关规范制度》等，并搭建了与相关制度相匹配的内部组织架构，能够确保制度执行的有效性和可操作性。

四、未来一年的产品规划

公司目前有＿＿＿＿只在存续期内的产品，性质为＿＿＿＿（到期日为：××年××月××日），公司未来一年的产品发行计划为：发行＿＿＿＿产品，主要投资方向为＿＿＿＿，预计发行规模为＿＿＿＿。

申请机构（盖公章）

＿＿＿年＿＿月＿＿日

五、管理人持续合规

私募基金管理人在登记完成后即可开展私募基金业务活动。私募基金管理人登记并非"一登了之"，基金业协会为私募基金管理人办理登记并不构成对私募基金管理人投资能力、持续合规情况的认可，在完成登记后，私募基金管理人应当持续符合管理人要求，持续开展内部控制评价和监督，持续履行信息披露等各项义务，主动接受证监会的监管和基金业协会的自律管理。

（一）基础性要求

管理人登记通过后，在后续业务运营过程中，应当注意持续合规要求，首先应注意以下基础性要求：

1. 私募基金管理人在完成登记后需要在10个工作日内与注册地中国证监会派出机构（地方证监局）的私募监管相关处室取得联系。

2. 根据基金业协会《关于进一步规范私募基金管理人登记若干事项的公告》的规定，新登记的私募基金管理人应在办结登记手续之日起6个月内备案首只私募基金产品，否则将被注销管理人登记。根据基金业协会《关于疫情防控期间私募基金登记备案相关工作安排的通知》，自2020年2月1日起，新登记及已登记但尚未备案首只产品的私募基金管理人，首只私募基金产品备案时限由原来的6个月延长至12个月，即新登记私募基金管理人及已登记但尚未备案首只产品的私募基金管理人应当在办结登记手续之日起12个月内完成首只私募基金产品备案。[①]

3. 在内部控制方面，私募基金管理人在开展业务过程中应建立有效的内部控制制度，包括但不限于内部环境、风险评估、控制活动、信息与沟通以及内部监督等内容，以维持其内部控制的有效性。

4. 在业务运营方面，私募基金管理人应该以基金管理为主，自有资金对外投资不宜过多，且不宜进行冲突业务的对外投资。以自有资金投资的，应确保私募基金财产与私募基金管理人自有财产之间独立运作、分别核算。同时，如为国有私募基金管理人，对外投资还需遵循国资监管部门的相关要求。

---

① 该政策系新型冠状病毒肺炎疫情期间的特殊政策，是否持续有效有待基金业协会确定。

（二）信息披露管理

1.信息披露义务

私募基金管理人在基金业协会完成登记后，应就管理人自身及其所管理的基金产品的信息定期或不定期向基金业协会、投资者进行报告和披露，违反上述信息披露义务的，管理人可能被证监会给予行政监管措施或处罚，或被基金业协会给予自律处分，或因违反基金合同关于信息披露的相关义务承担违约责任。

近年来，证监会和基金业协会对私募基金管理人的监管和自律管理日趋严格，尤其是对信息报送和披露的管理。证监会2020年12月30日发布的《若干规定》中强调，私募基金管理人及其出资人、实际控制人等应当按照规定持续履行信息披露和报送义务，确保所提交的信息材料及时、准确、真实、完整。自2021年以来，基金业协会陆续发布一系列新的通知和提示，对管理人的信息披露义务进行完善和强化，包括《关于私募基金信息披露备份平台系统升级的通知》《关于AMBERS系统私募基金年度财务监测报告模块上线试运行的通知》《关于加强私募基金信息报送自律管理与优化行业服务的通知》《关于发布〈私募基金信息报送常见问题示例说明（2021年2月）〉的通知》《关于再次敦促私募基金管理人开通投资者查询账号的温馨提示》，透露出基金业协会加强私募基金管理人信息披露管理规范化的决心。

实务提示

1.披露义务人从管理人扩大到管理人及其出资人、实际控制人，且对信息披露的及时性、准确性、真实性、完整性要求明显提高，尤其是对于管理人控股股东、实际控制人、法定代表人/执行事务合伙人（委派代表）变更，以及私募基金到期日变更等重大事项，要做到及时报告。

2.建议对照基金业协会发布的《私募基金信息报送常见问题示例说明》进行对照自查，及时整改，并注意及时通过系统或邮件查收协会通知信息。自2021年第二季度起，协会将针对管理人疑似错报、漏报信息行为，通过AMBERS系统站内信、邮件（以管理人在系统中填报邮箱地址为准）等方式，向管理人及其相关负责人发送信息核查通知，进行私募行业信息报送常态化核查。管理人自接到信息核查通知之日起3个工作日内未办结通知所列事项，将被列入信息报送异常机构在协会官网对外公示。管理人在办结信息核查事项后，方可办理新设基金备案等其他手续。

3.及时开通信息披露备份系统投资者账户。管理人应当在信息披露备份系统为在管基金的所有投资者开通查询账户，同时应在私募基金风险揭示书和备案承诺函中增加维护投资者查询账户的相关内容。自2021年第二季度起，协会将在官网私募基金管理人信息公示平台、私募基金信息公示平台公示每家管理人整体的投资者查询账号开立率及单只私募基金的投资者查询账户开立率，相关数据将被纳入协会私募基金管理人会员信用信息报告指标体系，并与私募基金备案分道制安排相关联。协会于2021年3月18日发布《关于再次敦促私募基金管理人开通投资者查询账号的温馨提示》对该等事项予以提示。

4.信息报送异常情形增加。下列五类情形属于信息报送异常并将对外公示：一是未按时通过AMBERS系统提交管理人经审计年度财务报告；二是管理人未按时通过AMBERS系统履行季度、年度和重大事项更新业务累计达2次；三是管理人未按要求通过信息披露备份系统备份私募证券投资基金2018年第三季度及以后各期季报和年报、私募股权（含创业）投资基金2018年及以后各期半年报和年报等信息披露报告累计达2次；四是管理人存在逾期未办结信息核查事项；五是法律法规和协会自律规则规定的其他情形。管理人一旦被列入信息报送异常机构，须自整改完毕之日6个月方可取消公示。

5.信息报送便利措施。自2021年第二季度起，每季度私募基金产品季度信息更新以及私募证券投资基金信息披露季报备份截止时间统一延长至每季度结束后的1个自然月末；信息披露备份系统已支持复用与AMBERS系统私募基金定期更新报表重合字段；协会已上线多只基金季度更新数据的批量导入功能，提高系统使用便捷性、友好性，并在AMBERS系统前台提示季度信息报送字段变更等情况，推进数据报送方式多样化，探索引入电子营业执照便利信息填报、验证等。

因此，信息披露管理应成为管理人持续合规运营的重大合规事项，应予以高度重视。

2.信息披露对象及内容

私募基金管理人应当定期或不定期向证监会、基金业协会报送信息，向投资者履行信息披露义务；作为政府投资基金的管理人，还应当向发改委、财政部门履行信息报送义务；国有基金的出资人，还应当向国家出资企业或国资监管机构报送相关信息；同时，私募基金管理人还应当按照《非居民金融账户涉税信息尽职调查管理办法》的规定，进行非居民金融账户涉税信息报送。

报送途径主要包括基金业协会AMBERS系统、信息披露备份系统、从业人员管理平台、全国政府出资产业投资基金信用信息登记系统和非居民金融账户涉税信息报送系统等。

（1）向证监会和基金业协会的信息报送途径和内容

根据相关规定，基金管理人需向证监会和基金业协会履行的信息报送途径主要为通过AMBERS系统和信息披露备份系统进行，具体如下：

表 2-14　向证监会和基金业协会的信息报送途径和内容

报送内容	报送时间	报送途径	相关规定名称
管理人年度审计报告	会计年度结束后 4 个月内	AMBERS 系统	《私募管理办法》《登记备案办法》《信息披露管理办法》《私募投资基金信息披露内容与格式指引 2 号–适用于私募股权（含创业）投资基金》《关于更新私募基金管理人财务信息填报模板的通知》《关于加强私募基金信息报送自律管理与优化行业服务的通知》
管理人及其管理的产品重大事项变更	重大事项发生后 10 个工作日	AMBERS 系统	
所管理的非证券类私募基金季度信息报送	每季度结束之日起 10 个工作日（已更改为季度结束后第 1 个自然月末）	AMBERS 系统	
基金产品半年度信息报送	当年 9 月 30 日前	信息披露备份系统	
基金产品年度信息报送	次年 6 月 30 日前	信息披露备份系统	

（2）向投资者的信息披露途径和内容

管理人向投资者信息披露的途径主要包括：基金业协会信息披露备份系统的季度和年度信息报送、投资者查询账户的开通，以及基金合同所约定的信息披露方式（如纸质资料寄送、邮件发送、官网公示等）。

关于向投资者的信息披露途径和内容的相关合规依据参见表 2-15：

表 2-15　关于向投资者的信息披露途径和内容的相关合规依据

相关规定内容	相关规定名称
第九条　信息披露义务人应当向投资者披露的信息包括： （一）基金合同； （二）招募说明书等宣传推介文件； （三）基金销售协议中的主要权利义务条款（如有）； （四）基金的投资情况； （五）基金的资产负债情况； （六）基金的投资收益分配情况； （七）基金承担的费用和业绩报酬安排； （八）可能存在的利益冲突；	

续表

相关规定内容	相关规定名称
（九）涉及私募基金管理业务、基金财产、基金托管业务的重大诉讼、仲裁； （十）中国证监会以及中国基金业协会规定的影响投资者合法权益的其他重大信息。 第十六条　私募基金运行期间，信息披露义务人应当在每季度结束之日起10个工作日以内向投资者披露基金净值、主要财务指标以及投资组合情况等信息。 单只私募证券投资基金管理规模金额达到5000万元以上的，应当持续在每月结束后5个工作日以内向投资者披露基金净值信息。 第十七条　私募基金运行期间，信息披露义务人应当在每年结束之日起4个月以内向投资者披露以下信息： （一）报告期末基金净值和基金份额总额； （二）基金的财务情况； （三）基金投资运作情况和运用杠杆情况； （四）投资者账户信息，包括实缴出资额、未缴出资额以及报告期末所持有基金份额总额等； （五）投资收益分配和损失承担情况； （六）基金管理人取得的管理费和业绩报酬，包括计提基准、计提方式和支付方式； （七）基金合同约定的其他信息。 第十八条　发生以下重大事项的，信息披露义务人应当按照基金合同的约定及时向投资者披露： （一）基金名称、注册地址、组织形式发生变更的； （二）投资范围和投资策略发生重大变化的； （三）变更基金管理人或托管人的； （四）管理人的法定代表人、执行事务合伙人（委派代表）、实际控制人发生变更的； （五）触及基金止损线或预警线的； （六）管理费率、托管费率发生变化的； （七）基金收益分配事项发生变更的； （八）基金触发巨额赎回的； （九）基金存续期变更或展期的； （十）基金发生清盘或清算的； （十一）发生重大关联交易事项的；	《信息披露管理办法》

续表

相关规定内容	相关规定名称
（十二）基金管理人、实际控制人、高管人员涉嫌重大违法违规行为或正在接受监管部门或自律管理部门调查的； （十三）涉及私募基金管理业务、基金财产、基金托管业务的重大诉讼、仲裁； （十四）基金合同约定的影响投资者利益的其他重大事项。	
【重大事项报送】私募基金发生以下重大事项的，管理人应当在5个工作日内向协会报送相关事项并向投资者披露： 1. 管理人、托管人发生变更的； 2. 基金合同发生重大变化的； 3. 基金触发巨额赎回的； 4. 涉及基金管理业务、基金财产、基金托管业务的重大诉讼、仲裁、财产纠纷的； 5. 投资金额占基金净资产50%及以上的项目不能正常退出的； 6. 对基金持续运行、投资者利益、资产净值产生重大影响的其他事件。	《备案须知》

（3）政府投资基金的信息报送途径和内容

政府投资基金除应与其他基金履行同样的信息披露义务外，还需向发改委履行备案义务和信息披露义务，报送网址为"全国政府出资产业投资基金信用信息登记系统"，同时，各地方政府对于本级政府引导基金也存在一定的信息报送要求。

关于政府投资基金信息报送途径和内容的相关合规依据参见表2-16（地方政府规定以四川省为例）：

表2-16 关于政府投资基金信息报送途径和内容的相关合规依据

相关规定内容	相关规定名称
第十二条 国家发展改革委建立全国政府出资产业投资基金信用信息登记系统，并指导地方发展改革部门建立本区域政府出资产业投资基金信用信息登记子系统。中央各部门及其直属机构出资设立的产业投资基金募集完毕后二十个工作日内，应在全国政府出资产业投资基金信用信息登记系统登记。地方政	《政府出资产业投资基金管理办法》

续表

相关规定内容	相关规定名称
府或所属部门、直属机构出资设立的产业投资基金募集完毕后二十个工作日内，应在本区域政府出资产业投资基金信用信息登记子系统登记。发展改革部门应于报送材料齐备后五个工作日内予以登记。 第十四条　政府出资产业投资基金在信用信息登记系统登记后，由发展改革部门根据登记信息在三十个工作日内对基金投向进行产业政策符合性审查，并在信用信息登记系统予以公开。对于未通过产业政策符合性审查的政府出资产业投资基金，各级发展改革部门应及时出具整改建议书，并抄送相关政府或部门。 第十六条　政府出资产业投资基金信用信息登记主要包括以下基本信息： （一）相关批复和基金组建方案； （二）基金章程、合伙协议或基金协议； （三）基金管理协议（如适用）； （四）基金托管协议； （五）基金管理人的章程或合伙协议； （六）基金管理人高级管理人员的简历和过往业绩； （七）基金投资人向基金出资的资金证明文件； （八）其他资料。	
第二十八条　政府投资基金应当定期向财政部门报告基金运行情况、资产负债情况、投资损益情况及其他可能影响投资者权益的其他重大情况。按季编制并向财政部门报送资产负债表、损益表及现金流量表等报表。	《政府投资基金管理办法》
第十九条　基金管理人应当在每个会计年度结束后四个月内，通过登记系统报送投资运作情况，并提交基金及基金管理人年度财务报告、年度业务报告和托管报告。其中，年度财务报告应当经注册会计师审计，能够准确反映登记的基金和基金管理人资产负债和投资收益等情况；年度业务报告能够准确陈述登记的基金和基金管理人历史沿革、组织管理架构、资本资产状况、经济社会贡献情况、投资运作及典型投资案例等。	《政府出资产业投资基金信用信息登记指引（试行）》（发改办财金规〔2017〕571号）
第三十一条　基金管理机构向投资基金出资人、受托管理机构向财政厅和省级行业主管部门每季度提交《投资基金运行报告》，并于每个会计年度结束后4个月内提交《投资基金年度执行情况报告》和经社会审计机构审计的《投资基金年度会计报告》。	《四川省省级产业发展投资引导基金管理办法》（川府发〔2015〕49号）

续表

相关规定内容	相关规定名称
第三十一条　基金管理公司应于会计年度结束3个月内,向受托管理机构和其他出资人分别提交基金年度运行情况报告和经社会审计机构审计的年度会计报告。 第三十二条　受托管理机构应于会计年度结束4个月内,向省财政厅转报经审核确认的基金年度运行情况报告和经社会审计机构审计的年度会计报告。	《四川省PPP投资引导基金管理办法》（川财金〔2016〕93号）
（十六）提交年度报告。已备案的股权投资企业除应当按照公司章程和合伙协议向投资者披露投资运作信息外,还应当于每个会计年度结束后的4个月内,向省发展改革委提交年度业务报告和经会计师事务所审计的年度财务报告。股权投资企业的受托管理机构应当于每个会计年度结束后的4个月内,向省发展改革委提交年度资产管理报告。 （十七）重大事件即时报告。已备案的股权投资企业及受托管理机构应在以下重大事项发生后10个工作日内,向省发展改革委报告：(1) 修改股权投资企业及受托管理机构的公司章程、合伙协议及委托管理协议等重要法律文件；(2) 股权投资企业及受托管理机构增减资本或对外进行债务性融资；(3) 股权投资企业及受托管理机构的分立与合并；(4) 受托管理机构或托管银行变更,包括受托管理机构高级管理人员变更及其他重大变更事项；(5) 股权投资企业解散、破产或由接管人接管其资产。	《关于规范全省股权投资企业发展的通知》（川发改财金〔2012〕493号）

（4）其他信息披露要求

除上述信息披露对象外,私募基金管理人或私募基金产品还涉及以下信息披露对象：

①税务局

根据《非居民金融账户涉税信息报送规范》（税总办发〔2017〕164号）,私募基金管理人应于每年5月31日前向税务局报送前一公历年度通过尽职调查程序收集的非居民金融账户涉税信息,并于每年6月30日前向税务总局书面报告前一年度本机构开展非居民金融账户涉税信息尽职调查和信息报送工作的情况、发现的问题以及相应整改措施、整改结果等。报送网址为：https：//

aeoi.chinatax.gov.cn/。

②国家出资企业或国资监管机构

根据《有限合伙企业国有权益登记暂行规定》（国资发产权规〔2020〕2号），国有企业对有限合伙出资所形成的权益，应当向国家出资企业或国资监管机构报送相关信息。

关于国家出资企业或国资监管机构的相关合规依据参见表2-17：

表2-17 国家出资企业或国资监管机构相关合规依据

相关规定内容	相关规定名称
第二条 本规定所称有限合伙企业国有权益登记，是指国有资产监督管理机构对本级人民政府授权履行出资人职责的国家出资企业（不含国有资本参股公司，下同）及其拥有实际控制权的各级子企业（以下统称出资企业）对有限合伙企业出资所形成的权益及其分布状况进行登记的行为。 前款所称拥有实际控制权，是指国家出资企业直接或间接合计持股比例超过50%，或者持股比例虽然未超过50%，但为第一大股东，并通过股东协议、公司章程、董事会决议或者其他协议安排能够实际支配企业行为的情形。 第三条 有限合伙企业国有权益登记分为占有登记、变动登记和注销登记。 第四条 出资企业通过出资入伙、受让等方式首次取得有限合伙企业财产份额的，应当办理占有登记。 第五条 占有登记包括下列内容： （一）企业名称； （二）成立日期、合伙期限（如有）、主要经营场所； （三）执行事务合伙人； （四）经营范围； （五）认缴出资额与实缴出资额； （六）合伙人名称、类型、类别、出资方式、认缴出资额、认缴出资比例、实缴出资额、缴付期限； （七）对外投资情况（如有），包括投资标的名称、统一信用编码、所属行业、投资额、投资比例等； （八）合伙协议； （九）其他需登记的内容。	《有限合伙企业国有权益登记暂行规定》（国资发产权规〔2020〕2号）

续表

相关规定内容	相关规定名称
第六条　有限合伙企业有下列情形之一的，应当办理变动登记： （一）企业名称改变的； （二）主要经营场所改变的； （三）执行事务合伙人改变的； （四）经营范围改变的； （五）认缴出资额改变的； （六）合伙人的名称、类型、类别、出资方式、认缴出资额、认缴出资比例改变的； （七）其他应当办理变动登记的情形。 第七条　有限合伙企业有下列情形之一的，应当办理注销登记： （一）解散、清算并注销的； （二）因出资企业转让财产份额、退伙或出资企业性质改变等导致有限合伙企业不再符合第二条登记要求的。 第八条　出资企业负责填报其对有限合伙企业出资所形成权益的相关情况，并按照出资关系逐级报送国家出资企业；国家出资企业对相关信息进行审核确认后完成登记，并向国有资产监督管理机构报送相关信息。多个出资企业共同出资的有限合伙企业，由各出资企业分别进行登记。 第九条　有限合伙企业国有权益登记应当在相关情形发生后30个工作日内办理。出资企业应当于每年1月31日前更新上一年度所出资有限合伙企业的实缴出资情况及对外投资情况等信息。	

3.关联交易的特殊信息披露

关联交易可能存在利益输送的情形，因此关联交易的信息披露成为越来越受到关注的重点问题之一。

对于私募基金管理人而言，做好关联交易的信息披露工作，首先应当建立健全关联交易管理制度，对关联交易认定标准和交易审批程序进行规范；其次要严格按照证监会、基金业协会和基金合同约定的关联交易履行相关程序。

关于管理人关联交易的特殊披露的相关合规依据参见表2-18：

表 2-18　关于管理人关联交易披露的相关合规依据

相关规定内容	相关规定名称
第七十三条　运用基金财产买卖基金管理人、基金托管人及其控股股东、实际控制人或者与其有其他重大利害关系的公司发行的证券或承销期内承销的证券，或者从事其他重大关联交易的，应当遵循基金份额持有人利益优先的原则，防范利益冲突，符合国务院证券监督管理机构的规定，并履行信息披露义务。	《证券投资基金法》
二十四、【……】金融机构的资产管理产品投资本机构、托管机构及其控股股东、实际控制人或者与其有其他重大利害关系的公司发行或者承销证券，或者从事其他重大关联交易的，应当建立健全内部审批机制和评估机制，并向投资者充分披露信息。	《资管新规》
第六十六条　证券期货经营机构以资产管理计划资产从事重大关联交易的，应当遵守法律、行政法规、中国证监会的规定和合同约定，事先取得投资者的同意，事后及时告知投资者和托管人，并向中国证监会相关派出机构和证券投资基金业协会报告，投资于证券期货的关联交易还应当向证券期货交易所报告。	《证券期货经营机构私募资产管理业务管理办法》
第九条　私募基金管理人应当健全治理结构，防范不正当关联交易、利益输送和内部人控制风险，保护投资者利益和自身合法权益。	《内部控制指引》
第十八条　发生以下重大事项的，信息披露义务人应当按照基金合同的约定及时向投资者披露： （十一）发生重大关联交易事项的……	《信息披露管理办法》
（九）【风险揭示书】管理人应当向投资者披露私募投资基金的资金流动性、基金架构、投资架构、底层标的、纠纷解决机制等情况，充分揭示各类投资风险。 私募投资基金若涉及募集机构与管理人存在关联关系、关联交易、单一投资标的、通过特殊目的载体投向标的、契约型私募投资基金管理人股权代持、私募投资基金未能通过协会备案等特殊风险或业务安排，管理人应当在风险揭示书的"特殊风险揭示"部分向投资者进行详细、明确、充分披露。 （十九）【关联交易】私募投资基金进行关联交易的，应当防范利益冲突，遵循投资者利益优先原则和平等自愿、等价有偿的原则，建立有效的关联交易风险控制机制。上述关联交易是指私募投资基金与管理人、投资者、管理人管理的私募投资基金、同一实际控制人下的其他管理人管理的私募投资基金、或者与上述主体有其他重大利害关系的关联方发生的交易行为。	《备案须知》

续表

相关规定内容	相关规定名称
管理人不得隐瞒关联关系或者将关联交易非关联化，不得以私募投资基金的财产与关联方进行利益输送、内幕交易和操纵市场等违法违规活动。私募投资基金进行关联交易的，应当在基金合同中明确约定涉及关联交易的事前、事中信息披露安排以及针对关联交易的特殊决策机制和回避安排等。 管理人应当在私募投资基金备案时提交证明底层资产估值公允的材料（如有）、有效实施的关联交易风险控制机制、不损害投资者合法权益的承诺函等相关文件。	
七、关联交易要求。私募资产配置基金管理人运用基金财产投资基金管理人、托管人及其控股股东、实际控制人、关联机构或者与其有重大利害关系的机构的权益性资产或者从事其他重大关联交易的，应当防范利益冲突，遵循持有人利益优先原则，建立健全内部审批机制和评估机制，符合基金的投资目标和投资策略，按照市场公允价值执行，并按照协会规定，履行信息披露义务。	《问题解答（十五）》
第六条　私募基金管理人、私募基金销售机构及其从业人员在私募基金募集过程中不得直接或者间接存在下列行为： …… （六）宣传推介材料有虚假记载、误导性陈述或者重大遗漏，包括未真实、准确、完整披露私募基金交易结构、各方主要权利义务、收益分配、费用安排、关联交易、委托第三方机构以及私募基金管理人的出资人、实际控制人等情况…… 第十一条　私募基金管理人不得从事损害私募基金财产或者投资者利益的关联交易等投资活动。私募基金管理人应当建立健全关联交易管理制度，对关联交易定价方法、交易审批程序等进行规范。使用私募基金财产与关联方进行交易的，私募基金管理人应当遵守法律、行政法规、中国证监会的规定和私募基金合同约定，防范利益冲突，投资前应当取得全体投资者或者投资者认可的决策机制决策同意，投资后应当及时向投资者充分披露信息。	《若干规定》
第四十七条　订明私募基金管理人、私募基金托管人应当按照《私募投资基金信息披露管理办法》的规定及基金合同约定如实向投资者披露以下事项： （一）基金投资情况；	《私募投资基金合同指引1号》（契约型私募基金合同

续表

相关规定内容	相关规定名称
（二）资产负债情况； （三）投资收益分配； （四）基金承担的费用和业绩报酬（如有）； （五）可能存在的利益冲突、关联交易以及可能影响投资者合法权益的其他重大信息； （六）法律法规及基金合同约定的其他事项。	内容与格式指引）

4.违反信息披露义务的法律后果

管理人应按照相关法律规定和合同约定履行信息披露义务，否则将承担相关的行政、自律管理以及违约责任。

需特别提示注意的是，2021年以后，基金业协会对于管理人信息报送异常对外公示的情形增加到了五种：一是未按时通过AMBERS系统提交管理人经审计年度财务报告；二是管理人未按时通过AMBERS系统履行季度、年度和重大事项更新业务累计达2次；三是管理人未按要求通过信息披露备份系统备份私募证券投资基金2018年第三季度及以后各期季报和年报、私募股权（含创业）投资基金2018年及以后各期半年报和年报等信息披露报告累计达2次；四是管理人存在逾期未办结信息核查事项；五是法律法规和协会自律规则规定的其他情形。管理人一旦被列入信息报送异常机构，须自整改完毕之日六个月方可取消公示。其中，管理人存在逾期未办结信息核查事项的，需办结后方可办理新设基金备案等其他手续。请管理人密切注意AMBERS系统及邮箱是否存在信息核查事项提示，以免影响新设基金产品的备案。

关于违反信息披露义务法律后果的相关合规依据参见表2-19：

表 2-19 关于违反信息披露义务法律后果的相关合规依据

相关规定内容	相关规定名称
第一百三十一条 基金信息披露义务人不依法披露基金信息或者披露的信息有虚假记载、误导性陈述或者重大遗漏的，责令改正，没收违法所得，并处十万元以上一百万元以下罚款；对直接负责的主管人员和其他直接责任人员给予警告，暂停或者撤销基金从业资格，并处三万元以上三十万元以下罚款。	《证券投资基金法》
第三十八条 私募基金管理人、私募基金托管人、私募基金销售机构及其他私募服务机构及其从业人员违反本办法第七条、第八条、第十一条、第十四条至第十七条、第二十四条至第二十六条规定的，以及有本办法第二十三条第一项至第七项和第九项所列行为之一的，责令改正，给予警告并处三万元以下罚款；对直接负责的主管人员和其他直接责任人员，给予警告并处三万元以下罚款……	《私募管理办法》
第二十四条 私募基金管理人违反本办法第十五条规定，未在基金合同约定信息披露事项的，基金备案过程中由中国基金业协会责令改正。 第二十五条 信息披露义务人违反本办法第五条、第九条、第十六条至第十八条的，投资者可以向中国基金业协会投诉或举报，中国基金业协会可以要求其限期改正。逾期未改正的，中国基金业协会可以视情节轻重对信息披露义务人及主要负责人采取谈话提醒、书面警示、要求参加强制培训、行业内谴责、加入黑名单等纪律处分。 第二十六条 信息披露义务人管理信息披露事务，违反本办法第十九条至第二十一条的规定，中国基金业协会可以要求其限期改正。逾期未改正的，中国基金业协会可以视情节轻重对信息披露义务人及主要负责人采取谈话提醒、书面警示、要求参加强制培训、行业内谴责、加入黑名单等纪律处分。 第二十七条 私募基金管理人在信息披露中存在本办法第十一条（一）、（二）、（三）、（四）、（七）所述行为的，中国基金业协会可视情节轻重对基金管理人采取公开谴责、暂停办理相关业务、撤销管理人登记或取消会员资格等纪律处分；对直接负责的主管人员和其他直接责任人员，中国基金业协会可采取要求参加强制培训、行业内谴责、加入黑名单、公开谴责、认为不适当人选、暂停或取消基金从业资格等纪律处分，并记入诚信档案。情节严重的，移交中国证监会处理。	《信息披露管理办法》

续表

相关规定内容	相关规定名称
第二十八条　私募基金管理人在一年之内两次被采取谈话提醒、书面警示、要求限期改正等纪律处分的，中国基金业协会可对其采取加入黑名单、公开谴责等纪律处分；在两年之内两次被采取加入黑名单、公开谴责等纪律处分的，由中国基金业协会移交中国证监会处理。	
一、自本通知发布之日起，私募基金管理人未按时在信披备份系统备份私募证券投资基金2018年第三季度及以后各期季报和年报、私募股权（含创业）投资基金2018年及以后各期半年报和年报等信息披露报告累计达两次的，协会将其列入异常机构名单，并通过私募基金管理人公示平台（http://gs.amac.org.cn）对外公示。一旦私募基金管理人作为异常机构公示，即使整改完毕，至少6个月后才能恢复正常机构公示状态。 二、自2018年11月1日起，已登记私募基金管理人未按要求履行上述私募基金信息披露备份义务的，在私募基金管理人完成相应整改要求前，协会将暂停受理该机构的私募基金产品备案申请。	《关于加强私募基金信息披露自律管理相关事项的通知》
（二十七）【信息公示】管理人应当及时报送私募投资基金重大事项变更情况及清算信息，按时履行私募投资基金季度、年度更新和信息披露报送义务。管理人未按时履行季度、年度、重大事项信息更新和信息披露报送义务的，在管理人完成相应整改要求之前，协会将暂停受理该管理人新的私募投资基金备案申请。管理人未按时履行季度、年度、重大事项信息更新和信息披露报送义务累计达2次的，协会将其列入异常机构名单，并对外公示。一旦管理人作为异常机构公示，即使整改完毕，至少6个月后才能恢复正常机构公示状态。私募投资基金备案后，协会将通过信息公示平台公示私募投资基金基本情况。对于存续规模低于500万元，或实缴比例低于认缴规模20%，或个别投资者未履行首轮实缴义务的私募投资基金，在上述情形消除前，协会将在公示信息中持续提示。	《备案须知》
三、建立健全信息报送常态化核查机制 根据《私募投资基金管理人登记和基金备案办法（试行）》，自2021年二季度起，协会将针对管理人疑似错报、漏报信息行为，通过AMBERS系统站内信、邮件（以管理人在系统中填报邮箱地址为准）等方式，向管理人及其相关负责人发送信息核查通知，	《关于加强私募基金信息报送自律管理与优化行业服务的通知》

续表

相关规定内容	相关规定名称
进行私募行业信息报送常态化核查。 管理人应当自接到信息核查通知之日起 3 个工作日内按要求办结通知所列事项，逾期未办结者，将被列入信息报送异常机构在协会官网对外公示。每季度信息报送开始前，管理人须确保前期所有信息核查事项均已办结。管理人在办结信息核查事项后，方可办理新设基金备案等其他手续…… 五、明确对外公示的信息报送异常情形 根据《关于进一步规范私募基金管理人登记若干事项的公告》《关于加强私募基金信息披露自律管理相关事项的通知》以及本通知要求，下列五类情形属于信息报送异常，并将对外公示：一是未按时通过 AMBERS 系统提交管理人经审计年度财务报告；二是管理人未按时通过 AMBERS 系统履行季度、年度和重大事项更新义务累计达 2 次；三是管理人未按要求通过信批备份系统备份私募证券投资基金 2018 年第三季度及以后各期季报和年报、私募股权（含创业）投资基金 2018 年及以后各期半年报和年报等信息披露报告累计达 2 次；四是管理人存在逾期未办结信息核查事项；五是法律法规和协会自律规则规定的其他情形。 管理人一旦被列入信息报送异常机构，须自整改完毕之日六个月方可取消公示。为体现差异化管理，协会将同步公示管理人信息报送异常的具体事项以及整改情况。	

（三）人员管理

1.从业资格注册

私募基金管理人在基金业协会完成登记后，可为其从业人员申请基金从业资格。

根据《问题解答（十二）》规定，基金从业资格注册以机构统一注册为主，已在基金行业机构任职的，应由所在任职机构向基金业协会申请基金从业资格注册。对于已通过考试但未在基金行业机构任职的，不必找机构"挂靠"，可以先由个人直接向协会申请基金从业资格注册，在相关机构任职后，由所在任职机构向协会申请变更。①

个别私募机构为完成其登记备案寻找具备基金从业资格的外部人员进行"挂靠"，这种行为违反了《登记备案办法》，属于"在私募基金管理人登记、基金备案及其他信息报送中提供虚假材料和信息"行为。

根据《纪律处分实施办法》，针对存在上述情况的个人，一经查实，协会将相关情况记入其个人诚信档案，视情节严重程度，采取行业内谴责、加入黑名单、取消其基金从业资格等纪律处分；针对存在上述情况的私募基金管理人，一经查实，协会将对其公开谴责，并将虚假填报情况进行公示，情节严重的，将暂停受理其基金备案，撤销其管理人登记。此外，为私募基金管理人提供法律、会计、外包业务等的中介服务机构，不得误导、诱导私募基金管理人采取"挂靠"等方式，规避协会对私募高级管理人员从业资格管理的有关规定。若出现上述违规情形，一经查实，协会将对此类中介服务机构公开谴责，情节严重的，将暂停受理其相关业务并加入黑名单。

根据《关于基金从业资格考试有关事项的通知》（中基协字〔2015〕112号）的有关规定，对已通过基金从业资格相关科目考试的，可以在考试通过后的4年内向协会申请基金从业资格注册。

对已通过基金从业资格相关科目考试，但满4年未注册基金从业资格的，在2017年7月1日之后，向协会申请基金从业资格注册需重新参加基金从业资格考试或补齐近两年的后续培训30个学时。

2.高管及员工的任职管理

私募基金管理机构的高管和员工，在机构备案通过后，应当根据基金业协会要求，持续符合任职要求。

---

① 经咨询基金业协会，目前尚未放开个人申请基金从业资格注册，仍需通过机构进行注册。

根据《登记须知》《私募管理办法》《内部控制指引》《私募投资基金合同指引》等相关要求，为保证新登记私募基金管理人的公司治理、组织架构和管理团队的稳定性，确保私募基金管理人持续有效执行登记申请时所提出的商业运作计划和内部控制制度，自《问题解答（十四）》发布之日起，申请私募基金管理人登记的机构应当书面承诺：申请登记机构保证其组织架构、管理团队的稳定性，在备案完成第一只基金产品前，不进行法定代表人、控股股东或实际控制人的重大事项变更；不随意更换总经理、合规风控负责人等高管人员。法律法规另有规定或发生不可抗力情形的除外。

对于一年内变更2次以上任职机构的私募高管人员，基金业协会将重点关注其变更原因及诚信情况。私募基金管理人如发生高管人员变更，应向基金业协会提交重大事项变更申请，提交申请时需上传所涉高管的劳动合同及社保证明。根据近期基金业协会对私募基金管理人重大变更的反馈意见，在进行高管人员重大变更时，可能被反馈要求提交高管和相关投资人员的既往投资经历情况。具体反馈意见如下："请说明申请机构高级管理人员及相关投资人员既往投资经历情况，1.其所任职机构（持牌金融机构/已登记私募基金管理人/冲突业务机构/一般机构自有资金投资等）；2.其在投资项目募投管退全流程中所任岗位及其具体工作内容（项目筛选/尽职调查/风险控制/投资决策等）；3.其投资项目的基本情况（存续期限/是否退出/盈亏情况等），并出具相关直接证明材料（如股权投资项目投委会决议等高管本人签字署名材料、附有既往任职单位有效签章的本人具名投资报告等，并提供所有论述项目的工商确权情况）。同时请律所就此发表法律意见。"

3.培训管理

按照协会2016年2月5日发布的《关于进一步规范私募基金管理人登记若干事项的公告》，已经取得基金从业资格的私募基金管理人的高级管理人员，每年度需完成15学时的后续培训方可维持基金从业资格。对在2015年

12月31日之前取得基金从业资格的，需在2016年12月31日前完成15个学时的后续培训；对在2015年12月31日之后取得基金从业资格的，需自资格取得之日起一年内完成15个学时的后续培训。对已取得基金从业资格的私募基金一般从业人员，也应按照上述规定每年度完成15个学时的后续培训。

后续培训有面授培训和远程培训两种形式。面授培训可关注协会官网或微信公众号发布的每年度培训计划和每期培训通知；远程培训可登录远程培训系统（http：//peixun.amac.org.cn）参加学习，机构用户或个人用户均可通过远程培训系统进行注册、选课、在线支付和课程学习。个人凭有效身份证件注册并完成相应的培训学时后，学时信息将被有效记录，可登录协会官网"从业人员管理—培训平台—培训学时查询"进行查询。

4. 离职管理

根据《登记须知》的规定，私募基金管理人原高管人员离职后，私募基金管理人应在3个月内完成聘任具备与岗位要求相适应的专业胜任能力的高管人员。

根据基金业协会2018年12月18日发布的《关于私募基金高级管理人员申请强制离职的办理流程》和2020年4月22日发布的《关于调整私募基金高级管理人员申请强制离职流程的通知》，私募基金高级管理人员可登录从业人员管理平台（https：//human.amac.org.cn）个人账户提交离职申请，如实填写离职时间，符合办理条件的，系统将自动开通强制离职功能，个人按要求提交强制离职申请材料。协会收到材料后，将在5个工作日内完成办理。需要提交的资料包括：1.经公证的由原任职机构出具的离职证明，或劳动争议仲裁裁决书；2.经公证的与现任职机构签署的劳动合同及社保缴纳证明，或人事情况说明（未就业人员出具）；3.个人身份证件扫描件；4.个人承诺函（承诺上述材料真实有效）。

对担任私募管理机构法定代表人/执行事务合伙人（委派代表）的，需先在工商完成变更流程后才能提交强制离职申请。

实务提示

私募基金管理公司的基金经理离职后是否存在3个月"静默期"？根据《基金管理公司投资管理人员管理指导意见》（证监会公告〔2009〕3号）的相关规定，公募基金经理离职后的3个月为"静默期"，在这3个月内该基金经理不得在其他公募基金管理公司从事投资、研究、交易等相关业务，同时，私募基金管理人亦不得聘用从其他公募基金公司离职未满3个月的基金经理从事投资、研究、交易等相关业务。但是，私募基金管理人的基金经理并无相关"静默期"的法定要求，即除非该离职的基金经理与离职单位签署竞业限制协议，否则私募基金管理人的基金经理离职后3个月内，可在其他私募基金管理公司任职，其他私募基金管理人可以聘用从其他私募基金公司离职未满3个月的基金经理从事投资、研究、交易等业务。

（四）基金投后管理

私募股权投资基金实施投资后管理的总体目标是规避投资风险，加速风险资本的增值过程，追求最大的投资收益。为了达到总体目标，私募股权投资基金管理人要根据已投资企业情况制定各个投资后管理阶段的可操作性强、易于监控的目标。

经查询，现行相关法律法规、规范性文件等对私募股权投资基金的投后管理，除合规运营、信息披露相关要求外，对其余事项规定较少，主要取决于管理人内部管控制度。

一般而言，私募股权投资基金的投后管理措施主要可以分为风险管控和增值服务两大类型。其中，风险管控主要包括委派人员、财务监控、信息跟踪、参与管理等方面；增值服务主要包括战略支持、运营支持、渠道支持、资本运作支持等。

基金投资的项目如未能按照投资协议约定实现退出，则面临投资的延期，如投资延期期间，基金的存续期届满，则基金需相应展期。

1. 项目延期

基金合同应对投资及退出的决策进行约定，如遇投资项目延期退出，除基金合同另有约定外，原则上履行与投资退出相同的程序。一般情况下，延期退出目标公司通常意味着目标公司经营不善，且相关增信措施无法实施，故延期退出期间基金需与目标公司保持积极的联系，履行更严格的投后措施。

因项目延期可能对基金投资人利益造成影响，根据《信息披露管理办法》的规定，应及时向投资人进行信息披露。

《私募投资基金合同指引3号》（合伙协议必备条款指引）明确：合伙协议应列明本合伙型基金的投资范围、投资运作方式、投资限制、投资决策程序、关联方认定标准及关联方投资的回避制度，以及投资后对被投资企业的持续监控、投资风险防范、投资退出、所投资标的担保措施、举债及担保限制等作出约定。

2. 基金展期

私募股权投资基金如无法在存续期限内完成清算注销，则须对基金进行展期。一般情况下，根据基金合同的约定，基金展期由合伙人会议决策。基金的展期程序由各合伙人通过合伙人会议决议后，签署新的基金合同或补充协议对基金展期进行确认。根据《备案须知》规定，管理人在私募投资基金到期日起的3个月内仍未通过AMBERS系统完成私募投资基金的展期变更或提交清算申请的，在完成变更或提交清算申请之前，基金业协会将暂停办理该管理人新的私募投资基金备案申请。

同时，基金展期属于重大事项，应及时向投资人披露。《信息披露管理办法》第十八条规定："发生以下重大事项的，信息披露义务人应当按照基金合同的约定及时向投资者披露：……（九）基金存续期变更或展期的……"

（五）诚信管理

私募基金管理人在开展业务过程中应诚实守信、合规运营。证监会及派出机构以及基金业协会对私募基金管理人的业务运行情况进行监督和检查，对于不符合规定开展业务运营的机构，证监会及派出机构以及基金业协会将采取措施对其进行管理；此外，基金业协会鼓励管理人进行自查，对于自查认真且结果良好的对象，协会可免除对其的自律检查。近两年来，证监会各监管局及基金业协会开展现场检查和自查的频率越来越高，覆盖的管理人数量越来越多。

管理人高度重视诚信管理，对管理人业务开展将起到积极促进作用。基金业协会于2018年5月上线私募证券投资基金管理人会员信用信息报告功能，于2020年2月上线私募股权、创业投资基金管理人会员信用信息报告功能，从合规经营、稳定存续、专业运作、信息披露4个方面展示私募基金管理人会员信用信息情况，并将该等信用信息情况运用于试行的"分道制+抽查制"，即针对持续合规运营、信用状况良好的私募基金管理人，通过AMBERS系统提交私募基金备案申请后，将于次日在协会官网以公示该私募基金基本情况的方式完成该基金备案。协会将在该基金备案后抽查其合规情况。若抽查中发现该基金存在不符合法律法规和自律规则的情形，协会将要求管理人进行整改。协会在2020年2月开展私募基金登记备案工作6周年之际，启动私募基金备案"分道制+抽查制"试点，是遵循私募基金事后备案工作规律的创新改革举措，行业信用运用机制由量变到质变，有利于激发私募基金管理人强化自身信用的内生动力，构建行业守信激励、失信约束机制，促进行业信义义务落地生根。

反之，如果管理人不重视诚信管理，违规经营，则可能被证监会或基金业协会采取包括但不限于行政监管措施、行政处罚、提交异常经营情况专项法律意见书、自律处分等措施。

1. 行政监管措施

根据《私募管理办法》第三十三条规定，私募基金管理人、私募基金托管人、私募基金销售机构及其他私募服务机构及其从业人员违反法律、行政法规及本办法规定，中国证监会及其派出机构可以对其采取责令改正、监管谈话、出具警示函、公开谴责等行政监管措施。

同时，证监会将私募基金管理人、私募基金托管人、私募基金销售机构及其他私募服务机构及其从业人员诚信信息记入证券期货市场诚信档案数据库；根据私募基金管理人的信用状况，实施差异化监管，对相关责任人员采取市场禁入措施。

2. 行政处罚

对违反法律法规有关行为，证监会有可能采取行政处罚措施。例如，根据《私募管理办法》第三十八条规定，私募基金管理人、私募基金托管人、私募基金销售机构及其他私募服务机构及其从业人员违反本办法第七条、第八条、第十一条、第十四条至第十七条、第二十四条至第二十六条规定的，以及有本办法第二十三条第一项至第七项和第九项所列行为之一的，责令改正，给予警告并处三万元以下罚款；对直接负责的主管人员和其他直接责任人员，给予警告并处三万元以下罚款；有本办法第二十三条第八项行为的，按照《证券法》和《期货交易管理条例》的有关规定处罚；构成犯罪的，依法移交司法机关追究刑事责任。

《证券投资基金法》第十四章"法律责任"亦对从事证券投资基金相关

机构及其人员的违法违规行为的法律后果进行了规定。

3.提交专项法律意见书的异常经营情形

私募基金管理人及其法定代表人、高级管理人员、实际控制人或主要出资人出现以下情形，可能影响私募基金管理人持续符合登记规定时，应当向基金业协会提交专项法律意见书：

（1）被公安、检察、监察机关立案调查的；

（2）被行政机关列为严重失信人，以及被人民法院列为失信被执行人的；

（3）被证券监管部门给予行政处罚或被交易所等自律组织给予自律处分，情节严重的；

（4）拒绝、阻碍监管人员或者自律管理人员依法行使监督检查、调查职权或者自律检查权的；

（5）因严重违法违规行为，证券监管部门向协会建议采取自律管理措施的；

（6）多次受到投资者实名投诉，涉嫌违反法律法规、自律规则，侵害投资者合法权益，未能向协会和投资者合理解释被投诉事项的；

（7）经营过程中出现《问题解答（十四）》规定的不予登记情形的；

（8）其他严重违反法律法规和《内部控制指引》等自律规则的相关规定，经营管理失控，出现重大风险，损害投资者利益的。

私募基金管理人及其法定代表人、高级管理人员、实际控制人或主要出资人出现上述规定的异常经营情形的，协会将书面通知私募基金管理人委托律师事务所对有关事项进行查验，并在3个月内提交专项法律意见书。

基金业协会对专项法律意见书的处理：

（1）私募基金管理人未能在书面通知发出后的3个月内提交符合规定的专项法律意见书的，协会将按照《关于进一步规范私募基金管理人登记若干事项的公告》的有关规定予以注销，注销后不得重新登记。私募基金管理人的法定代表人、高级管理人员及其他从业人员按照不配合自律管理予以纪律处分，情节严重的取消基金从业资格，加入黑名单。私募基金管理人被注销后，有关机构不得募集设立私募基金，已备案的私募基金应当按照法律法规和合同约定妥善处置，维护好投资者的合法权益。

（2）对于会员律师事务所出具的专项法律意见书，认定私募基金管理人符合登记规定的，协会将恢复私募基金管理人的正常业务办理。认定不再符合登记规定的，予以注销。

（3）对于非会员律师事务所出具的专项法律意见书，情况复杂的，协会可提交协会自律监察委员会参照《纪律处分实施办法》进行审核。协会自律监察委员会审核认为私募基金管理人出现的异常经营情形不影响其符合登记规定的，恢复私募基金管理人的正常业务办理，否则予以注销。

（4）为私募基金管理人出具专项法律意见书的律师事务所未能勤勉尽责，法律意见书存在虚假记载、误导性陈述或者重大遗漏的，协会将不再接受相关律师事务所的法律意见书，依法移送中国证监会和相关司法行政部门及律师协会查处，并在协会网站公示。

4. 其他纪律处分措施

根据《纪律处分实施办法》，基金业协会可能采取如下纪律处分措施：（1）谈话提醒；（2）书面警示；（3）要求限期改正；（4）缴纳违约金；（5）行业内谴责；（6）加入黑名单；（7）公开谴责；（8）暂停受理或办理相关业务；（9）要求其他会员暂停与其的业务；（10）暂停会员部分权利；（11）暂停会员资格；（12）撤销管理人登记；（13）取消会员资格；（14）基金业协会规定的其他纪律处分形式。

（六）管理人资格注销

管理人资格注销，主要分为"主动注销""依公告注销"和"协会注销"

三类。

"主动注销"指管理人放弃开展私募基金业务，主动申请注销私募基金管理人登记，并声明自注销申请通过之日起6个月内不再重新申请登记的机构。

"依公告注销"指依据《关于进一步规范私募基金管理人登记若干事项的公告》，在办结登记手续之日起6个月内仍未备案首只私募基金产品被注销的机构。依公告注销机构若因真实业务需要，可按要求重新申请私募基金管理人登记。

"协会注销"指机构因纪律处分、异常经营及失联等情形被协会注销。因纪律处分、异常经营等情形被注销的机构，注销后不得重新登记。

已注销机构不再具有私募基金管理人资格，不得再以私募基金名义展业。已注销机构和相关当事人应当根据《证券投资基金法》《私募管理办法》和基金合同的约定，妥善处置在管基金财产，依法保障投资者合法利益。

实务范本

1.私募股权基金管理人相关系统填报提示

结合相关法律法规和中国证券投资基金业协会相关自律规则等规定，现对私募基金管理人在通过管理人登记后需填报的相关系统进行简要提示如下，供借鉴参考。

私募基金管理人应填报的系统如下：

一、资产管理业务综合报送平台；

二、从业人员管理平台；

三、私募基金信息披露备份系统；

四、全国政府出资产业投资基金信用信息登记系统（适用于政府出资产业投资基金）；

五、非居民金融账户涉税信息报送。

各系统报送要求简要总结如下，具体操作请参见《私募基金管理人相关系统填报指南》。

一、资产管理业务综合报送平台

网址：https://ambers.amac.org.cn。

账号和密码：管理人登记时注册的账号和密码相同，管理人通过后可通过登记编码+密码登录。

（1）私募基金产品备案

管理人登记通过后6个月内完成首只基金产品备案。6个月期限为自管理人登记通过之日起至协会备案通过之日止（注意：不是产品备案申请提交之日）。

顾问型基金产品和变更管理人的产品不得作为新登记的管理人的首只基金产品。

基金产品应当在募集完毕后20个工作日内备案。

（2）信息更新

按照《私募投资基金监督管理暂行办法》和《私募投资基金管理人登记和基金备案办法（试行）》，私募基金管理人应当按规定：

①季度信息更新。通过资产管理业务综合报送平台及时履行私募基金管理人及其管理的私募基金的季度、年度和重大事项信息报送更新等信息报送义务。

②年度信息更新。每年度4月底之前，通过资产管理业务综合报送平台填报上一年度经会计师事务所审计的年度财务报告。

私募基金管理人未按时履行季度、年度和重大事项信息报送更新义务累计达2次的，中国证券投资基金业协会将其列入异常机构名单，并通过私募基金管理人公示平台（http://gs.amac.org.cn）对外公示。

一旦私募基金管理人作为异常机构公示，即使整改完毕，至少6个月后才能恢复正常机构公示状态。

私募基金管理人未按要求提交经审计的年度财务报告的，在私募基金管理人完成相应整改要求之前，中国证券投资基金业协会将暂停受理该机构的私募基金产品备案申请。

同时，中国证券投资基金业协会将其列入异常机构名单，并通过私募基金管理人公示平台对外公示。

一旦私募基金管理人作为异常机构公示，即使整改完毕，至少6个月后才能恢复正常机构公示状态。

（3）重大事项变更

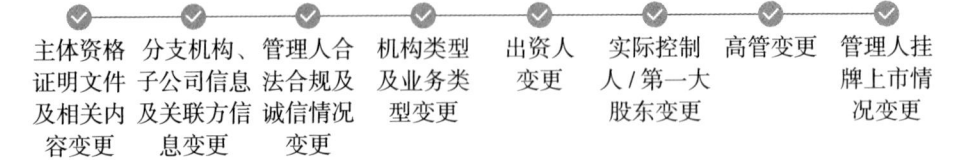

| 主体资格证明文件及相关内容变更 | 分支机构、子公司信息及关联方信息变更 | 管理人合法合规及诚信情况变更 | 机构类型及业务类型变更 | 出资人变更 | 实际控制人/第一大股东变更 | 高管变更 | 管理人挂牌上市情况变更 |

图2-1　重大事项变更流程

私募基金管理人申请变更控股股东、变更实际控制人、变更法定代表人/执行事务合伙人（委派代表）等重大事项或协会审慎认定的其他重大事项的，应提交重大事项变更专项法律意见书。

进行主要出资人、实际控制人、法定代表人/执行事务合伙人（委派代表）等需提交重大事项变更法律意见书的重大事项变更申请，首次提交后6个月内仍未办理通过或退回补正次数超过5次的，协会将暂停机构新增产品备案直至办理通过。

二、从业人员管理平台

网址：http://person.amac.org.cn。

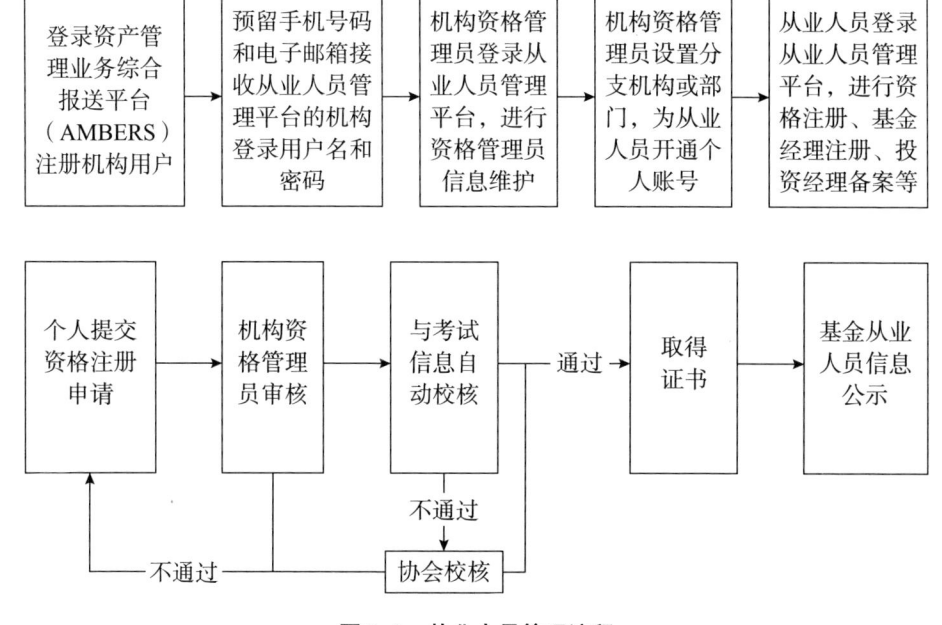

登录资产管理业务综合报送平台（AMBERS）注册机构用户 → 预留手机号码和电子邮箱接收从业人员管理平台的机构登录用户名和密码 → 机构资格管理员登录从业人员管理平台，进行资格管理员信息维护 → 机构资格管理员设置分支机构或部门，为从业人员开通个人账号 → 从业人员登录从业人员管理平台，进行资格注册、基金经理注册、投资经理备案等

个人提交资格注册申请 → 机构资格管理员审核 → 与考试信息自动校核 → 通过 → 取得证书 → 基金从业人员信息公示

不通过 → 协会校核

不通过

图2-2 从业人员管理流程

三、私募基金信息披露备份系统

更新频率：季度（股权类基金产品不强制要求）、半年度、年度。

四、全国政府出资产业投资基金信用信息登记系统

账号密码：以基金名称进行注册。

填报时间：基金募集完毕后20个工作日内。

通过时间：发展改革部门根据登记信息在30个工作日内对基金投向进行产业政策符合性审查，并在信用信息登记系统予以公开。

五、非居民金融账户涉税信息报送（如不存在非居民金融账户也要进行零申报）

网址：https://aeoi.chinatax.gov.cn/。

私募基金管理人需要对本私募机构开立的金融账户（如投资者账户）进行尽职调查，判断这些金融账户是不是"非居民金融账户"。

提示：尽职调查根据国家税务总局、财政部、中国人民银行、中国银行业监督管理委员会、中国证券监督管理委员会、中国保险监督管理委员会联

合发布的《关于发布〈非居民金融账户涉税信息尽职调查管理办法〉的公告（国家税务总局公告2017年第14号）》进行。

判断非居民金融账户的关键是判断"非居民"。"非居民"是指中国税收居民以外的个人、企业和其他组织，但不包括政府机构、国际组织、中央银行、金融机构或者在证券市场上市交易的公司及其关联机构。前述证券市场是指被所在地政府认可和监管的证券市场。

"中国税收居民"是指中国税法规定的居民企业或者居民个人。"个人"是指在中国境内有住所，或者无住所而在境内居住满一年的个人（在中国境内有住所是指因户籍、家庭、经济利益关系而在中国境内习惯性居住）；"企业"是指依法在中国境内成立，或者依照外国（地区）法律成立但实际管理机构在中国境内的企业。

私募管理人完成对相关金融账户尽职调查后：1.若有"非居民金融账户"，就需要收集相关账户涉税信息并记录报送。2.若没有"非居民金融账户"，则需要进行"零申报"。

2.投后管理报告范本

××基金××项目投后管理报告范本

一、被投资企业基本情况介绍

投资团队	×××× 、××××……
投后管理团队	×××× 、××××……
外派人员	董事	
	监事	
	财务总监	
	其他	
投资时间	××××年×月×日
实际划款时间	××××年×月×日
交易方式	

续表

交易金额	××万元
累计投资金额	××万元
股权占比	××%
交易价格	××元/股（注册资本）
目前最新估值/增值情况	
其他投资机构入股情况	
备注	

二、投资协议关键条款

（一）主要投资条款

（二）主要保障措施

（三）团队认为需要列示的其他重要条款

1.投后公司治理

2.（略。）

三、企业发展状况

（一）企业生产经营状况

（二）募投资金使用情况及其募投项目效益情况

1.募集资金使用情况

2.募投项目效益情况

（三）财务状况及指标分析

1.主要财务数据（按实际情况选择填写，可针对不同被投企业的差异对表格内容进行增减）

（单位：元）	××××年×月×日	上年同期	增减变动幅度（%）	上上年同期
营业总收入				
营业总成本				
营业利润				
净利润				

续表

（单位：元）	××××年×月×日	上年同期	增减变动幅度（%）	上上年同期
总资产				
总负债				
净资产				
资产负债率				
净资产收益率				
××				
××				
××				

2.主要财务数据分析

（备注：根据实际情况编写被投企业财务分析报告，并提出改进建议。）

（四）公司董事会、监事会、股东会召开和执行情况

（略。）

（五）重大投融资事项（备注：含重大投融资计划）

（略。）

（六）其他相关信息（备注：根据实际情况汇报）

（略。）

四、企业竞争力分析

（备注：包括对国家政策变化、行业趋势变化、竞争格局变化等企业的影响进行研究和分析，并重点分析市场变化、技术变化和竞争对手变化等对目标公司生产经营造成或可能造成的重大影响。）

五、企业总体运营情况分析（年度）

（备注：对目标公司实际运行状况与年度经营计划、投资合同的相关约定等进行对比分析，找出偏离原因，并提出调整公司投资策略的建议方案。）

六、投后管理概况

（一）派出人员情况（合同约定及实际情况）、参与被投资企业业务活动

的情况、专项管理活动情况

1.派出人员

2.工商变更

3.实地走访（详见实地走访纪要）

××××年×月×日走访企业,××××

4.××××

（二）如果未能达到投资之初的预期利润指标,是否需要对估值进行调整,投后团队采取了或拟采取何种应对措施

××××

（三）是否出现了触发回购条款事项,如有,投后团队采取了或拟采取何种应对措施

××××

（四）投资协议中承诺事项的落实情况

××××

（五）是否出现突发或重大事项,如有,投后团队采取了或拟采取何种措施（此处可仅列明措施要点,详见突发或重大事项处理方案）

××××

（六）对可能存在风险的分析及应对措施（含应对计划）

1.×××

应对措施:××××

2.×××

应对措施:××××

（七）增值服务开展情况（按实际情况选择填写）

1.对企业日常运作、发展战略提供的咨询与建议

2.协助企业与关键客户及（或）供应商建立并维持合作关系

3.参与推动企业再融资及（或）改制上市相关工作

4.协助企业招聘或解雇关键管理人员

5.对企业的市场营销策略和财务管理工作等提出建议

......

七、投后管理后续工作计划

(备注：就前述报告分析的相关情况提出该项目投后管理后续工作的重点目标、工作内容、调整建议、方案等，可按季度制定阶段目标。)

1.不定期对被投企业进行现场走访，与管理层建立充分有效的沟通机制。

2.跟踪了解被投企业××业绩完成情况。

3.根据实际情况开展其他方面的投后管理工作。

......

八、附件

1.××××年第×季度财务报表

2.实地走访纪要

3.突发或重大事项处理方案（如需）

××公司

投资×部（公章）

××××年×月×日

CHAPTER 3

第三章

基金产品设计、募集、备案及变更合规指引

☑ 一、基金产品设计
☑ 二、基金募集流程
☑ 三、私募基金备案

一、基金产品设计

基金产品设计主要是指基金产品架构搭建，一方面系指在基金层面针对有关基金投资者之间的权利义务设定，另一方面系指基金针对项目的投资方式设定。基金产品设计方案往往还会随着基金产品的募集情况根据投资方的不同诉求进行调整。

合法合规是私募基金产品设计的首要标准。不符合相关监管要求的私募基金产品将直接在基金产品备案阶段面临实质障碍；且根据《民法典》以及《九民纪要》等相关规定，基金产品涉及存在违反《证券投资基金法》《私募管理办法》相关法律法规以及部门规章的约定而被认定无效的可能。此外，在合法合规性的考量上，私募基金产品除受到证监会、基金业协会等行业主管机关的监管外，还涉及财政出资的政府投资基金面临多重监管的局面，主要为财政部与发改委分别于2015年11月、2016年12月发布的《政府投资基金管理办法》《政府出资产业投资基金管理办法》。

本节中，我们将主要围绕基金产品的基本信息（核心要素）、治理结构、基金托管安排、投资范围、费用及分配五大方面，从监管要求出发，落脚到实务经验，为广大从业者进行基金产品设计提供合法合规指引。

（一）基本信息

基金产品基本信息是指在进行基金产品设计时，需要综合考虑的基金产品设计重点要素，主要包括基金名称、基金注册地、基金类型和产品类型、基金组织架构、基金规模与封闭运作、实缴出资安排、基金存续期限7个方面的内容。

1. 基金名称

目前有关基金名称的行业规范主要为中基协发布的《私募投资基金命名指引》。在实务中，确认基金名称除了需遵循前述命名指引之外，针对以公司型、合伙企业型设立的基金产品，其名称选择还需符合工商主管部门要求，在完成核名程序后再行开展工商登记工作。

（1）工商主管部门的名称确认要求

企业型基金的名称必须符合工商主管部门相关名称使用规范，与此相关的法律规定包括：《企业名称登记管理规定》《企业名称登记管理实施办法》《企业名称禁限用规则》等，关于企业型基金名称使用规范的相关合规依据参见表3-1：

表3-1　关于企业型基金名称使用规范的相关合规依据

合规事项名称	相关规定内容	相关规定名称
基金名称	第六条　企业名称由行政区划名称、字号、行业或者经营特点、组织形式组成。跨省、自治区、直辖市经营的企业，其名称可以不含行政区划名称；跨行业综合经营的企业，其名称可以不含行业或者经营特点。	《企业名称登记管理规定》
	第十一条　企业名称不得有下列情形： （一）损害国家尊严或者利益； （二）损害社会公共利益或者妨碍社会公共秩序； （三）使用或者变相使用政党、党政军机关、群团组织名称及其简称、特定称谓和部队番号； （四）使用外国国家（地区）、国际组织名称及其通用简称、特定称谓；	

续表

合规事项名称	相关规定内容	相关规定名称
	（五）含有淫秽、色情、赌博、迷信、恐怖、暴力的内容； （六）含有民族、种族、宗教、性别歧视的内容； （七）违背公序良俗或者可能有其他不良影响； （八）可能使公众受骗或者产生误解； （九）法律、行政法规以及国家规定禁止的其他情形。	
	第十五条　有投资关系或者经过授权的企业，其名称中可以含有另一个企业的名称或者其他法人、非法人组织的名称。	
	第十七条　在同一企业登记机关，申请人拟定的企业名称中的字号不得与下列同行业或者不使用行业、经营特点表述的企业名称中的字号相同： （一）已经登记或者在保留期内的企业名称，有投资关系的除外； （二）已经注销或者变更登记未满1年的原企业名称，有投资关系或者受让企业名称的除外； （三）被撤销设立登记或者被撤销变更登记未满1年的原企业名称，有投资关系的除外。	

除以上有明文法律法规规定的要求外，近年来针对名称以及经营范围中包括"投资""投资管理"等字样的机构在各地工商主管部门进行工商设立登记时可能会面临不同的要求以及审批程序，据此建议在进行工商登记注册之前咨询当地工商主管部门以根据实际要求进行。

（2）中基协的基金命名要求

中基协在《私募投资基金命名指引》中除针对基金产品名称提出了一般的普适性原则要求之外，还针对不同类型基金产品名称提出了不同的要求。关于中基协对基金产品名称的相关合规依据参见表3-2：

表 3-2 关于中基协对基金产品名称的相关合规依据

合规事项名称		相关规定内容	相关规定名称
基金名称	原则性规定	第三条 私募投资基金名称不得明示、暗示基金投资活动不受损失或者承诺最低收益，不得含有"安全"、"保险"、"避险"、"保本"、"稳赢"等可能误导或者混淆投资人判断的字样，不得违规使用"高收益"、"无风险"等与私募投资基金风险收益特征不匹配的表述。 第四条 私募投资基金名称不得含有虚假记载和误导性陈述，不得对投资业绩进行预测，不得在未提供客观证据的情况下使用"最佳业绩"、"最大规模"、"名列前茅"、"最强"、"500倍"等夸大或误导基金业绩的字样。 第五条 未经合法授权，私募投资基金名称中不得非法使用知名人士姓名、知名机构的名称或者商号。 第六条 私募投资基金名称不得使用"资管计划"、"信托计划"、"专户"、"理财产品"等容易与金融机构发行的资产管理产品混淆的相同或相似字样。 第十二条 通过有限合伙、有限责任公司、股份有限公司等形式募集设立的私募投资基金名称应当符合《工商总局关于印发〈企业名称禁限用规则〉〈企业名称相同相近比对规则〉的通知》（工商企注字2017〔133〕号）相关规定。 契约型私募投资基金名称应当符合《企业名称禁限用规则》相关规定。	《私募投资基金命名指引》
	私募证券与私募股权投资基金	第七条 私募投资基金名称应当列明体现基金业务类别的字样，且应当与基金合同、合伙协议或者公司章程约定的基金投资范围、投资方向和风险收益特征保持一致。 私募证券投资基金名称中可以使用"股票投资"、"混合投资"、"固定收益投资"、"期货投资"或者其他体现具体投资领域特点的字样。如未体现具体投资领域特点，则应当使用"证券投资"字样。 私募股权投资基金名称中可以使用"创业投资"、	

续表

合规事项名称	相关规定内容	相关规定名称
	"并购投资"、"基础设施投资"或者其他体现具体投资领域特点的字样。如未体现具体投资领域特点，则应当使用"股权投资"字样。	
契约型私募基金	第八条 契约型私募投资基金名称中应当包含"私募"及"基金"字样，避免与公开募集投资基金混淆。 第九条 契约型私募投资基金名称应当简单明了，列明私募投资基金管理人全称或能清晰代表私募投资基金管理人名称的简称。私募投资基金管理人聘请投资顾问的，私募投资基金名称中可以列明投资顾问机构的简称。 第十条 契约型私募投资基金有分级安排的，私募投资基金名称中应当含有"分级"或"结构化"字样。 第十一条 同一私募投资基金管理人管理相同策略的系列契约型私募投资基金，在系列私募投资基金名称中原则上应当使用连续的中文大小写数字、阿拉伯数字或字母进行区分。	

该命名指引自2019年1月1日起实施，即自2019年1月1日起，新申请备案的私募投资基金相关命名事宜均应当按照指引执行。

2. 基金注册地

公司型、合伙企业型私募基金涉及注册地的问题。基金注册地一般由基金各合作方协商确认，或者由基金管理人出于便于工商登记考虑将基金产品设立在基金管理人注册地或实际经营地。在实务中，通常代表财政出资的投资者会对其出资参与的基金注册地提出要求。

3. 基金类型和产品类型

基金类型以及产品类型并不存在较多的选择余地。自2017年3月中基协发布《问题解答（十三）》，明确提出"同一私募基金管理人不可兼营多种类型的私募基金管理业务",私募基金管理人即只可备案与本机构已登记业务类型相符的私募基金,不可兼营多种类型的私募基金管理业务。截至目前,原登记的私募基金管理机构均已按照《问题解答(十三)》的要求进行了整改,新申请登记的私募基金管理机构已按照新的要求进行执行,故基金类型以及产品类型在该基金管理机构确认时即已基本确认。

中基协根据基金投资标的的不同,将基金类型分为私募证券投资基金、私募证券类FOF基金、私募股权投资基金、私募股权投资类FOF基金、创业投资基金、创业投资类FOF基金、其他私募投资基金及其他私募投资类FOF基金。同时,不同的基金类型对应的产品类型也有所不同,私募证券投资基金对应的产品类型分为权益类基金、固收类基金、混合类基金、期货及其他衍生品类基金及其他类基金,私募股权投资基金对应的产品类型分为并购基金、房地产基金、基础设施基金、上市公司定增基金及其他基金,其他私募投资基金对应的产品类型分为红酒艺术品等商品基金及其他类基金;基金管理机构在进行基金产品备案申请时,即需根据该等分类进行备案。关于中基协对基金类型以及产品类型说明的相关合规依据参见表3-3:

表3-3 关于中基协对基金类型以及产品类型说明的相关合规依据

合规事项依据	相关规定内容		相关规定名称
各类私募投资基金的类型和定义	基金类型	定义	中基协《有关私募投资基金"业务类型/基金类型"和"产品类型"的说明》
	私募证券投资基金	私募证券投资基金,主要投资于公开交易的股份有限公司股票、债券、期货、期权、基金份额以及中国证监会规定的其他证券及其衍生品种。	
	私募证券类FOF基金	私募证券类FOF基金,主要投向证券类私募基金、信托计划、券商资管、基金专户等资产管理计划的私募基金。	

续表

合规事项依据		相关规定内容	相关规定名称
	创业投资基金	创业投资基金，主要向处于创业各阶段的未上市成长性企业进行股权投资的基金（新三板挂牌企业视为未上市企业）；（对于市场所称"成长基金"，如果不涉及沪深交易所上市公司定向增发股票投资的，按照创业投资基金备案）如果涉及上市公司定向增发的，按照私募股权投资基金中的"上市公司定增基金"备案。	
	创业投资类FOF基金	创业投资类FOF基金，主要投向创投类私募基金、信托计划、券商资管、基金专户等资产管理计划的私募基金。	
	私募股权投资基金	私募股权投资基金，指投资包括未上市企业和上市企业非公开发行和交易的普通股（含上市公司定向增发、大宗交易、协议转让等），可转换为普通股的优先股和可转换债等的私募基金。	
	私募股权投资类FOF基金	私募股权投资类FOF基金，主要投向股权类私募基金、信托计划、券商资管、基金专户等资产管理计划的私募基金。	
	其他私募投资基金	其他私募投资基金，投资除证券及其衍生品和股权以外的其他领域的基金。	
	其他私募投资类FOF基金	其他投资类私募FOF基金，主要投向其他类私募基金、信托计划、券商资管、基金专户等资产管理计划的私募基金。	
	私募资产配置基金	私募资产配置基金，应当主要采用基金中基金的投资方式进行证券、股权等跨类别资产配置投资，80%以上的已投基金资产应当投资于已备案的私募基金、公募基金或者其他依法设立的资产管理产品。	
	注：对于主要投资新三板拟挂牌和已挂牌企业的"新三板基金"，建议按照创业投资基金备案。		

第三章 基金产品设计、募集、备案及变更合规指引

续表

合规事项依据	相关规定内容		相关规定名称
各类私募投资基金对应的产品类型	基金类型	产品类型	中基协《有关私募投资基金"业务类型/基金类型"和"产品类型"的说明》
	私募证券投资基金	权益类基金、固收类基金、混合类基金、期货及其他衍生品类基金、其他类基金	
	私募证券类FOF基金	不填	
	创业投资基金	不填	
	创业投资类FOF基金	不填	
	私募股权投资基金	并购基金、房地产基金、基础设施基金、上市公司定增基金、其他类基金	
	私募股权投资类FOF基金	不填	
	其他私募投资基金	红酒艺术品等商品基金、其他类基金	
	其他私募投资类FOF基金	不填	
	私募资产配置基金	不填	
	注：私募证券类FOF、创业投资类FOF、私募股权投资类FOF、其他私募投资类FOF、创业投资基金、私募资产配置基金不必填写"产品类型"。		
产品类型定义	股票类基金，是指根据合同约定的投资范围，投资于股票或股票型基金的资产比例高于80%（含）的私募证券基金。固定收益类基金，是指根据合同约定的投资范围，投资于银行存款、标准化债券、债券型基金、股票质押式回购以及有预期收益率的银行理财产品、信托计划等金融产品的资产比例高于80%（含）的私募证券基金。混合类基金，是指合同约定的投资范围包括股票、债券、货币市场工具但无明确的主要投资方向的私募证券投资基金。		中基协《有关私募投资基金"业务类型/基金类型"和"产品类型"的说明》

续表

合规事项 依据	相关规定内容	相关规定 名称
	期货及其他衍生品类基金，是指根据合同约定的投资范围，主要投资于期货、期权及其他金融衍生产品、现金的私募证券投资基金。 并购基金，是指主要对处于重建期企业的存量股权展开收购的私募股权基金。 房地产基金，是指从事一级房地产项目开发的私募基金，包括采用夹层方式进行投资的房地产基金。 基础设施基金，是指投资于基础设施项目的私募基金，包括采用夹层方式进行投资的基础设施基金。 上市公司定增基金，是指主要投资于上市公司定向增发的私募股权投资基金。 红酒艺术品等商品基金，是指以艺术品、红酒等商品为投资对象的私募投资基金。	

4.基金组织架构

根据中基协目前针对基金产品的定义，私募基金是指在中国境内以非公开方式向投资者募集资金设立的投资基金，包括契约型基金、资产由基金管理人或者普通合伙人管理的以投资活动为目的设立的公司或者合伙企业。故目前私募基金主要由以上三种形式设立。相较于公司型、合伙企业型基金，契约型基金不具备法律实体地位，各方主体之间通过协议约定明确权利义务。现拟从现行有效法律规定、自律规则针对不同类型私募基金产品的要求出发，从设立、募集、管理及退出等方面将公司型、合伙企业型以及契约型基金产品的特点对比如下：

（1）基金设立

契约型基金通过基金协议设立，不具备独立的民事主体资格，其无需完成工商设立登记。契约型基金的这一特点可使得契约型基金的设立不受目前相关工商主管机关严控投资管理类企业设立的限制，但同时，因契约型基金不具备民事主体资格，故在进行对外股权投资时，基金管理人通常会代契约型基金作为被投资企业的股东完成工商登记，造成基金财产被基金管理人代持的客观事实，从而引发一定风险，不同类型基金设立要素对比分析参见表3-4：

表3-4 不同类型基金设立要素对比分析

所处阶段	事项	契约型私募基金	合伙企业型私募基金	公司型私募基金
基金设立	主要适用法律法规及有关规定	《私募管理办法》《证券投资基金法》	《私募管理办法》《证券投资基金法》《合伙企业法》	《私募管理办法》《证券投资基金法》《公司法》
	组织形式	契约制	合伙企业制	公司制
	是否具备法人资格	无民事主体资格	非法人组织	法人组织
	名称	契约型私募投资基金名称应当简单明了，列明私募投资基金管理人全称或能清晰代表私募投资基金管理人名称的简称	—	—
	是否需完成工商设立登记	否	是	是
	基金成立日	托管人开具的资金到账通知书所载日期	基金合同签署日或投资者对基金首轮实缴款到位时间	基金合同签署日或投资者对基金首轮实缴款到位时间

（2）基金募集

在基金募集方面，契约型基金与合伙企业型基金、公司型基金在投资者人数、是否穿透核查、能否扩募、募集完毕的认定等方面也存在差异，不同类型基金募集要素对比分析参见表3-5：

表 3-5　不同类型基金募集要素对比分析

所处阶段	事项	契约型私募基金	合伙企业型私募基金	公司型私募基金
基金募集	能否扩募（封闭运作）	否	在满足一定条件时，可以新增投资者或增加既存投资者的认缴出资，但增加的认缴出资额不得超过备案时认缴出资额的3倍。	同合伙企业型私募基金
	单只基金人数上限/募集范围	1.投资人数量 投资人不得超过200人。 2.穿透核查要求 以合伙企业等非法人形式投资私募投资基金的，募集机构应当穿透核查最终投资者是否为合格投资者，并合并计算投资者人数。投资者为依法备案的资产管理产品的，不再穿透核查最终投资者是否为合格投资者和合并计算投资者人数。	1.投资人数量 合伙企业的合伙人2人以上、50人以下，包括负责管理基金事务的普通合伙人。 2.穿透核查要求 以合伙企业等非法人形式投资私募投资基金的，募集机构应当穿透核查最终投资者是否为合格投资者，并合并计算投资者人数。投资者为依法备案的资产管理产品的，不再穿透核查最终投资者是否为合格投资者和合并计算投资者人数。	有限责任公司的股东不得超过50人、股份公司的股东不得超过200人
	对于募集完毕的认定	已认购契约型私募投资基金的投资者均签署基金合同，且相应认购款已进入基金托管账户（基金财产账户）。	已认缴合伙企业型私募投资基金的投资者均签署公司章程或合伙协议并进行工商确权登记，均已完成不低于100万元的首轮实缴出资且实缴资金已进入基金财产账户。	同合伙企业型私募基金
	明示基金信息	契约型私募投资基金份额的初始募集面值应当为人民币1元，在基金成立后至到期日前不得擅自改变。	—	—

续表

所处阶段	事　项	契约型私募基金	合伙企业型私募基金	公司型私募基金
	风险揭示书中披露内容的差异	契约型私募投资基金管理人股权代持应当作为特殊风险在风险揭示书中提示。	—	—
	是否必须托管	契约型私募投资基金应当由依法设立并取得基金托管资格的托管人托管，基金合同约定设置能够切实履行安全保管基金财产职责的基金份额持有人大会日常机构或基金受托人委员会等制度安排的除外。	无特殊要求。但私募投资基金通过合伙企业、公司等特殊目的载体间接投资底层资产的，应当由依法设立并取得基金托管资格的托管人托管。	同合伙企业型私募基金

第一，根据《备案须知》，契约型基金募集完毕系指"投资者均签署基金合同，且相应认购款已进入基金托管账户（基金财产账户）"，故契约型基金需在全体投资人均完成出资义务后才认定为募集完毕，方能申请基金产品备案。

第二，尽管《备案须知》规定，基金合同约定设置能够切实履行安全保管基金财产职责的基金份额持有人大会日常机构或基金受托人委员会的，契约型私募投资基金可以不进行托管，但是根据中基协在有关《备案须知》解读的培训中解释，我们认为，在实务中，监管部门还是按照契约型基金均需委托基金托管人的口径进行风险控制。

此外，根据最新的实务经验，目前绝大部分商业银行在开展私募基金托管业务时都非常谨慎，并且提出了"存在自然人投资者即不接受托管""基金管理机构为民营企业即不接受托管"等限制要求，故在设立基金产品时，需就是否托管等情况进行提前考虑。

（3）基金管理

基金成立后，基金管理人需担负起相应的基金管理责任以开展基金具体经营与投资活动。在如何对投资事项进行决策，如何划分权责范围、税收承担方式等方面，契约型基金和合伙企业型基金、公司型基金管理要素对比分析参见表3-6：

表3-6 契约型基金和合伙企业型基金、公司型基金管理要素对比分析

所处阶段	事项	契约型私募基金	合伙企业型私募基金	公司型私募基金
基金管理	基金管理人的责任	管理人按照基金合同约定承担责任。	除作为基金管理人承担基金管理义务外，如同时为合伙企业普通合伙人的，需作为普通合伙人承担无限连带责任；如为合伙企业的执行事务合伙人的，需承担合伙事务执行义务。	按照认缴出资额承担有限责任，并承担相应的基金管理义务。
	运营依据	基金合同	合伙协议	公司章程
	内部治理结构不同	由基金管理人负责基金投资运营，投资人一般通过基金份额持有人大会行使重大事项的表决权；保险资金股权投资采取契约型的，应当建立受益人大会。	由执行事务合伙人负责基金的投资运营。投资人作为有限合伙人不执行合伙事务，通常设立投资决策委员会对基金投资、退出方案进行决策；保险资金股权投资基金采取合伙企业型的，应当建立投资顾问委员会。	股东会为最高权力机构，董事由股东会推选并行使基金的经营决策权。投资人通过股东会行使重大事项的表决权；保险资金股权投资基金采取公司型的，应当建立独立董事制度。
	指引文件	《私募投资基金合同指引1号》（契约型私募基金合同内容与格式指引）	《私募投资基金合同指引3号》（合伙协议必备条款指引）	《私募投资基金合同指引2号》（公司章程必备条款指引）

续表

所处阶段	事项	契约型私募基金	合伙企业型私募基金	公司型私募基金
	前置工商登记和投资者确权	—	公司型或合伙企业型私募投资基金设立或发生登记事项变更的，应当按照《公司法》或《合伙企业法》规定的程序和期限要求，向工商登记机关申请办理登记或变更登记	同合伙企业型私募基金
	税收缴纳	投资者自行就其投资所得申报纳税	合伙企业为个人投资者代扣代缴个人所得税	缴纳企业所得税，为个人投资者代扣代缴个人所得税

（4）基金投资

"三类股东"系指契约型私募基金、资产管理计划、信托计划。契约型私募基金参与 pre-IPO 项目的投资，可能会对项目上市造成障碍，原因如下：企业在 IPO 申报过程中，可能因"三类股东"的存续期到期、份额或收益权转让等造成股权变动，易引发监管部门对发行人的股权结构是否清晰、发行人的股权结构是否稳定产生质疑。根据《首发业务若干问题解答》《上海证券交易所科创板股票发行上市审核问答（二）》，发行人在全国股份转让系统挂牌期间形成"三类股东"持有发行人股份的，中介机构和发行人应核查披露相关信息。但此仅对拟上市企业新三板期间形成"三类股东"持有发行人股份的情况明确了监管口径及相关核查要求，对于其他企业存在"三类股东"的监管政策暂未明确。因此若契约型私募基金拟投 pre-IPO 项目，可能对项目的上市造成障碍。

（5）基金退出

契约型私募基金、合伙企业型私募基金和公司型私募基金在清算、注销时的差异参见表3-7：

表 3-7 契约型私募基金、合伙企业型私募基金和公司型私募基金在清算、注销时的差异

所处阶段	事项	契约型私募基金	合伙企业型私募基金	公司型私募基金
基金退出	清算小组构成	私募基金财产清算小组成员由私募基金管理人和私募基金托管人组成。	根据《合伙企业法》规定，清算人由全体合伙人担任；经全体合伙人过半数同意，可以自合伙企业解散事由出现后15日内指定一个或者数个合伙人，或者委托第三人，担任清算人。	根据《公司法》规定，有限责任公司的清算组由股东组成，股份有限公司的清算组由董事或者股东大会确定的人员组成。逾期不成立清算组进行清算的，债权人可以申请人民法院指定有关人员组成清算组进行清算。
	注销	—	根据《合伙企业法》第九十条，清算结束，清算人应当编制清算报告，经全体合伙人签名、盖章后，在15日内向企业登记机关报送清算报告，申请办理合伙企业注销登记。	根据《公司法》第一百八十八条，公司清算结束后，清算组应当制作清算报告，报股东会、股东大会或者人民法院确认，并报送公司登记机关，申请注销公司登记，公告公司终止。

此外，除上述表格中列明的自行清算方式外，我国现行有效法律法规针对公司、合伙企业陷入僵局时的强制清算进行了规定，具体为：

①关于公司的强制清算规定

《最高人民法院关于适用〈中华人民共和国公司法〉若干问题的规定（二）》（2014年修正）第七条规定，"公司应当依照公司法第一百八十三条的规定，在解散事由出现之日起十五日内成立清算组，开始自行清算。有下列情形之一，债权人申请人民法院指定清算组进行清算的，人民法院应予受理：（一）公司解散逾期不成立清算组进行清算的；（二）虽然成立清算组但故意拖延清算的；（三）违法清算可能严重损害债权人或者股东利益的。具有本条第二款所列情形，而债权人未提起清算申请，公司股东申请人民法院指定清算组对公司进行清算的，人民法院应予受理"。该规定第十五条第一款确认，"公司自行清算的，清算方案应当报股东会或者股东大会决议确认；人民法院组织清算的，清算方案应当报人民法院确认。未经确认的清算方案，清算组不得执行"。

②关于合伙企业的强制清算规定

根据《合伙企业法》第八十六条第三款规定，自合伙企业解散事由出现之日起15日内未确定清算人的，合伙人或者其他利害关系人可以申请人民法院指定清算人。

除以上情形外，实践中，导致公司或合伙企业强制清算的事由还有清算方案、清算报告等事项无法获得股东会、合伙人大会通过，即出现"自行清算僵局"。北京最高人民法院在《关于审理公司强制清算案件操作规范（试行）》（2009年11月9日发布）中，将"自行清算出现僵局，无法作出有效决定的"列为强制清算的一项理由。但对于契约型私募基金陷入僵局时如何启动强制清算程序，目前并没有明确规定。在实务中，契约型私募基金的解散可视为基金合同的解除，投资人可通过提起基金合同解除之诉达到解散契约型私募基金，分配基金财产的目的。

③关于公司型基金或合伙企业型基金的注销规定

根据《公司法》第一百八十八条规定，公司清算结束后，清算组应当制作清算报告，报股东会、股东大会或者人民法院确认，并报送公司登记机关，申请注销公司登记，公告公司终止。

根据《合伙企业法》第九十条规定，清算结束，清算人应当编制清算报告，经全体合伙人签名、盖章后，在15日内向企业登记机关报送清算报告，申请办理合伙企业注销登记。

此外，根据原工商总局于2016年12月发布的《关于全面推进企业简易注销登记改革的指导意见》相关规定，人民法院裁定强制清算或裁定宣告破产的，有关企业清算组、企业管理人可持人民法院终结强制清算程序的裁定或终结破产程序的裁定，向被强制清算人或破产人的原登记机关申请办理简易注销登记。工商主管部门在该文件中将强制清算程序与简易注销登记程序进行衔接，简化登记程序，提高了登记效率。

5.基金规模与封闭运作

首先，就监管层面目前并未对基金规模提出具体要求。但中基协明确，若基金规模具有下述情形，中基协将在私募基金的公示信息中作持续提示：存续规模低于500万元；实缴比例低于认缴规模20%；个别投资者未履行首轮实缴义务。

实务中存在部分省市工商主管部门对股权投资企业设定认缴出资要求的情形，如四川省。故在设立基金产品之前，建议提前与注册地工商主管部门沟通确认其针对股权投资企业的认缴出资、实缴出资具体要求。

表3-8 基金规模的相关规定内容及规定名称

合规事项名称	相关规定内容	相关规定名称
基金规模	（二十七）【信息公示】私募投资基金备案后，协会将通过信息公示平台公示私募投资基金基本情况。对于存续规模低于500万元，或实缴比例低于认缴规模20%，或个别投资者未履行首轮实缴义务的私募投资基金，在上述情形消除前，协会将在公示信息中持续提示。	《备案须知》

其次，在实务中，基金规模存在计划募集规模、实际募集规模以及实际实缴规模等不同概念。针对合伙企业型和公司型私募基金，实际募集规模

即体现为该基金产品的注册资本或认缴出资份额。如后续拟扩大实际募集规模，则需满足《备案须知》中关于基金规模及封闭运作要求的相关规定，具体依据参见表3-9：

表3-9 基金规模及封闭运作相关规定内容及规定名称

合规事项名称	相关规定内容	相关规定名称
基金规模及封闭运作	封闭运作要求	（十一）私募股权投资基金（含创业投资基金，下同）和私募资产配置基金应当封闭运作，备案完成后不得开放认/申购（认缴）和赎回（退出），基金封闭运作期间的分红、退出投资项目减资、对违约投资者除名或替换以及基金份额转让不在此列。已备案通过的私募股权投资基金或私募资产配置基金，若同时满足以下条件，可以新增投资者或增加既存投资者的认缴出资，但增加的认缴出资额不得超过备案时认缴出资额的3倍： 1. 基金的组织形式为公司型或合伙型； 2. 基金由依法设立并取得基金托管资格的托管人托管； 3. 基金处在合同约定的投资期内； 4. 基金进行组合投资，投资于单一标的的资金不超过基金最终认缴出资总额的50%； 5. 经全体投资者一致同意或经全体投资者认可的决策机制决策通过。	《备案须知》
		二、私募资产配置基金合同应当约定合理的募集期，且自募集期结束后的存续期不少于两年。私募资产配置基金存续期内，应当封闭运作。	《问题解答（十五）》

根据上述规定，契约型基金产品不存在后续扩募的空间。

6. 实缴出资安排

根据《备案须知》规定，中基协针对契约型、公司型以及合伙企业型私募投资基金作出了不同的要求，分别为：契约型私募投资基金在备案前，其投资者均应签署基金合同，且相应认购款已进入基金托管账户。故对契约型私募投资基金而言，全部投资者均应一次性实缴出资完成。公司型或合伙企业型私募投资基金的投资者在备案前应均已完成不低于100万元的首轮实缴出资，后续实缴出资安排可在合伙协议或公司章程中约定。管理人及其员工、社会保障资金、政府引导基金、企业年金等养老基金、慈善基金等社会公益基金的首轮实缴出资要求及出资安排可在其章程或合伙协议中约定。

以上为中基协作出的有关私募基金投资者实缴出资的要求。除此之外，有关基金实缴出资安排多由基金管理人与投资者协商确认，通常根据基金对外项目投资进程安排，实践中为充分提高出资款的利用效率，投资者会要求在上一轮实缴出资金额使用率达到70%（或双方协商的其他比例）后再履行下一次实缴出资义务。

7. 基金存续期限

基金存续期限即基金自成立之日起至约定的解散之日止的期限。在实务中，比较常见的情形为将基金成立之日界定为基金完成工商登记注册之日（指公司型或合伙企业型基金），基金约定的解散之日即为在工商主管机关登记的到期日，即将基金作为商事主体的存续期间与基金存续期间混同。该等设定无形当中会缩短基金的实际存续期限，或导致后续需延长工商登记期限。并且该等概念的混同使用可能会导致后续进行管理费用计提时产生争议，比如，基金管理人计提管理费用的起算期是什么时点以及计算期间如何确认等。为此我们通常建议，在概念中将基金存续期间与基金工商登记存续期限进行厘清，后者期限通常长于前者期限，这样才符合基金在解散后还需时间完成工商层面清算、注销等客观要求。

中基协在AMBERS系统中对基金成立日的界定为：（1）本基金组织形式为契约型的，基金成立日证明应为托管人开具的资金到账通知书时间。（2）本基金组织形式为合伙型或公司型的，基金成立日证明应以基金合同签署日期或投资者对本基金首轮实缴款到位时间为准。通过该等界定我们可看出，中基协并未将基金成立日与公司型、合伙企业型基金产品的工商登记注册日相挂钩，在实际进行AMBERS系统填报中，也应该根据该等界定内容进行成立日期填报并提交相应证明材料。

关于基金存续期间，中基协在《备案须知》中规定，私募股权投资基金和私募资产配置基金约定的存续期不得少于5年，鼓励管理人设立存续期在7年及以上的私募股权投资基金。在实务中，通常基金合同不仅会约定基金的存续期间，还会对基金投资期、退出期限进行约定，就基金能否延长投资期、能否延长退出期、能否提前到期以及相应的决策机制进行约定，以对基金存续期间根据实际情况进行灵活调适。既然基金存续期间与基金工商登记存续期限存在概念上的差异，故在设定基金提前到期的条件时，还需充分结合基金的特点进行设定，而不仅仅是就《公司法》《合伙企业法》中有关提前解散的规定进行套用，例如，将基金管理人发生异常且无法履行管理职责时设定为提前解散的条件等。

我们同时注意到财政部和发改委针对政府投资基金的存续期间也提出了相关要求，大致为：政府投资基金一般在存续期满后即告终止；如需延长，应当报经同级政府批准和基金设立批准部门同意。同时，部分省市也会对政府投资基金的基金存续期限作出规定，基金管理人需根据实际情况确认基金存续期限，并将其在基金协议中进行落实。

关于基金存续期限的相关合规依据参见表3-10：

表3-10 关于基金存续期限的相关合规依据

合规事项名称	相关规定内容	相关规定名称
基金存续期限	私募投资基金存续期要求	（十七）私募投资基金应当约定明确的存续期。私募股权投资基金和私募资产配置基金约定的存续期不得少于5年，鼓励管理人设立存续期在7年及以上的私募股权投资基金。	《备案须知》

续表

合规事项名称	相关规定内容	相关规定名称
政府投资基金存续期要求	第十七条　政府投资基金一般应当在存续期满后终止。确需延长存续期限的，应当报经同级政府批准后，与其他出资方按章程约定的程序办理。	《政府投资基金管理办法》
	第二十九条　基金一般应在存续期满后终止，确需延长存续期的，应报经政府基金设立批准部门同意后，与其他投资方按约定办理。	《政府出资产业投资基金管理办法》

（二）治理结构

私募基金产品根据公司型、合伙企业型以及契约型的不同划分涉及的治理结构也不同。

公司型基金需根据《公司法》等商事法律的规定，建立股东（大）会、设立董事会（执行董事）及高级管理人员，并根据法律规定设定权限及职责等。公司型基金基于内部治理机制的设置，为投资者参与基金投资活动提供了明确的依据，投资者可以通过推荐董事成员、高级管理人员及作为股东参与基金经营活动；鉴于《公司法》多为效力性强制规定，基金协议（主要指出资人协议、章程等）需符合前述规定，否则可能存在效力瑕疵。公司型基金产品通常通过委托管理等方式确认基金管理人的管理权限，在公司型基金由于《公司法》的安排本身存在内部治理机构的情况下，将面临基金管理人履行投资管理职责与基金内部治理机构的履职协调问题。

合伙企业型基金产品需根据《合伙企业法》等规定，适当设置合伙人会议职权及表决程序、普通合伙人及有限合伙人的权限等。合伙企业型基金产品，通常基金管理人为其普通合伙人（执行事务合伙人）。根据目前监管要求，如普通合伙人并非基金管理人的，则该普通合伙人需与管理人具备关联关系，该等要求主要是出于避免基金管理人借通道等；此外，在目前双管理人模式被中基协叫停的情况下，双GP（双普通合伙人）的模式涌现，双GP模式下的商业合理性为中基协的重点审核方向。

目前，契约型基金缺乏成熟的法律体系，其治理结构主要依靠基金协议约定，更为灵活，相应地，投资者对管理机构监督的难度更大。中基协发布了《私募投资基金合同指引1号》（契约型私募基金合同内容与格式指引）为契约型基金产品的协议设定提供参考。

需提请注意的是，虽然法律法规、自律规则或者中基协发布的《私募投资基金合同指引》中并不存在有关专业委员会（如立项委员会、风险控制委员会、投资评审委员会或投资决策委员会）设置的强制性规定，但根据行业惯例，在投资者有监督诉求的情况下，在基金层面设置专门的委员会为常见的操作方式。专业委员会将与基金其他机构共同构成基金治理结构。

关于中基协针对基金治理结构的相关合规依据参见表3-11：

表3-11 关于中基协针对基金治理结构的相关合规依据

合规事项名称		相关规定内容	相关规定名称
基金治理结构及决策机制	公司型	（五）【股东（大）会】章程应列明股东（大）会的职权、召集程序及议事规则等。 （六）【高级管理人员】章程应列明董事会或执行董事、监事（会）及其他高级管理人员的产生办法、职权、召集程序、任期及议事规则等。 （七）【投资事项】章程应列明本公司型基金的投资范围、投资策略、投资运作方式、投资限制、投资决策程序、关联方认定标准及对关联方投资的回避制度、投资后对被投资企业的持续监控、投资风险防范、投资退出等。 （八）【管理方式】公司型基金可以采取自我管理，也可以委托其他私募基金管理机构管理。采取自我管理方式的，章程中应当明确管理架构和投资决策	《私募投资基金合同指引2号》（公司章程必备条款指引）

续表

合规事项名称	相关规定内容	相关规定名称
	程序；采取委托管理方式的，章程中应当明确管理人的名称，并列名管理人的权限及管理费的计算和支付方式。	
合伙企业型	（三）【合伙人的权利义务】合伙协议应列明有限合伙人与普通合伙人的基本权利和义务。 （四）【执行事务合伙人】合伙协议应约定由普通合伙人担任执行事务合伙人，执行事务合伙人有权对合伙企业的财产进行投资、管理、运用和处置，并接受其他普通合伙人和有限合伙人的监督。合伙协议应列明执行事务合伙人应具备的条件及选择程序、执行事务合伙人的权限及违约处理办法、执行事务合伙人的除名条件和更换程序，同时可以对执行事务合伙人执行事务的报酬（包括绩效分成）及报酬提取方式、利益冲突及关联交易等事项做出约定。 （五）【有限合伙人】有限合伙人不执行合伙事务，不得对外代表合伙企业。但有限合伙人的下列行为，不视为执行合伙事务： 1. 参与决定普通合伙人入伙、退伙； 2. 对企业的经营管理提出建议； 3. 参与选择承办合伙企业审计业务的会计师事务所； 4. 获取经审计的合伙企业财务会计报告； 5. 对涉及自身利益的情况，查阅合伙企业财务会计账簿等财务资料； 6. 在合伙企业中的利益受到侵害时，向有责任的合伙人主张权利或者提起诉讼； 7. 执行事务合伙人怠于行使权利时，督促其行使权利或者为了合伙企业的利益以自己的名义提起诉讼； 8. 依法为合伙企业提供担保。 合伙协议可以对有限合伙人的权限及违约处理办法做出约定，但是不得做出有限合伙人以任何直接或间接方式，参与或变相参与超出前款规定的八种不视为执行合伙事务行为的约定。	《私募投资基金合同指引3号》（合伙协议必备条款指引）

续表

合规事项名称	相关规定内容	相关规定名称
	（六）【合伙人会议】合伙协议应列明合伙人会议的召开条件、程序及表决方式等内容。 （七）【管理方式】合伙型基金的管理人可以是合伙企业执行事务合伙人，也可以委托给其他私募基金管理机构。合伙协议中应明确管理人和管理方式，并列明管理人的权限及管理费的计算和支付方式。	
契约型	第二十条　根据《私募办法》及其他有关规定订明私募基金管理人的权利，包括但不限于： （一）按照基金合同约定，独立管理和运用基金财产； （二）按照基金合同约定，及时、足额获得私募基金管理人管理费用及业绩报酬（如有）； （三）按照有关规定和基金合同约定行使因基金财产投资所产生的权利； （四）根据基金合同及其他有关规定，监督私募基金托管人，对于私募基金托管人违反基金合同或有关法律法规规定、对基金财产及其他当事人的利益造成重大损失的，应当及时采取措施制止； （五）私募基金管理人为保护投资者权益，可以在法律法规规定范围内，根据市场情况对本基金的认购、申购业务规则（包括但不限于基金总规模、单个基金投资者首次认购、申购金额、每次申购金额及持有的本基金总金额限制等）进行调整； （六）以私募基金管理人的名义，代表私募基金与其他第三方签署基金投资相关协议文件、行使诉讼权利或者实施其他法律行为。 第二十二条　存在两个以上（含两个）管理人共同管理私募基金的，所有管理人对投资者承担连带责任。管理人之间的责任划分由基金合同进行约定，合同未约定或约定不清的，各管理人按过错承担相应的责任。 第二十三条　投资顾问的条件和遴选程序，应符合法律法规和行业自律规则的规定和要求。基金合同	《私募投资基金合同指引1号》（契约型私募基金合同内容与格式指引）

续表

合规事项名称	相关规定内容	相关规定名称
	中已订明投资顾问的，应列明因私募基金管理人聘请投资顾问对基金合同各方当事人权利义务产生影响的情况。私募基金运作期间，私募基金管理人提请聘用、更换投资顾问或调整投资顾问报酬的，应取得基金份额持有人大会的同意。 第二十八条　列明应当召开基金份额持有人大会的情形，并订明其他可能对基金份额持有人权利义务产生重大影响需要召开基金份额持有人大会的情形： （一）决定延长基金合同期限； （二）决定修改基金合同的重要内容或者提前终止基金合同； （三）决定更换基金管理人、基金托管人； （四）决定调整基金管理人、基金托管人的报酬标准； （五）基金合同约定的其他情形。 针对前款所列事项，基金份额持有人以书面形式一致表示同意的，可以不召开基金份额持有人大会直接作出决议，并由全体基金份额持有人在决议文件上签名、盖章。 第二十九条　按照基金合同的约定，基金份额持有人大会可以设立日常机构，行使下列职权： （一）召集基金份额持有人大会； （二）提请更换基金管理人、基金托管人； （三）监督基金管理人的投资运作、基金托管人的托管活动； （四）提请调整基金管理人、基金托管人的报酬标准； （五）基金合同约定的其他职权。 第三十条　基金份额持有人大会日常机构应当由基金份额持有人大会选举产生。基金份额持有人大会日常机构的人员构成和更换程序应由基金合同约定。	

（三）基金托管安排

1.基金托管要求

中基协针对私募基金产品是否需进行托管，经历了以下变革：

2014年发布的《私募管理办法》规定，除基金合同另有约定外，私募基金应当由基金托管人托管。基金合同约定私募基金不进行托管的，应当在基金合同中明确保障私募基金财产安全的制度措施和纠纷解决机制。该等规定明确了私募投资基金以托管为原则，不托管为例外的要求，为私募基金不进行托管留出了操作空间。

《备案须知》规定，契约型私募投资基金应当由依法设立并取得基金托管资格的托管人托管，基金合同约定设置能够切实履行安全保管基金财产职责的基金份额持有人大会日常机构或基金受托人委员会等制度安排的除外。私募资产配置基金应当由依法设立并取得基金托管资格的托管人托管。私募投资基金通过公司、合伙企业等特殊目的载体间接投资底层资产的，应当由依法设立并取得基金托管资格的托管人托管（注：经中基协确认，此处仅指对应的私募投资基金应当进行托管，该等特殊目的载体是否进行托管需视基金托管机构要求而定）。此外，根据《备案须知》，存在后续扩募需求的私募股权投资基金、创业投资基金应当进行托管。故实际上，至《备案须知》出台，中基协针对私募投资基金托管的要求趋严。

另，根据《政府投资基金管理办法》《政府出资产业投资基金管理办法》的相关规定，政府投资基金、政府出资产业投资基金应当托管。

2.基金托管人职责之争

证监会、中基协以及中国银行业协会对于私募基金托管机构的职责范围认定存在不同的标准。根据《证券投资基金法》的相关规定，私募基金托管人需履行的职责包括："安全保管基金财产；按照规定开设基金财产的资金账户和证券账户；对所托管的不同基金财产分别设置账户，确保基金财产的完整与独立；保存基金托管业务活动的记录、账册、报表和其他相关资料；按照基金合同的约定，根据基金管理人的投资指令，及时办理清算、交割事宜；办理与基金托管业务活动有关的信息披露事项；对基金财务会计报告、中期和年度基金报告出具意见；复核、审查基金管理人计算的基金资产净值和基金份额申购、赎回价格；按照规定召集基金份额持有人大会；按照规定监督基金管理人的投资运作；国务院证券监督管理机构规定的其他职责。"中基协在《备案须知》中明确，私募投资基金托管人应当严格履行《证券投资基金法》第三章规定的法定职责，不得通过合同约定免除其法定职责。基金合同和托管协议应当按照《证券投资基金法》《私募管理办法》等法律法规和自律规则明确约定托管人的权利义务、职责。在管理人发生异常且无法履行管理职责时，托管人应当按照法律法规及合同约定履行托管职责，维护投资者合法权益。托管人在监督管理人的投资运作过程中，发现管理人的投资或清算指令违反法律法规和自律规则以及合同约定的，应当拒绝执行，并向证监会和协会报告。

根据中国银行业协会发布的《商业银行资产托管业务指引》，托管银行应与管理人明确职责分工，合理界定托管职责，根据法律法规规定和托管合同约定，分别履行职责和义务；托管机构的职责主要包括资产保管、资金清算、核算估值、投资运作监督、信息披露、独立建账、资料保管等。据此，中国银行业协会针对托管银行的相关职责做了相对宽松的界定。

中基协一度强化基金托管的要求与托管机构自身业务风险防控的诉求冲突，对实务中私募基金架构设计以及备案造成了较大影响。

3.基金托管资质

根据《证券投资基金法》的规定，基金托管人由依法设立的商业银行或者其他金融机构担任。商业银行担任基金托管人的，由国务院证券监督管理机构会同国务院银行业监督管理机构核准；其他金融机构担任基金托管人的，由国务院证券监督管理机构核准。目前国内具有基金托管人资质的机构有40余家，大部分是银行和券商。

表3-12 基金是否托管的相关规定内容和规定名称

合规事项名称		相关规定内容	相关规定名称
基金是否托管	须托管的情形	第十五条 政府投资基金应选择在中国境内设立的商业银行进行托管。托管银行依据托管协议负责账户管理、资金清算、资产保管等事务，对投资活动实施动态监管。	《政府投资基金管理办法》
		第二十一条 基金应将基金资产委托给在中国境内设立的商业银行进行托管。基金与托管人签订托管协议，托管人按照协议约定对基金托管专户进行管理。政府出资产业投资基金托管人履行下列职责： （一）安全保管所托管基金的全部资产； （二）执行基金管理人发出的投资指令，负责基金名下的资金往来； （三）依据托管协议，发现基金管理人违反国家法律法规、基金公司章程或基金董事会（持有人大会）决议的，不予执行； （四）出具基金托管报告，向基金董事会（持有人大会）报告并向主管部门提交年度报告； （五）基金公司章程、基金托管协议中规定的其他职责。	《政府出资产业投资基金管理办法》
		私募投资基金通过公司、合伙企业等特殊目的载体间接投资底层资产的，应当由依法设立并取得基金托管资格的托管人托管。	《备案须知》
	不托管的条件	第二十一条 除基金合同另有约定外，私募基金应当由基金托管人托管。 基金合同约定私募基金不进行托管的，应当在基金合同中明确保障私募基金财产安全的制度措施和纠纷解决机制。	《私募管理办法》

续表

合规事项名称	相关规定内容	相关规定名称
	契约型私募投资基金应当由依法设立并取得基金托管资格的托管人托管，基金合同约定设置能够切实履行安全保管基金财产职责的基金份额持有人大会日常机构或基金受托人委员会等制度安排的除外。私募资产配置基金应当由依法设立并取得基金托管资格的托管人托管。	《备案须知》
托管人的资格要求	第三十二条　基金托管人由依法设立的商业银行或者其他金融机构担任。 商业银行担任基金托管人的，由国务院证券监督管理机构会同国务院银行业监督管理机构核准；其他金融机构担任基金托管人的，由国务院证券监督管理机构核准。	《证券投资基金法》
私募基金托管人的禁止性条件	第三十五条　基金托管人与基金管理人不得为同一机构，不得相互出资或者持有股份。	《证券投资基金法》
	第十六条　【基金服务与托管隔离】私募基金托管人不得被委托担任同一私募基金的服务机构，除该托管人能够将其托管职能和基金服务职能进行分离，恰当的识别、管理、监控潜在的利益冲突，并披露给投资者。	《私募投资基金服务业务管理办法（试行）》
托管人职责	第三十六条　基金托管人应当履行下列职责： （一）安全保管基金财产； （二）按照规定开设基金财产的资金账户和证券账户； （三）对所托管的不同基金财产分别设置账户，确保基金财产的完整与独立； （四）保存基金托管业务活动的记录、账册、报表和其他相关资料； （五）按照基金合同的约定，根据基金管理人的投资指令，及时办理清算、交割事宜； （六）办理与基金托管业务活动有关的信息披露事项； （七）对基金财务会计报告、中期和年度基金报告出具意见；	《证券投资基金法》

续表

合规事项名称	相关规定内容	相关规定名称
	（八）复核、审查基金管理人计算的基金资产净值和基金份额申购、赎回价格； （九）按照规定召集基金份额持有人大会； （十）按照规定监督基金管理人的投资运作； （十一）国务院证券监督管理机构规定的其他职责。	
	（四）【托管要求】私募投资基金托管人（以下简称"托管人"）应当严格履行《证券投资基金法》第三章规定的法定职责，不得通过合同约定免除其法定职责。基金合同和托管协议应当按照《证券投资基金法》《私募投资基金监督管理暂行办法》等法律法规和自律规则明确约定托管人的权利义务、职责。在管理人发生异常且无法履行管理职责时，托管人应当按照法律法规及合同约定履行托管职责，维护投资者合法权益。托管人在监督管理人的投资运作过程中，发现管理人的投资或清算指令违反法律法规和自律规则以及合同约定的，应当拒绝执行，并向中国证券监督管理委员会和协会报告。	《备案须知》

（四）投资范围

本投资范围主要围绕私募投资基金的投资范围要求、禁止投资范围以及限制投资范围进行阐述，其中涉及监管维度包括：证监会及中基协的行业监管体系、发改委及财政部关于政府投资基金的监管体系，具体如下：

1. 私募投资基金应投资范围

首先，针对私募股权投资基金，中基协在《备案须知》中明确了其投资范围为："未上市企业股权、上市公司非公开发行或交易的股票、可转债、市场化和法治化债转股、股权类基金份额，以及中国证监会认可的其他资产。"针对私募证券投资基金，其投资范围主要包括"股票、债券、期货合约、期权合约、证券类基金份额以及中国证监会认可的其他资产"。

其次，根据《创投办法》，鼓励创业投资基金投资中小企业特别是中小高新技术企业，投向符合国家战略和产业政策要求、符合国家供给侧结构性改革政策要求的领域。

《政府出资产业投资基金管理办法》也明确，政府出资产业投资基金应投资于未上市企业股权，包括以法人形式设立的基础设施项目、重大工程项目等未上市企业的股权；参与上市公司定向增发、并购重组和私有化等股权交易形成的股份；经基金章程、合伙协议或基金协议明确或约定的符合国家产业政策的其他投资形式。基金闲置资金只能投资于银行存款、国债、地方政府债、政策性金融债和政府支持债券等安全性和流动性较好的固定收益类资产。

关于私募投资基金应投资范围的相关合规依据参见表3-13：

表3-13 关于私募投资基金应投资范围的相关合规依据

合规事项名称		相关规定内容	相关规定名称
基金投资范围	私募股权基金应投资范围	（三十四）【股权投资范围】私募股权投资基金的投资范围主要包括未上市企业股权、上市公司非公开发行或交易的股票、可转债、市场化和法治化债转股、股权类基金份额，以及中国证监会认可的其他资产。	《备案须知》
	私募证券基金应投资范围	（三十）私募证券投资基金的投资范围主要包括股票、债券、期货合约、期权合约、证券类基金份额以及中国证监会认可的其他资产。	

续表

合规事项名称	相关规定内容	相关规定名称
政府出资产业引导基金应投资范围	第二十五条　政府出资产业投资基金应投资于： （一）未上市企业股权，包括以法人形式设立的基础设施项目、重大工程项目等未上市企业的股权； （二）参与上市公司定向增发、并购重组和私有化等股权交易形成的股份； （三）经基金章程、合伙协议或基金协议明确或约定的符合国家产业政策的其他投资形式。 基金闲置资金只能投资于银行存款、国债、地方政府债、政策性金融债和政府支持债券等安全性和流动性较好的固定收益类资产。	《政府出资产业投资基金管理办法》

2.私募投资基金禁止或限制投资范围

私募投资基金禁止投资范围指资金投向不符合国家产业政策、环境保护政策的项目（证券市场投资除外）或者开展不符合私募基金本质的募集、投资活动。

私募投资基金的限制主要在于针对政府出资投资基金的单一标的投资范围以及私募投资基金以债权或变相债权投资方式投资于房地产价格上涨过快的城市的普通住宅地产项目。

关于私募投资基金禁止或限制投资范围的相关合规依据参见表3-14：

表3-14　关于私募投资基金禁止或限制投资范围的相关合规依据

合规事项名称		相关规定内容	相关规定名称
投资范围	私募投资基金禁止活动	（二）【不属于私募投资基金备案范围】私募投资基金不应是借（存）贷活动。下列不符合"基金"本质的募集、投资活动不属于私募投资基金备案范围： 1.变相从事金融机构信（存）贷业务的，或直接投向金融机构信贷资产；	《备案须知》

续表

合规事项名称	相关规定内容	相关规定名称
	2. 从事经常性、经营性民间借贷活动，包括但不限于通过委托贷款、信托贷款等方式从事上述活动； 3. 私募投资基金通过设置无条件刚性回购安排变相从事借（存）贷活动，基金收益不与投资标的的经营业绩或收益挂钩； 4. 投向保理资产、融资租赁资产、典当资产等《私募基金登记备案相关问题解答（七）》所提及的与私募投资基金相冲突业务的资产、股权或其收（受）益权； 5. 通过投资合伙企业、公司、资产管理产品（含私募投资基金，下同）等方式间接或变相从事上述活动。	
政府投资基金投资范围禁止	第十二条　政府投资基金在运作过程中不得从事以下业务： 1. 从事融资担保以外的担保、抵押、委托贷款等业务； 2. 投资二级市场股票、期货、房地产、证券投资基金、评级 AAA 以下的企业债、信托产品、非保本型理财产品、保险计划及其他金融衍生品； 3. 向任何第三方提供赞助、捐赠（经批准的公益性捐赠除外）； 4. 吸收或变相吸收存款，或向第三方提供贷款和资金拆借； 5. 进行承担无限连带责任的对外投资； 6. 发行信托或集合理财产品募集资金； 7. 其他国家法律法规禁止从事的业务。	《政府投资基金管理办法》
私募投资基金投资限制	第二十六条　政府出资产业投资基金对单个企业的投资额不得超过基金资产总值的20%，且不得从事下列业务： （一）名股实债等变相增加政府债务的行为； （二）公开交易类股票投资，但以并购重组为目的的除外； （三）直接或间接从事期货等衍生品交易； （四）为企业提供担保，但为被投资企业提供担保的除外； （五）承担无限责任的投资。	《政府出资产业投资基金管理办法》

续表

合规事项名称	相关规定内容	相关规定名称
	一、证券期货经营机构设立私募资产管理计划，投资于房地产价格上涨过快热点城市普通住宅地产项目的，暂不予备案，包括但不限于以下方式： （一）委托贷款； （二）嵌套投资信托计划及其他金融产品； （三）受让信托受益权及其他资产收（受）益权； （四）以名股实债的方式受让房地产开发企业股权； （五）中国证券投资基金业协会根据审慎监管原则认定的其他债权投资方式。 三、私募资产管理计划不得通过银行委托贷款、信托计划、受让资产收（受）益权等方式向房地产开发企业提供融资，用于支付土地出让价款或补充流动资金；不得直接或间接为各类机构发放首付贷等违法违规行为提供便利。	《证券期货经营机构私募资产管理计划备案管理规范第4号》

3.关于单一投资标的

虽然目前中基协鼓励私募基金进行组合投资，但对单一投资标的并不禁止（需注意，《政府出资产业投资基金管理办法》对政府出资产业投资基金投资单一标的进行限制）。但根据目前的相关规定以及实务操作经验，私募基金投向单一标的的有以下内容需特别关注：

针对《备案须知》有关私募投资基金拟扩募需满足的条件，投资单一标的的私募基金，在基金产品完成备案之后不得进行扩募；

根据实务操作经验，针对投资单一标的的私募基金，中基协要求在募集文件中充分披露单一投资标的的事实，包括但不限于在募集说明书、风险揭示书、基金协议中对单一投资标的的情况进行充分揭示，并披露产品架构图，如果披露不充分则面临反馈整改。

（五）费用及分配

基金费用通常包括基金运营费用、基金管理费用、基金托管费用（如有）等，往往基金管理费用的收取标准将与基金管理人可取得的超额收益分配比例挂钩。

特别地，财政部及相关地方政府要求建立政府投资基金绩效评价制度，按年度对基金政策目标实现程度、投资运营情况等开展评价，有效应用绩效评价结果。以四川省财政厅发布的《四川省省级产业发展投资引导基金绩效评价管理暂行办法》为例，四川省省级投资基金绩效评价结果与受托管理费、基金管理费的支付挂钩，并作为后续出资、退出让利以及实施奖罚政策的重要依据。

有关基金运营费用、基金管理费用、超额收益分配及绩效考评等合规要求如下：

1.基金运营费用

基金运营费用系指基金在存续期限内发生的相关费用，按实际发生金额作为本基金的成本列支，由基金承担，该等费用通常包括：

（1）开办费，是指基金组建、设立过程中发生的合理费用，包括筹建费用，法律、财务等专业顾问咨询费用，其中筹建费用包括但不限于工商注册登记费、印刷设计费，以及因筹建所发生的差旅费、会务费、办公费等。普通合伙人或其关联人垫付的开办费，由基金在具备支付条件后立即予以报销或返还；

（2）基金年度财务报表的审计费（包括提供审计服务发生的差旅费）；

（3）基金之财务报表及报告费用，包括制作、印刷和发送成本；

（4）合伙人会议/基金持有人大会及投资决策委员会之会务费用；

（5）信息披露费；

（6）本基金诉讼费和仲裁费等；

（7）其他未明确列出，但基金发生的，或普通合伙人为管理本基金而发生的，与本基金的业务和运营有关的费用。

在实务操作中，为控制基金运营成本，通常管理人及投资者将会协商确认基金运营成本上限，超过上限部分由基金管理人自行承担。

2.基金管理费用

目前并无相关法律文件对于基金管理费用的收取标准或方式进行规定，在实务操作中，管理费用的收取基准、收取比例以及收取时间均由各投资者进行协商确认。但需注意的是，针对政府出资基金，通常相关地方政府会通过制定相关管理办法或内部文件等方式对管理费用的收取比例进行限定；根据《私募资产管理业务运作》规定，证券期货经营机构不得对私募资产管理业务主要业务人员及相关管理团队实施过度激励。虽然该规定并不适用于私募股权投资基金，但在业务开展中仍可借鉴执行。实务中，还曾出现过基金因预留资金不足以支付基金管理费用，而逾期支付基金管理费或需对外借款完成管理费用支付的情况，为避免发生此类情形，基金管理人可提前对基金费用支出进行筹划或在协议中对后续可能的处理方式进行提前安排。

此外，针对常规的管理费用计提安排，建议对以下细节进行关注：明确基金管理费用的计取期间，即明确计取起始日及终止日；将基金管理费用的计取起始日与实际收取日进行区分，明确管理费用的收取日；对基金存续期间，发生实缴出资变更情况下的管理费收取、退还等规则进行明确；如基金管理费用是预提的，还建议对预提情况下的退还规则进行明确；如存在扩募安排的，还需对后续投资者是否需补交管理费的安排进行考虑。

基金在双GP模式下的管理费用支付/分配问题也值得关注。根据目前中基协发布的《备案须知》规定，私募投资基金的管理人不得超过一家。另一非管理人的执行事务合伙人收取管理费用则缺乏依据；根据《合伙企业法》的规定，执行事务合伙人可以收取执行事务合伙报酬，但为避免借用通道之嫌，该等执行事务合伙人收取执行事务合伙报酬的依据即需合理地安排，其参与基金事务的管理及执行也需具备合理的理由，否则可能引发中基协针对该架构模式的合理性关注。

3.超额收益分配

目前并无相关法律文件对于超额收益分配的收取标准或方式进行规定，在实务操作中，超额收益分配的基准、比例以及时间、是否设定回转安排等均由各投资者进行协商确认。针对政府投资基金，《政府投资基金管理办法》规定，原则上，对于归属政府的投资收益和利息等，除约定继续用于投资基金滚动使用外，应及时足额上缴国库；对于投资基金的亏损，政府以出资额为限承担有限责任。政府可适当让利，但不得向其他出资人承诺投资本金不受损失，不得承诺最低收益。

4.绩效评价

财政部要求建立政府投资基金绩效评价制度，按年度对基金政策目标实现程度、投资运营情况等开展评价，有效应用绩效评价结果。同时，部分省市也对政府投资基金的绩效评价做出了明确约定，例如，四川省财政厅明确，四川省投资基金绩效评价结果与受托管理费、基金管理费的支付挂钩，并作为后续出资、退出让利以及实施奖罚政策的重要依据。

基金管理人如发起设立政府投资基金的，需对该等情况进行关注，关于政府投资基金绩效评价的相关合规依据参见表3-15：

表3-15　关于政府投资基金绩效评价的相关合规依据

合规事项名称		相关规定内容	相关规定名称
收益分配规则	政府投资基金的投资分配要求	第十三条　投资基金各出资方应当按照"利益共享、风险共担"的原则，明确约定收益处理和亏损负担方式。对于归属政府的投资收益和利息等，除明确约定继续用于投资基金滚动使	《政府投资基金管理办法》

续表

合规事项名称	相关规定内容	相关规定名称
	用外，应按照财政国库管理制度有关规定及时足额上缴国库。投资基金的亏损应由出资方共同承担，政府应以出资额为限承担有限责任。为更好地发挥政府出资的引导作用，政府可适当让利，但不得向其他出资人承诺投资本金不受损失，不得承诺最低收益。国务院另有规定的除外。	
绩效评价	政府投资基金绩效评价要求	第三十条　各级财政部门应建立政府投资基金绩效评价制度，按年度对基金政策目标实现程度、投资运营情况等开展评价，有效应用绩效评价结果。	《政府投资基金管理办法》

二、基金募集流程

私募基金募集、销售行为主要受到《证券投资基金法》《证券期货投资者适当性管理办法》《私募管理办法》《募集行为管理办法》《基金募集机构投资者适当性管理实施指引（试行）》等文件的规范。中基协并据此发布了有关投资者基本信息表参考模板（自然人）、投资者基本信息表参考模板（机构）、投资者基本信息表参考模板（产品）、基金投资者风险测评问卷参考模板（个人版）、基金投资者风险测评问卷参考模板（机构版）、基金产品或者服务风险等级划分参考标准、投资者类型及风险匹配告知书及投资者确认函参考模板、风险不匹配警示函及投资者确认书参考模板、投资者转化表参考模板（专业转普通）、投资者转化表参考模板（普通转专业）等[①]作为指引文件。

---

① 有关模板文件下载网址为：https://www.amac.org.cn/businessservices_2025/mutualfundbusiness/publicSDM/zFundSales/zjBusinessRules/202005/t20200513_8805.html。

（一）基金募集流程图

根据前述与私募基金募集、销售相关的法律文件规定，私募基金管理机构开展基金募集活动需进行的完整募集流程如图3-1所示：

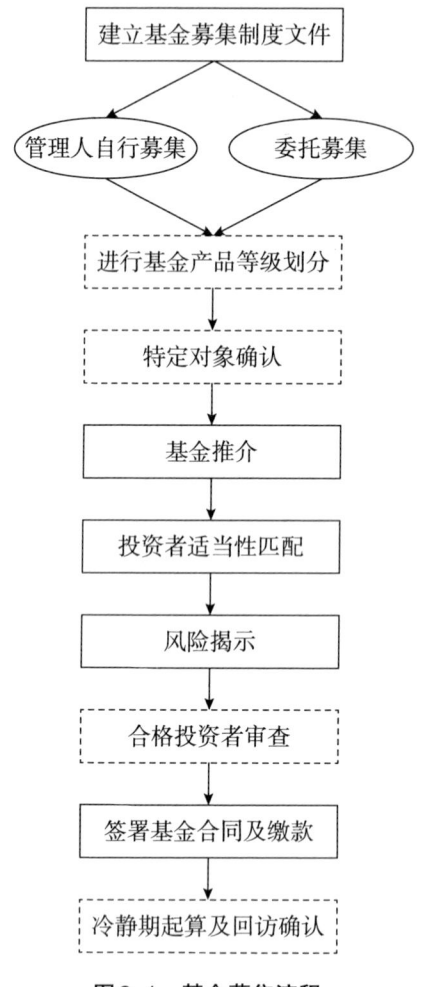

```
建立基金募集制度文件
         │
    ┌────┴────┐
管理人自行募集  委托募集
    └────┬────┘
         │
进行基金产品等级划分
         │
    特定对象确认
         │
      基金推介
         │
   投资者适当性匹配
         │
      风险揭示
         │
   合格投资者审查
         │
   签署基金合同及缴款
         │
  冷静期起算及回访确认
```

图3-1 基金募集流程

注：特定情形下，基金产品募集可以适用简易程序，不进行特定对象确认、风险评级、合格投资者确认。投资者为专业投资机构的，可以不进行投资回访。

在下面的内容中，我们将主要根据以上流程节点进行相应的合规分析。

(二)建立基金募集制度文件

1. 建立基金募集必需的制度文件

根据中基协发布的《内部控制指引》，私募基金管理机构应当制定的制度文件包括但不限于（视具体业务类型而定）运营风险控制制度、信息披露制度、机构内部交易记录制度、防范内部交易及利益冲突的投资交易制度、合格投资者风险揭示制度、合格投资者内部审核流程及相关制度、私募基金宣传推介及募集相关规范制度，以及适用于私募证券投资基金业务的公平交易制度、从业人员买卖证券申报制度等。其中涉及的募集制度文件包括合格投资者风险揭示制度、合格投资者内部审核流程及相关制度、私募基金宣传推介及募集相关规范制度等。

在实务中，这些制度文件通常会流于应付监管的表面措施，但我们认为，在目前对基金销售机构适当性义务要求趋严的情况下，私募基金管理机构应当在监管要求下按照自身实际情况制定制度文件，并对该等制度文件的执行情况留痕，以作为适当履行销售义务的证明依据。

2. 建立内部基金产品风险等级评级标准

适当性义务的核心要点即为"将适当的产品（或者服务）销售（或者提供）给适合的金融消费者"。该等义务的履行前提条件即包括对私募基金进行风险评级、对投资者进行风险评级。

目前，中基协发布了基金投资者风险测评问卷参考模板（个人版）、基金投资者风险测评问卷参考模板（机构版）、基金产品或者服务风险等级划分参考标准等文件，各私募基金管理机构仍需根据自身实际情况予以调整、完善，并据此开展私募基金风险评级、投资者风险评级等工作。关于内部基金产品风险的相关合规依据参见表3-16：

表 3-16　关于内部基金产品风险的相关合规依据

合规事项名称	相关规定内容	相关规定名称
制定基金产品或服务风险等级评价方法	第二十一条　募集机构应当自行或者委托第三方机构对私募基金进行风险评级，建立科学有效的私募基金风险评级标准和方法。 募集机构应当根据私募基金的风险类型和评级结果，向投资者推介与其风险识别能力和风险承担能力相匹配的私募基金。	《募集行为管理办法》
评定部门 委托第三方划分的程序要求以及依据	第三十六条　基金募集机构对基金产品或者服务的风险等级划分，可以由基金募集机构完成，也可以委托第三方机构提供。 委托第三方机构提供基金产品或者服务风险等级划分的，基金募集机构应当要求其提供基金产品或者服务风险等级划分方法及其说明。 基金募集机构落实适当性义务不因委托第三方而免除。	《基金募集机构投资者适当性管理实施指引（试行）》
划分方法要求	第四十二条　基金募集机构可以通过定量和定性相结合的方法对基金产品或者服务进行风险分级。 基金募集机构可以根据基金产品或者服务风险因素与风险等级的相关性，确定各项评估因素的分值和权重，建立评估分值与基金产品风险等级的对应关系。 基金募集机构通过定量分析对基金产品进行风险分级时，可以运用贝塔系数、标准差、风险在险值等风险指标体系，划分基金的期限风险、流动性风险、波动性风险等。	
风险等级类别	第三十八条　基金产品或者服务的风险等级要按照风险由低到高顺序，至少划分为：R1、R2、R3、R4、R5 五个等级。基金募集机构可以根据实际情况在前款所列等级的基础上进一步进行风险细分。	
募集机构告知义务	第三十七条　基金募集机构所使用的基金产品或者服务风险等级划分方法及其说明，通过适当途径向投资者告知	
划分要求	第十五条　经营机构应当了解所销售产品或者所提供服务的信息，根据风险特征和程度，对销售的产品或者提供的服务划分风险等级。 第十六条　划分产品或者服务风险等级时应当综合考虑以下因素：	《证券期货投资者适当性管理办法（2020年修正）》

续表

合规事项名称	相关规定内容	相关规定名称
	（一）流动性； （二）到期时限； （三）杠杆情况； （四）结构复杂性； （五）投资单位产品或者相关服务的最低金额； （六）投资方向和投资范围； （七）募集方式； （八）发行人等相关主体的信用状况； （九）同类产品或者服务过往业绩； （十）其他因素。 涉及投资组合的产品或者服务，应当按照产品或者服务整体风险等级进行评估。 第十七条　产品或者服务存在下列因素的，应当审慎评估其风险等级： （一）存在本金损失的可能性，因杠杆交易等因素容易导致本金大部分或者全部损失的产品或者服务； （二）产品或者服务的流动变现能力，因无公开交易市场、参与投资者少等因素导致难以在短期内以合理价格顺利变现的产品或者服务； （三）产品或者服务的可理解性，因结构复杂、不易估值等因素导致普通人难以理解其条款和特征的产品或者服务； （四）产品或者服务的募集方式，涉及面广、影响力大的公募产品或者相关服务； （五）产品或者服务的跨境因素，存在市场差异、适用境外法律等情形的跨境发行或者交易的产品或者服务； （六）自律组织认定的高风险产品或者服务； （七）其他有可能构成投资风险的因素。	

（三）基金募集方式

根据《募集行为管理办法》等相关文件规定，私募基金管理人除自行募集设立私募基金外，可委托已在证监会注册取得基金销售业务资格并已成为基金业协会会员的机构进行募集工作，私募基金募集人员应当具有基金从业资格。需注意的是，如涉及委托募集的，若对委托募集机构的遴选、监督不当，委托募集机构在受托募集过程中出现的违规行为，甚至触及基金合同中基金管理人的责任条款的，管理人将可能需就该违规行为承担责任。关于基金募集的相关合规依据参见表3-17：

表 3-17 关于基金募集的相关合规依据

合规事项名称	相关规定内容	相关规定名称
自行募集	第十六条 私募基金管理人自行募集私募基金的，应设置有效机制，切实保障募集结算资金安全；私募基金管理人应当建立合格投资者适当性制度。	《内部控制指引》
委托募集	第十七条 私募基金管理人委托募集的，应当委托获得中国证监会基金销售业务资格且成为中国证券投资基金业协会会员的机构募集私募基金，并制定募集机构遴选制度，切实保障募集结算资金安全；确保私募基金向合格投资者募集以及不变相进行公募。	《内部控制指引》
募集人员资格	第四条 从事私募基金募集业务的人员应当具有基金从业资格（包含原基金销售资格），应当遵守法律、行政法规和中国基金业协会的自律规则，恪守职业道德和行为规范，应当参加后续执业培训。	《募集行为管理办法》

（四）特定对象确认

《募集行为管理办法》规定，未经特定对象确定程序，募集机构不得向任何人宣传推介私募基金。线下进行基金销售行为的，特定对象确认程序主要采取书面调查等方式履行，基金管理机构及销售机构在此阶段主要可以通过要求投资者填写基本信息表、提交身份证明文件（营业执照）、填写填报风险识别能力和风险承担能力的问卷以及提交有关合格投资者的证明材料等收集资料；线上进行基金销售行为的，投资者应承诺其符合合格投资者标准，并履行在线特定对象确定程序，包括但不限于：投资者如实填报真实身份信息及联系方式；募集机构应通过验证码等有效方式核实用户的注册信息；投资者阅读并同意募集机构的网络服务协议；投资者阅读并主动确认其自身符合《私募管理办法》第三章关于合格投资者的规定；投资者在线填报风险识别能力和风险承担能力的问卷调查；募集机构根据问卷调查及其评估方法在线确认投资者的风险识别能力和风险承担能力。关于特定对象确认的相关合规依据参见表3-18：

表3-18 关于特定对象确认的相关合规依据

合规事项名称	相关规定内容	相关规定名称
特定对象确认是必经程序	第十七条 募集机构应当向特定对象宣传推介私募基金。未经特定对象确定程序，不得向任何人宣传推介私募基金。	《募集行为管理办法》
取得投资者基本信息	第十八条 在向投资者推介私募基金之前，募集机构应当采取问卷调查等方式履行特定对象确定程序，对投资者风险识别能力和风险承担能力进行评估。投资者应当以书面形式承诺其符合合格投资者标准。 投资者的评估结果有效期最长不得超过3年。募集机构逾期再次向投资者推介私募基金时，需重新进行投资者风险评估。同一私募基金产品的投资者持有期间超过3年的，无需再次进行投资者风险评估。 投资者风险承担能力发生重大变化时，可主动申请对自身风险承担能力进行重新评估。	《募集行为管理办法》
	第六条 经营机构向投资者销售产品或者提供服务时，应当了解投资者的下列信息： （一）自然人的姓名、住址、职业、年龄、联系方式，法人或者其他组织的名称、注册地址、办公地址、性质、资质及经营范围等基本信息； （二）收入来源和数额、资产、债务等财务状况；	《证券期货投资者适当性管理办法（2020年修正）》

续表

合规事项名称	相关规定内容	相关规定名称
	（三）投资相关的学习、工作经历及投资经验； （四）投资期限、品种、期望收益等投资目标； （五）风险偏好及可承受的损失； （六）诚信记录； （七）实际控制投资者的自然人和交易的实际受益人； （八）法律法规、自律规则规定的投资者准入要求相关信息； （九）其他必要信息。	
填写风险测评问卷	第十八条　基金募集机构要根据自然人投资者、机构投资者、金融机构理财产品的各自特点，向投资者提供具有针对性的投资者信息表。 基金募集机构要设计风险测评问卷，并对普通投资者进行风险测评。 第二十五条　基金募集机构对专业投资者进行细化分类的，要向投资者提供风险测评问卷，对专业投资者的投资知识、投资经验、风险偏好进行评估，并得出相对应的风险等级。	《基金募集机构投资者适当性管理实施指引（试行）》
评估结果的有效期	第十八条　在向投资者推介私募基金之前，募集机构应当采取问卷调查等方式履行特定对象确定程序，对投资者风险识别能力和风险承担能力进行评估。投资者应当以书面形式承诺其符合合格投资者标准。 投资者的评估结果有效期最长不得超过3年。募集机构逾期再次向投资者推介私募基金时，需重新进行投资者风险评估。同一私募基金产品的投资者持有期间超过3年的，无需再次进行投资者风险评估。 投资者风险承担能力发生重大变化时，可主动申请对自身风险承担能力进行重新评估。	《募集行为管理办法》
投资者对测评信息真实准确完整的书面承诺		
在线销售特定对象确认	第二十条　募集机构通过互联网媒介在线向投资者推介私募基金之前，应当设置在线特定对象确定程序，投资者应承诺其符合合格投资者标准。前述在线特定对象确定程序包括但不限于： （一）投资者如实填报真实身份信息及联系方式；	《募集行为管理办法》

续表

合规事项名称	相关规定内容	相关规定名称
	（二）募集机构应通过验证码等有效方式核实用户的注册信息； （三）投资者阅读并同意募集机构的网络服务协议； （四）投资者阅读并主动确认其自身符合《私募办法》第三章关于合格投资者的规定； （五）投资者在线填报风险识别能力和风险承担能力的问卷调查； （六）募集机构根据问卷调查及其评估方法在线确认投资者的风险识别能力和风险承担能力。	

（五）基金推介

有关基金推介的具体规定集中于《备案须知》和《募集行为管理办法》等文件中，针对基金推介的规范要求主要在基金推介材料以及基金推介途径等方面（后附募集说明书实务范本），关于基金推介的相关合规依据参见表3-19：

表3-19　关于基金推介的相关合规依据

合规事项名称	相关规定内容	相关规定名称
推介材料的责任方	第二十二条　私募基金推介材料应由私募基金管理人制作并使用。私募基金管理人应当对私募基金推介材料内容的真实性、完整性、准确性负责。	《募集行为管理办法》
推介材料的使用方	除私募基金管理人委托募集的基金销售机构可以使用推介材料向特定对象宣传推介外，其他任何机构或个人不得使用、更改、变相使用私募基金推介材料。	《募集行为管理办法》
推介材料的基本内容	（八）【募集推介材料】管理人应在私募投资基金招募说明书等募集推介材料中向投资者介绍管理人及管理团队基本情况、托管安排（如有）、基金费率、存续期、	《备案须知》

续表

合规事项名称	相关规定内容	相关规定名称
	分级安排（如有）、主要投资领域、投资策略、投资方式、收益分配方案以及业绩报酬安排等要素。募集推介材料还应向投资者详细揭示私募投资基金主要意向投资项目（如有）的主营业务、估值测算、基金投资款用途以及拟退出方式等信息，私募证券投资基金除外。募集推介材料的内容应当与基金合同、公司章程和合伙协议（以下统称"基金合同"）实质一致。	
	第二十三条　募集机构应当采取合理方式向投资者披露私募基金信息，揭示投资风险，确保推介材料中的相关内容清晰、醒目。私募基金推介材料内容应与基金合同主要内容一致，不得有任何虚假记载、误导性陈述或者重大遗漏。如有不一致的，应当向投资者特别说明。私募基金推介材料内容包括但不限于： （一）私募基金的名称和基金类型； （二）私募基金管理人名称、私募基金管理人登记编码、基金管理团队等基本信息； （三）中国基金业协会私募基金管理人以及私募基金公示信息（含相关诚信信息）； （四）私募基金托管情况（如无，应以显著字体特别标注）、其他服务提供商（如律师事务所、会计师事务所、保管机构等），是否聘用投资顾问等； （五）私募基金的外包情况； （六）私募基金的投资范围、投资策略和投资限制概况； （七）私募基金收益与风险的匹配情况； （八）私募基金的风险揭示； （九）私募基金募集结算资金专用账户及其监督机构信息； （十）投资者承担的主要费用及费率，投资者的重要权利（如认购、赎回、转让等限制、时间和要求等）； （十一）私募基金承担的主要费用及费率； （十二）私募基金信息披露的内容、方式及频率； （十三）明确指出该文件不得转载或给第三方传阅； （十四）私募基金采取合伙企业、有限责任公司组织形	《募集行为管理办法》

续表

合规事项名称	相关规定内容	相关规定名称
	式的,应当明确说明入伙(股)协议不能替代合伙协议或公司章程。说明根据《合伙企业法》或《公司法》,合伙协议、公司章程依法应当由全体合伙人、股东协商一致,以书面形式订立。申请设立合伙企业、公司或变更合伙人、股东的,并应当向企业登记机关履行申请设立及变更登记手续; (十五)中国基金业协会规定的其他内容。	
推介材料的禁止性内容	第二十四条 募集机构及其从业人员推介私募基金时,禁止有以下行为: (一)公开推介或者变相公开推介; (二)推介材料虚假记载、误导性陈述或者重大遗漏; (三)以任何方式承诺投资者资金不受损失,或者以任何方式承诺投资者最低收益,包括宣传"预期收益"、"预计收益"、"预测投资业绩"等相关内容; (四)夸大或者片面推介基金,违规使用"安全"、"保证"、"承诺"、"保险"、"避险"、"有保障"、"高收益"、"无风险"等可能误导投资人进行风险判断的措辞; (五)使用"欲购从速"、"申购良机"等片面强调集中营销时间限制的措辞; (六)推介或片面节选少于6个月的过往整体业绩或过往基金产品业绩; (七)登载个人、法人或者其他组织的祝贺性、恭维性或推荐性的文字; (八)采用不具有可比性、公平性、准确性、权威性的数据来源和方法进行业绩比较,任意使用"业绩最佳"、"规模最大"等相关措辞; (九)恶意贬低同行; (十)允许非本机构雇佣的人员进行私募基金推介; (十一)推介非本机构设立或负责募集的私募基金; (十二)法律、行政法规、中国证监会和中国基金业协会禁止的其他行为。	《募集行为管理办法》

续表

合规事项名称	相关规定内容	相关规定名称
推介禁止行为	第二十二条　禁止经营机构进行下列销售产品或者提供服务的活动： （一）向不符合准入要求的投资者销售产品或者提供服务； （二）向投资者就不确定事项提供确定性的判断，或者告知投资者有可能使其误认为具有确定性的意见； （三）向普通投资者主动推介风险等级高于其风险承受能力的产品或者服务； （四）向普通投资者主动推介不符合其投资目标的产品或者服务； （五）向风险承受能力最低类别的投资者销售或者提供风险等级高于其风险承受能力的产品或者服务； （六）其他违背适当性要求，损害投资者合法权益的行为。	《证券期货投资者适当性管理办法》
推介禁止渠道	第二十五条　募集机构不得通过下列媒介渠道推介私募基金： （一）公开出版资料； （二）面向社会公众的宣传单、布告、手册、信函、传真； （三）海报、户外广告； （四）电视、电影、电台及其他音像等公共传播媒体； （五）公共、门户网站链接广告、博客等； （六）未设置特定对象确定程序的募集机构官方网站、微信朋友圈等互联网媒介； （七）未设置特定对象确定程序的讲座、报告会、分析会； （八）未设置特定对象确定程序的电话、短信和电子邮件等通讯媒介； （九）法律、行政法规、中国证监会规定和中国基金业协会自律规则禁止的其他行为。	《募集行为管理办法》

（六）投资者适当性匹配

投资者适当性，是指基金募集机构在销售基金产品或者服务的过程中，根据投资者的风险承受能力销售不同风险等级的基金产品或者服务，把合适的基金产品或者服务卖给合适的投资者。

《九民纪要》对私募基金管理机构以及销售机构的适当性义务提出了明确要求，并且明确了法律适用规则为，"在确定卖方机构适当性义务的内容时，应当以合同法、证券法、证券投资基金法、信托法等法律规定的基本原则和国务院发布的规范性文件作为主要依据。相关部门在部门规章、规范性文件中对高风险等级金融产品的推介、销售，以及为金融消费者参与高风险等级投资活动提供服务作出的监管规定，与法律和国务院发布的规范性文件的规定不相抵触的，可以参照适用"。故私募基金管理机构必须遵循《证券投资基金法》以及《私募管理办法》等有关法律、部门规章以及其他规范性文件有关适当性义务的监管要求，否则可能面临向消费者承担连带赔偿责任的风险。关于投资者适当性匹配的相关合规依据参见表3-20：

表3-20 关于投资者适当性匹配的相关合规依据

合规事项名称	相关规定内容		相关规定名称
普通投资者：适当性匹配原则	普通投资者的适当性匹配原则	第四十四条　基金募集机构要根据普通投资者风险承受能力和基金产品或者服务的风险等级建立以下适当性匹配原则： （一）C1型（含最低风险承受能力类别）普通投资者可以购买R1级基金产品或者服务； （二）C2型普通投资者可以购买R2级及以下风险等级的基金产品或者服务； （三）C3型普通投资者可以购买R3级及以下风险等级的基金产品或者服务； （四）C4型普通投资者可以购买R4级及以下风险等级的基金产品或者服务； （五）C5型普通投资者可以购买所有风险等级的基金产品或者服务。	《基金募集机构投资者适当性管理实施指引（试行）》

续表

合规事项名称	相关规定内容	相关规定名称
最低风险承受能力类别的普通投资者的购买限制	第四十六条　最低风险承受能力类别的普通投资者不得购买高于其风险承受能力的基金产品或者服务。 除因遗产继承等特殊原因产生的基金份额转让之外，普通投资者主动购买高于其风险承受能力基金产品或者服务的行为，不得突破相关准入资格的限制。	
普通投资者购买R5产品或服务的特殊要求	第四十七条　基金募集机构在向普通投资者销售R5风险等级的基金产品或者服务时，应向其完整揭示以下事项： （一）基金产品或者服务的详细信息、重点特性和风险； （二）基金产品或者服务的主要费用、费率及重要权利、信息披露内容、方式及频率； （三）普通投资者可能承担的损失； （四）普通投资者投诉方式及纠纷解决安排。	
普通投资者购买风险不匹配产品的程序要求	第四十八条　普通投资者主动要求购买与之风险承受能力不匹配的基金产品或者服务的，基金销售要遵循以下程序： （一）普通投资者主动向基金募集机构提出申请，明确表示要求购买具体的、高于其风险承受能力的基金产品或服务，并同时声明，基金募集机构及其工作人员没有在基金销售过程中主动推介该基金产品或服务的信息； （二）基金募集机构对普通投资者资格进行审核，确认其不属于风险承受能力最低类别投资者，也没有违反投资者准入性规定； （三）基金募集机构向普通投资者以纸质或电子文档的方式进行特别警示，告知其该产品或服务风险高于投资者承受能力； （四）普通投资者对该警示进行确认，表示已充分知晓该基金产品或者服务风险高于其承	

续表

合规事项名称	相关规定内容	相关规定名称
	受能力，并明确做出愿意自行承担相应不利结果的意思表示； （五）基金募集机构履行特别警示义务后，普通投资者仍坚持购买该产品或者服务的，基金募集机构可以向其销售相关产品或者提供相关服务。	
	第十八条　经营机构应当根据产品或者服务的不同风险等级，对其适合销售产品或者提供服务的投资者类型作出判断，根据投资者的不同分类，对其适合购买的产品或者接受的服务作出判断。 第十九条　经营机构告知投资者不适合购买相关产品或者接受相关服务后，投资者主动要求购买风险等级高于其风险承受能力的产品或者接受相关服务的，经营机构在确认其不属于风险承受能力最低类别的投资者后，应当就产品或者服务风险高于其承受能力进行特别的书面风险警示，投资者仍坚持购买的，可以向其销售相关产品或者提供相关服务。	《证券期货投资者适当性管理办法》
专业投资者：适当性匹配原则 未对投资者进行分类	第十九条　投资者分为专业投资者和普通投资者。未对投资者进行分类的，要履行普通投资者适当性义务。	《基金募集机构投资者适当性管理实施指引（试行）》
销售人员规范	第四十五条　基金募集机构向投资者销售基金产品或者服务时，禁止出现以下行为： （一）向不符合准入要求的投资者销售基金产品或者服务； （二）向投资者就不确定的事项提供确定性的判断，或者告知投资者有可能使其误认为具有确定性的判断； （三）向普通投资者主动推介风险等级高于其风险承受能力的基金产品或者服务；	《基金募集机构投资者适当性管理实施指引（试行）》

续表

合规事项名称	相关规定内容	相关规定名称
	（四）向普通投资者主动推介不符合其投资目标的基金产品或者服务； （五）向风险承受能力最低类别的普通投资者销售风险等级高于其风险承受能力的基金产品或者服务； （六）其他违背适当性要求，损害投资者合法权益的行为。	
适当性匹配留痕	第二十五条　经营机构通过营业网点向普通投资者进行本办法第十二条、第二十条、第二十一条和第二十三条规定的告知、警示，应当全过程录音或者录像；通过互联网等非现场方式进行的，经营机构应当完善配套留痕安排，由普通投资者通过符合法律、行政法规要求的电子方式进行确认。	《证券期货投资者适当性管理办法》
投资者投诉处理体系	第十四条　基金募集机构要建立完备的投资者投诉处理体系，准确记录投资者投诉内容。 基金募集机构要妥善处理因履行投资者适当性职责引起的投资者投诉，及时发现业务风险，完善内控制度。	
适当性自查要求	第十五条　基金募集机构每半年开展一次投资者适当性管理自查。自查可以采取现场、非现场及暗访相结合的方式进行，并形成自查报告留存备查。 自查内容包括但不限于投资者适当性管理制度建设及落实情况，人员考核及培训情况，投资者投诉处理情况，发现业务风险及时整改情况，以及其他需要报告的事项。	《基金募集机构投资者适当性管理实施指引（试行）》
建立投资者评估数据库	第三十三条　基金募集机构要建立投资者评估数据库，为投资者建立信息档案，并对投资者风险等级进行动态管理。基金募集机构要充分使用已了解信息和已有评估结果，避免投资者信息重复采集，提高评估效率。	
投资者重大变化告知义务	第四十九条　投资者信息发生重大变化的，基金募集机构要及时更新投资者信息，重新评估投资者风险承受能力，并将调整后的风险承受能力告知投资者。	
资料保存	第三十二条　经营机构应当按照相关规定妥善保存其履行适当性义务的相关信息资料，防止泄露或者被不当利用，接受中国证监会及其派出机构和自律组织的检查。对匹配方案、告知警示资料、录音录像资料、自查报告等的保存期限不得少于20年。	《证券期货投资者适当性管理办法》

（七）风险揭示

基金管理机构以及销售机构开展风险揭示工作主要通过要求投资者填写风险揭示书完成。中基协在其AMBERS系统中不断发布、更新有关基金风险揭示书，私募基金管理机构需根据自身实际情况进行填写。关于风险揭示的相关合规依据参见表3-21：

表3-21 关于风险揭示的相关合规依据

合规事项名称	相关规定内容	相关规定名称
总体要求	第二十六条 在投资者签署基金合同之前，募集机构应当向投资者说明有关法律法规，说明投资冷静期、回访确认等程序性安排以及投资者的相关权利，重点揭示私募基金风险，并与投资者签署风险揭示书。	《募集行为管理办法》
风险揭示书中的特殊风险揭示要求	私募投资基金若涉及募集机构与管理人存在关联关系、关联交易、单一投资标的、通过特殊目的载体投向标的、契约型私募投资基金管理人股权代持、私募投资基金未能通过协会备案等特殊风险或业务安排，管理人应当在风险揭示书中"特殊风险揭示"部分向投资者进行详细、明确、充分披露。	中基协发布的风险揭示书—模板
风险揭示书中的一般风险揭示要求	管理人应当向投资者披露私募投资基金的资金流动性、基金架构、投资架构、底层标的、纠纷解决机制等情况，充分揭示各类投资风险。	中基协发布的风险揭示书—模板
签署时间要求	第二十六条 在投资者签署基金合同之前，募集机构应当向投资者说明有关法律法规，说明投资冷静期、回访确认等程序性安排以及投资者的相关权利，重点揭示私募基金风险，并与投资者签署风险揭示书。	《募集行为管理办法》
签章要求	投资者应当按照《私募投资基金募集行为管理办法》的相关规定，对风险揭示书中"投资者声明"部分所列的13项声明签字签章确认。	中基协发布的风险揭示书—模板

（八）合格投资者审查

根据证监会以及中基协相关规定，合格投资者分为一般合格投资者和视为合格投资者的情形；根据合格投资者的风险识别及承受能力不同，合格投资者分为普通投资者和专业投资者。针对不同的投资者类型，涉及的基金募集程序不同。关于合格投资者的相关合规依据参见表3-22：

表3-22 关于合格投资者的相关合规依据

合规事项名称	相关规定内容	相关规定名称
总体要求	第十一条 私募基金应当向合格投资者募集，单只私募基金的投资者人数累计不得超过《证券投资基金法》、《公司法》、《合伙企业法》等法律规定的特定数量。 投资者转让基金份额的，受让人应当为合格投资者且基金份额受让后投资者人数应当符合前款规定。	《私募管理办法》
一般合格投资者认定标准	第二十八条 根据《私募办法》，私募基金的合格投资者是指具备相应风险识别能力和风险承担能力，投资于单只私募基金的金额不低于100万元且符合下列相关标准的机构和个人： （一）净资产不低于1000万元的机构； （二）金融资产不低于300万元或者最近三年个人年均收入不低于50万元的个人。 前款所称金融资产包括银行存款、股票、债券、基金份额、资产管理计划、银行理财产品、信托计划、保险产品、期货权益等。	《募集行为管理办法》
视为合格投资者认定标准	第十三条 下列投资者视为合格投资者： （一）社会保障基金、企业年金等养老基金，慈善基金等社会公益基金； （二）依法设立并在基金业协会备案的投资计划； （三）投资于所管理私募基金的私募基金管理人及其从业人员； （四）中国证监会规定的其他投资者。 以合伙企业、契约等非法人形式，通过汇集多数投资者的	《私募管理办法》

续表

合规事项名称	相关规定内容	相关规定名称
	资金直接或者间接投资于私募基金的，私募基金管理人或者私募基金销售机构应当穿透核查最终投资者是否为合格投资者，并合并计算投资者人数。但是，符合本条第（一）、（二）、（四）项规定的投资者投资私募基金的，不再穿透核查最终投资者是否为合格投资者和合并计算投资者人数。	
专业投资者	第八条　符合下列条件之一的是专业投资者： （一）经有关金融监管部门批准设立的金融机构，包括证券公司、期货公司、基金管理公司及其子公司、商业银行、保险公司、信托公司、财务公司等；经行业协会备案或者登记的证券公司子公司、期货公司子公司、私募基金管理人。 （二）上述机构面向投资者发行的理财产品，包括但不限于证券公司资产管理产品、基金管理公司及其子公司产品、期货公司资产管理产品、银行理财产品、保险产品、信托产品、经行业协会备案的私募基金。 （三）社会保障基金、企业年金等养老基金，慈善基金等社会公益基金，合格境外机构投资者（QFII）、人民币合格境外机构投资者（RQFII）。 （四）同时符合下列条件的法人或者其他组织： 1. 最近1年末净资产不低于2000万元； 2. 最近1年末金融资产不低于1000万元； 3. 具有2年以上证券、基金、期货、黄金、外汇等投资经历。 （五）同时符合下列条件的自然人： 1. 金融资产不低于500万元，或者最近3年个人年均收入不低于50万元； 2. 具有2年以上证券、基金、期货、黄金、外汇等投资经历，或者具有2年以上金融产品设计、投资、风险管理及相关工作经历，或者属于本条第（一）项规定的专业投资者的高级管理人员、获得职业资格认证的从事金融相关业务的注册会计师和律师。 前款所称金融资产，是指银行存款、股票、债券、基金份额、资产管理计划、银行理财产品、信托计划、保险产品、期货及其他衍生产品等。	《证券期货投资者适当性管理办法》

续表

合规事项名称		相关规定内容	相关规定名称
专业投资者转化为普通投资者的条件和程序	转化条件	第十一条 普通投资者和专业投资者在一定条件下可以互相转化。 符合本办法第八条第（四）、（五）项规定的专业投资者，可以书面告知经营机构选择成为普通投资者，经营机构应当对其履行相应的适当性义务。	《证券期货投资者适当性管理办法》
	转化程序	第三十一条 专业投资者转化为普通投资者的，要遵循以下程序： （一）符合转化条件的专业投资者，通过纸质或者电子文档形式告知基金募集机构其转化为普通投资者的决定； （二）基金募集机构要在收到投资者转化决定5个工作日内，对投资者的转化资格进行核查； （三）基金募集机构要在核查工作结束之日起5个工作日内，以纸质或者电子文档形式，告知投资者核查结果。	《基金募集机构投资者适当性管理实施指引（试行）》
普通投资者转化为专业投资者的条件和程序	转化条件	第十一条 普通投资者和专业投资者在一定条件下可以互相转化。 符合本办法第八条第（四）、（五）项规定的专业投资者，可以书面告知经营机构选择成为普通投资者，经营机构应当对其履行相应的适当性义务。 符合下列条件之一的普通投资者可以申请转化成为专业投资者，但经营机构有权自主决定是否同意其转化： （一）最近1年末净资产不低于1000万元，最近1年末金融资产不低于500万元，且具有1年以上证券、基金、期货、黄金、外汇等投资经历的除专业投资者外的法人或其他组织； （二）金融资产不低于300万元或者最近3年个人年均收入不低于30万元，且具有1年以上证券、基金、期货、黄金、外汇等投资经历或者1年以上金融产品设计、投资、风险管理及相关工作经历的自然人投资者。	《证券期货投资者适当性管理办法》

续表

合规事项名称	相关规定内容	相关规定名称
转化程序	第三十二条 普通投资者转化为专业投资者的，要遵循以下程序： （一）符合转化条件的普通投资者，要通过纸质或者电子文档形式向基金募集机构提出转化申请，同时还要向基金募集机构做出了解相应风险并自愿承担相应不利后果的意思表示； （二）基金募集机构要在收到投资者转化申请之日起5个工作日内，对投资者的转化资格进行核查； （三）对于符合转化条件的，基金募集机构要在5个工作日内，通知投资者以纸质或者电子文档形式补充提交相关信息、参加投资知识或者模拟交易等测试； （四）基金募集机构要根据以上情况，结合投资者的风险承受能力、投资知识、投资经验、投资偏好等要素，对申请者进行谨慎评估，并以纸质或者电子文档形式，告知投资者是否同意其转化的决定以及理由。	《基金募集机构投资者适当性管理实施指引（试行）》

需提请注意的是，关于不同类型的基金投资者对应的不同募集流程的相关合规依据参见表3-23：

表3-23 关于不同类型的基金投资者对应的不同募集流程的相关合规依据

合规事项名称	相关规定内容	相关规定名称
特殊募集流程	第三十二条 私募基金投资者属于以下情形的，可以不适用本办法第十七条至第二十一条、第二十六条至第三十一条的规定： （一）社会保障基金、企业年金等养老基金，慈善基金等社会公益基金； （二）依法设立并在中国基金业协会备案的私募基金产品； （三）受国务院金融监督管理机构监管的金融产品；	《募集行为管理办法》

续表

合规事项名称	相关规定内容	相关规定名称
	（四）投资于所管理私募基金的私募基金管理人及其从业人员； （五）法律法规、中国证监会和中国基金业协会规定的其他投资者。 投资者为专业投资机构的，可不适用本办法第二十九条、第三十条、第三十一条的规定。	
	第十九条　投资者分为专业投资者和普通投资者。未对投资者进行分类的，要履行普通投资者适当性义务。	《基金募集机构投资者适当性管理实施指引（试行）》
对普通投资者的特殊保护	第七条　投资者分为普通投资者与专业投资者。 普通投资者在信息告知、风险警示、适当性匹配等方面享有特别保护。 第二十条　经营机构向普通投资者销售高风险产品或者提供相关服务，应当履行特别的注意义务，包括制定专门的工作程序，追加了解相关信息，告知特别的风险点，给予普通投资者更多的考虑时间，或者增加回访频次等。 第二十二条　禁止经营机构进行下列销售产品或者提供服务的活动： …… （三）向普通投资者主动推介风险等级高于其风险承受能力的产品或者服务； （四）向普通投资者主动推介不符合其投资目标的产品或者服务…… 第二十三条　经营机构向普通投资者销售产品或者提供服务前，应当告知下列信息： （一）可能直接导致本金亏损的事项； （二）可能直接导致超过原始本金损失的事项； （三）因经营机构的业务或者财产状况变化，可能导致本金或者原始本金亏损的事项； （四）因经营机构的业务或者财产状况变化，影响客户判断的重要事由；	《证券期货投资者适当性管理办法（2020年修正）》

续表

合规事项名称	相关规定内容	相关规定名称
	（五）限制销售对象权利行使期限或者可解除合同期限等全部限制内容； （六）本办法第二十九条规定的适当性匹配意见。 第二十五条　经营机构通过营业网点向普通投资者进行本办法第十二条、第二十条、第二十一条和第二十三条规定的告知、警示，应当全过程录音或者录像；通过互联网等非现场方式进行的，经营机构应当完善配套留痕安排，由普通投资者通过符合法律、行政法规要求的电子方式进行确认。	

实务提示

1.关于员工跟投问题

根据中基协于2016年5月27日公布的《私募基金登记备案常见问题解答》（以下简称《问题解答》），"员工跟投"是指符合《私募管理办法》第十三条第三项所列的私募基金投资者中包含私募基金管理人及其员工跟投且跟投金额不满足合格投资者标准的情形。故根据《问题解答》的说明，跟投员工是指不符合合格投资者标准的私募基金管理人及其员工，对原《私募管理办法》中描述的从业人员进行了范围上的扩大。

2.关于《证券期货投资者适当性管理办法》与《募集行为管理办法》适用冲突的问题

中基协《募集行为管理办法》允许募集机构在面对本私募基金管理人的从业人员时豁免第十七条至第二十一条、第二十六条至第三十一条的规定（包括投资者适当性管理的内容）。但是，《证券期货投资者适当性管理办法》（以下简称《适当性办法》）仅将经营机构义务按普通投资者和专业投资者两种类型予以区别规定，针对专业投资者可不履行适当性管理义务；但《适当性办法》并未针对私募基金从业人员作出特殊豁免规定，而根据专业投资者的范围，私募基金从业人员也并不必然属于专业投资者。

据此《募集行为管理办法》以及《适当性办法》存在规定不一致的情形。鉴于证监会《适当性办法》的出台时间更晚、效力层级更高，为避免法律风险，建议按照《适当性办法》规定执行，以避免受到证监会行政监管措施或行政处罚，甚至招致损失赔偿等法律风险。

（九）签署基金合同及缴款

根据基金类型不同，涉及的基金合同也不同。针对合伙型基金产品，基金协议主要是指合伙协议、委托管理协议（通常如基金管理人同时也是基金执行事务合伙人的，则可在合伙协议中明确管理人权利义务，无需另行签署委托管理协议）；针对公司型基金产品，基金协议主要是指公司章程、委托管理协议（通常情况下公司型基金均需与基金管理人另行签署委托管理协议，该基金进行自我管理的除外）；针对契约型基金产品，基金协议主要是指基金合同。

针对基金合同的内容要求，中基协主要在私募投资基金合同指引中进行明确；此外，在中基协发布的《备案须知》中对基金合同的内容提出了如下要求：

1.建议基金合同中明确约定私募投资基金投资于单一资产管理产品或项目所占基金认缴出资总额的比例。

2.私募投资基金进行关联交易的，应当在基金合同中明确约定涉及关联交易的事前、事中信息披露安排以及针对关联交易的特殊决策机制和回避安排等。

3.管理人应当在基金合同中明示私募投资基金的投资范围、投资方式、投资比例、投资策略、投资限制、费率安排、核心投资人员或团队、估值定价依据等信息。

4.基金合同及风险揭示书应当明确约定,在管理人客观上丧失继续管理私募投资基金的能力时,基金财产安全保障、维持基金运营或清算的应急处置预案和纠纷解决机制。

5.基金合同应当明确约定基金合同终止、解除及基金清算的安排。

6.针对私募证券投资基金(含FOF),基金合同中设置临时开放日的,应当明确临时开放日的触发条件,原则上不得利用临时开放日的安排继续认/申购(认缴)。

7.针对私募证券投资基金(含FOF),管理人应当在基金合同中明确约定投资经理,投资经理应当取得基金从业资格并在协会完成注册。投资经理发生变更应当履行相关程序并告知投资者。

基金投资人应当在完成合格投资者确认程序后签署私募基金合同,关于基金合同的相关合规依据参见表3-24:

表3-24 关于基金合同的相关合规依据

合规事项名称	相关规定内容	相关规定名称
基金合同内容要求	前言、释义、声明与承诺、私募基金的基本情况、私募基金的募集、私募基金的成立与备案、私募基金的申购、赎回与转让、当事人及权利义务、私募基金份额持有人大会及日常机构、私募基金份额的登记、私募基金的投资、私募基金的财产、交易及清算交收安排、私募基金财产的估值和会计核算、私募基金的费用与税收、私募基金的收益分配、信息披露与报告、风险揭示、基金合同的效力、变更、解除与终止、私募基金的清算、违约责任、争议的处理、其他事项、附则等。	《私募投资基金合同指引1号》(契约型私募基金合同内容与格式指引)
	基本情况、合伙人及其出资、合伙人的权利义务、执行事务合伙人、有限合伙人、合伙人会议、管理方式、托管事项、入伙、退伙、合伙权益转让和身份转变、投资事项、利润分配及亏损分担、税务承担、费用和	《私募投资基金合同指引3号》(合伙协议必备条款指引)

续表

合规事项名称	相关规定内容	相关规定名称
	支出、财务会计制度、信息披露制度、终止、解散与清算、合伙协议的修订、争议解决、一致性、份额信息备份、报送披露信息等。	
	基本情况、股东出资、股东的权利义务、入股、退股及转让、股东（大）会、高级管理人员、投资事项、管理方式、托管事项、利润分配及亏损分担、税务承担、费用和支出、财务会计制度、信息披露制度、终止、解散及清算、章程的修订、一致性、份额信息备份、报送披露信息等。	《私募投资基金合同指引2号》（公司章程必备条款指引）
	建议基金合同中明确约定私募投资基金投资于单一资产管理产品或项目所占基金认缴出资总额的比例； 私募投资基金进行关联交易的，应当在基金合同中明确约定涉及关联交易的事前、事中信息披露安排以及针对关联交易的特殊决策机制和回避安排等； 管理人应当在基金合同中明示私募投资基金的投资范围、投资方式、投资比例、投资策略、投资限制、费率安排、核心投资人员或团队、估值定价依据等信息； 基金合同及风险揭示书应当明确约定，在管理人客观上丧失继续管理私募投资基金的能力时，基金财产安全保障、维持基金运营或清算的应急处置预案和纠纷解决机制； 基金合同应当明确约定基金合同终止、解除及基金清算的安排； 针对私募证券投资基金（含FOF），基金合同中设置临时开放日的，应当明确临时开放日的触发条件，原则上不得利用临时开放日的安排继续认/申购（认缴）； 针对私募证券投资基金（含FOF）管理人应当在基金合同中明确约定投资经理，投资经理应当取得基金从业资格并在协会完成注册。投资经理发生变更应当履行相关程序并告知投资者。	《备案须知》
基金合同签署及内容要求	第二十九条　各方应当在完成合格投资者确认程序后签署私募基金合同。	《募集行为管理办法》

中基协强调，私募基金投资者应当以自有资金开展投资活动，在后续进行投资款项支付时，各投资者应以名下账户进行款项缴付，并将该账户作为后续私募基金进行费用分配的收款账户。

根据目前法律及自律文件要求，私募基金管理机构必须开立募集结算监督管理账户，作为统一归集私募基金募集结算资金、向投资者分配收益、给付赎回款项以及分配基金清算后的剩余基金财产的账户，募集结算监督管理账户中的资金为投资者的合法财产，关于募集结算监督管理账户的相关合规依据参见表3-25：

表3-25　关于募集结算监督管理账户的相关合规依据

合规事项名称	相关规定内容	相关规定名称
禁止代付代缴	（七）【投资者资金来源】投资者应当确保投资资金来源合法，不得汇集他人资金购买私募投资基金。募集机构应当核实投资者对基金的出资金额与其出资能力相匹配，且为投资者自己购买私募投资基金，不存在代持。	《备案须知》
监督主体资质	第十三条　……本办法所称监督机构指中国证券登记结算有限责任公司、取得基金销售业务资格的商业银行、证券公司以及中国基金业协会规定的其他机构。监督机构应当成为中国基金业协会的会员。	《募集行为管理办法》
募集机构应与监督机构签署监督协议	第十三条　募集机构应当与监督机构签署账户监督协议，明确对私募基金募集结算资金专用账户的控制权、责任划分及保障资金划转安全的条款。监督机构应当按照法律法规和账户监督协议的约定，对募集结算资金专用账户实施有效监督，承担保障私募基金募集结算资金划转安全的连带责任……	《募集行为管理办法》
监督机构的法律责任		
运作要求	第十二条　募集机构或相关合同约定的责任主体应当开立私募基金募集结算资金专用账户，用于统一归集私募基金募集结算资金、向投资者分配收益、给付赎回款项以及分配基金清算后的剩余基金财产等，确保资金原路返还。	

续表

合规事项名称	相关规定内容	相关规定名称
	本办法所称私募基金募集结算资金是指由募集机构归集的，在投资者资金账户与私募基金财产账户或托管资金账户之间划转的往来资金。募集结算资金从投资者资金账户划出，到达私募基金财产账户或托管资金账户之前，属于投资者的合法财产。	

（十）冷静期起算及回访确认

关于投资冷静期。《募集行为管理办法》规定，应当为投资者设定投资冷静期。私募证券投资基金合同应当约定，投资冷静期自基金合同签署完毕且投资者交纳认购基金的款项后起算；私募股权投资基金、创业投资基金等其他私募基金合同关于投资冷静期的约定可以参照前款对私募证券投资基金的相关要求，也可以自行约定。

关于回访确认。《募集行为管理办法》规定，投资期内不得进行投资回访。投资冷静期满后，募集机构可以进行投资回访，未经回访确认成功的，投资者有权要求解除合同，募集机构应当及时退还其全部认购款项。关于冷静期和回访的相关合规依据参见表3-26：

表3-26　关于冷静期和回访的相关合规依据

合规事项名称		相关规定内容	相关规定名称
回访要求	回访时间	第三十条　募集机构应当在投资冷静期满后，指令本机构从事基金销售推介业务以外的人员以录音电话、电邮、信函等适当方式进行投资回访。回访过程不得出现诱导性陈述。募集机构在投资冷静期内进行的回访确认无效。	《募集行为管理办法》

续表

合规事项名称	相关规定内容	相关规定名称
	回访人员 / 回访内容 / 回访方式 / 禁止行为 / 回访确认留痕	回访应当包括但不限于以下内容： （一）确认受访人是否为投资者本人或机构； （二）确认投资者是否为自己购买了该基金产品以及投资者是否按照要求亲笔签名或盖章； （三）确认投资者是否已经阅读并理解基金合同和风险揭示的内容； （四）确认投资者的风险识别能力及风险承担能力是否与所投资的私募基金产品相匹配； （五）确认投资者是否知悉投资者承担的主要费用及费率，投资者的重要权利、私募基金信息披露的内容、方式及频率； （六）确认投资者是否知悉未来可能承担投资损失； （七）确认投资者是否知悉投资冷静期的起算时间、期间以及享有的权利； （八）确认投资者是否知悉纠纷解决安排。	
投资者权利	第三十一条　基金合同应当约定，投资者在募集机构回访确认成功前有权解除基金合同。出现前述情形时，募集机构应当按合同约定及时退还投资者的全部认购款项。 未经回访确认成功，投资者交纳的认购基金款项不得由募集账户划转到基金财产账户或托管资金账户，私募基金管理人不得投资运作投资者交纳的认购基金款项。	

实务范本

范本1　××基金募集说明书

一、基金管理人、基金管理团队等基本信息

1.管理人名称：＿＿＿＿＿＿

2.管理人登记编码：＿＿＿＿＿＿

3. 管理人基本情况介绍：_____

4. 基金管理团队基本情况介绍：_____

二、基金基本情况

1. 名称：_____（暂定名，以企业登记机关核准登记的企业名称为准）

2. 组织架构：有限合伙企业型/契约型/公司型。

3. 基金注册地（有限合伙型和公司型需要）：_____，具体以登记注册为准。

4. 基金募集规模：本基金募集规模_____万元。

5. 基金运作方式：封闭式运作，具体以签署的基金合同为准。

6. 基金的存续期限：_____年。

7. 基金托管人：本基金拟委托具备私募基金托管资质的商业银行进行托管/本基金不托管，需注意的是，要明确保障资金安全的措施，如由全体投资人共同指定的商业银行进行资金监管等。

8. 基金费率：_____

9. 联系人和联系信息：_____

联系人：_____

电话：_____

邮箱：_____

三、基金的投资

1. 投资范围（或目标）：_____

2. 投资策略：基金可以采取直接投资方式，也可以采取投资子基金方式进行股权投资。

3. 投资方向：基金主要投资于_____

4. 拟投项目情况：包括主营业务、估值测算、基金投资款用途、拟退出方式等。

5. 投资限制

• 不得从事商业性房地产投资；

- 不得投资于远期、期货、期权、掉期、保险计划、证券投资基金、高风险理财产品及其他金融衍生品；
- 除可转股债权投资外，不得向任何第三方提供借款、发放贷款、资金拆借；
- 不得对外担保、提供赞助、捐赠（经批准的公益性捐赠除外）等；
- 不得吸收或变相吸收存款；
- 不得进行承担无限连带责任的对外投资；
- 不得非法或者不恰当地发行信托、资管计划或者其他集合理财产品；
- 不得通过集中竞价交易系统买入二级市场股票（上市公司非公开发行及以并购重组为目的的除外）；
- 不得举借外债；
- 其他法律法规和政策禁止从事的业务。

四、基金主要费用及费率

1. 管理费：基金实缴规模的2%作为基金管理费。管理费按季度提取，第一次提取管理费的时间为首笔出资到位后15个工作日内。此后每季度管理费均按照各笔管理费首次提取的同期时间提取。

2. 业绩报酬：基金收入超过净收益年化8%部分为超额收益，全体合伙人获得基金超额收益的80%，按照各投资人加权实缴出资比例进行分配；基金管理公司提取基金超额收益的20%作为基金业绩报酬奖励。

3. 托管费：托管费合计不超过基金实缴出资总额的0.1‰/年，以本基金与托管人签订的《托管协议》为准。该等费用按实际发生金额作为本基金的成本列支。

4. 投资相关费用：本基金聘请第三方专业服务机构为本基金的投资提供专业服务的费用等，包括本基金因对拟投资目标公司的投资、持有、运营、出售而发生的法律、审计、评估及财务顾问等费用应按实际发生金额作为本基金的成本列支，由本基金承担。

5. 政府税费：政府税费是指政府部门对本基金，或对本基金的收益或资产，或对本基金的交易或运作收取的税、费及其他费用，该等费用按实际发生金额作为本基金的成本列支。根据国家有关税收规定，应由本基金缴纳的政府税费由本基金缴纳，应由各投资者自行缴纳的政府税费由各投资者自行缴纳，本基金不承担代缴代扣义务。

6.基金清算后费用：清算费用是指本基金清算时所发生的费用，该等费用按实际发生金额作为本基金的成本列支。基金清算后，因取回财产依法应由投资者承担的税费，由投资者自担。

7.其他费用：其他费用系指本基金在存续期限内发生的其他相关费用，按实际发生金额作为本基金的成本列支，由本基金承担，该等费用包括：

（1）开办费，是指本基金组建、设立过程中发生的合理费用，包括筹建费用，法律、财务等专业顾问咨询费用等，其中筹建费用包括但不限于工商注册登记费、印刷设计费，以及因筹建所发生的差旅费、会务费、办公费等费用。普通合伙人或其关联人垫付的开办费，由本基金在具备支付条件后立即予以报销或返还。

（2）基金年度财务报表的审计费（包括提供审计服务发生的差旅费）。

（3）基金之财务报表及报告费用，包括制作、印刷和发送成本。

（4）合伙人会议/基金持有人大会及投资决策委员会之会务费用。

（5）信息披露费。

（6）本基金诉讼费和仲裁费等。

（7）其他未明确列出，但本基金发生的，或普通合伙人为管理本基金而发生的，与本基金的业务和运营有关的费用。

五、基金信息披露的内容、方式及频率

1.信息披露义务人

管理人为本基金的信息披露义务人。

2.披露方式

（1）向投资者披露

信息披露义务人应当向投资者披露信息，信息披露可以采取书面信件、传真、电子邮件、电话等方式进行。

（2）信息备份

私募基金管理人应当按照规定通过中国证券投资基金业协会指定的私募基金信息披露备份平台报送信息。

3.披露的内容及频率

（1）一般披露事项

以下信息，信息披露义务人将向投资者披露：

- 基金合同；
- 招募说明书等宣传推介文件；
- 基金的投资情况；
- 基金的资产负债情况；
- 基金的投资收益分配情况；
- 基金承担的费用和业绩报酬安排；
- 可能存在的利益冲突；
- 涉及私募基金管理业务、基金财产、基金托管业务的重大诉讼、仲裁；
- 中国证监会以及中国基金业协会规定的影响投资者合法权益的其他重大信息。

（2）运作期间的信息披露

①季度披露与月度披露

私募基金运行期间，信息披露义务人在每季度结束之日起45日以内向投资者披露基金主要财务指标以及投资组合情况等信息。

②年度披露

私募基金运行期间，信息披露义务人在每年结束之日起4个月以内向投资者披露以下信息：

报告期末基金份额总额；

基金的财务情况；

基金投资运作情况和运用杠杆情况；

投资者账户信息，包括实缴出资额、未缴出资额以及报告期末所持有基金份额总额等；

投资收益分配和损失承担情况；

基金管理人取得的管理费和业绩报酬，包括计提基准、计提方式和支付方式；

基金合同约定的其他信息。

（3）重大事项变更披露

发生以下重大事项的，信息披露义务人按照基金合同的约定及时向投资者披露：

• 基金名称、注册地址、组织形式发生变更的；

• 投资范围和投资策略发生重大变化的；

• 变更基金管理人或托管人的；

• 管理人的法定代表人、执行事务合伙人（委派代表）、实际控制人发生变更的；

• 管理费率、托管费率发生变化的；

• 基金收益分配事项发生变更的；

• 基金存续期变更或展期的；

• 基金发生清盘或清算的；

• 发生重大关联交易事项的；

• 基金管理人、实际控制人、高管人员涉嫌重大违法违规行为或正在接受监管部门或自律管理部门调查的；

• 涉及私募基金管理业务、基金财产、基金托管业务的重大诉讼、仲裁；

• 基金合同约定的影响投资者利益的其他重大事项。

六、其他

本说明书及相关推介材料由私募基金管理人制作并使用。私募基金管理人对私募基金推介材料内容的真实性、完整性、准确性负责。

本说明书与私募基金合同约定不一致的，以基金合同约定内容为准。

除私募基金管理人委托募集的基金销售机构可以使用本说明书及相关推介材料向特定对象宣传推介外，其他任何机构或个人不得使用、更改、变相使用本说明书及相关推介材料。

本说明书及相关推介材料不得转载或给第三方传阅。

范本2　合格投资者承诺函

1.本人/本单位承诺符合《私募投资基金监督管理暂行办法》及其他法律法规、证监会规定的合格投资者标准，具有相应的风险识别能力和风险承受能力。本人/本单位承诺向基金管理人提供的有关投资目的、投资偏好、投资限制和风险承受能力等情况真实合法、完整有效，不存在任何重大遗漏或误导性陈述，前述信息资料如发生任何实质性变更，本人/本单位应当及时书面告知基金管理人或销售机构。

2.本人/本单位承诺用于认购/申购基金份额的财产为投资者拥有合法所有权或处分权的自有资产，保证该等财产的来源及用途符合法律法规和相关政策规定，不存在借贷资金投资的情形，不存在非法汇集他人资金投资的情形，不存在不合理的利益输送、关联交易及洗钱等情况，本人/本单位保证有完全及合法的权利委托基金管理人和基金托管人进行基金财产的投资管理和托管业务。

3.本人/本单位承诺，基金管理人有权要求本人/本单位提供资产来源及用途合法性证明，对资产来源及用途合法性进行调查，本人/本单位愿意配合。

4.本人/本单位承诺，在参与贵公司发起设立的私募基金的投资过程中，如果因存在欺诈、隐瞒或其他不符合实际情况的陈述所产生的一切责任，由本人/本单位自行承担，与贵司无关。

承诺人（自然人签字或机构盖章）：＿＿＿＿＿＿

法定代表人或授权代理人（签字或盖章）：＿＿＿＿＿＿

日期：＿＿＿年＿＿＿月＿＿＿日

范本3　回访确认书

尊敬的投资者：

依照中国法律法规、证监会和中基协的政策制度要求，我公司对您拟投资的_____产品进行书面回访确认，请您对如下问题进行填写（请在选中的选项后画钩）：

1.您是否为投资者本人或机构：是_____；否_____。

2.您是否为自己购买了该基金产品以及投资者是否按照要求亲笔签名或盖章：是_____；否_____。

3.您是否已经阅读并理解基金合同和风险揭示的内容：是_____；否_____。

4.您的风险识别能力及风险承担能力是否与所投资的私募基金产品相匹配：是_____；否_____。

5.您是否知悉投资者承担的主要费用及费率，投资者的重要权利，私募基金信息披露的内容、方式及频率：是_____；否_____。

6.您是否知悉未来可能承担投资损失：是_____；否_____。

7.您是否知悉投资冷静期的起算时间、期间以及享有的权利：是_____；否_____。

8.您是否知悉您投资的产品发生纠纷时的解决方式与安排：是_____；否_____。

9.我公司负责本次回访确认的经办人员是否非向您推介/销售本基金的业务人员：是_____；否_____。

回访人员签名：_____

被回访机构联系人：_____

联系电话：_____

回访日期：_____

三、私募基金备案

（一）备案时间要求

根据《私募管理办法》规定，管理人应当在募集完毕后的20个工作日内申请私募投资基金备案。

在《私募投资基金合同指引1号》中，中基协明确基金合同中应约定私募基金在中基协完成备案后方可进行投资运作。《备案须知》规定，私募投资基金完成备案前，可以以现金管理为目的，投资于银行活期存款、国债、中央银行票据、货币市场基金等中国证监会认可的现金管理工具。《若干规定》规定，私募基金募集完毕，私募基金管理人应当按照规定到基金业协会履行备案手续。私募基金管理人不得管理未备案的私募基金。

在实务中，如私募基金存在备案前即开展投资运作的行为，在申请备案过程中中基协通常会因此提出反馈意见，要求说明未备案先投资的原因以及对中基协相关监管要求的理解等。

（二）备案材料

2020年3月20日，中基协发布私募投资基金备案申请材料清单[1]，按照不同基金类型，细化梳理形成证券类投资基金备案、非证券类投资基金备案、基金重大变更和清算三套备案所需材料清单，便于私募基金管理人事前对照准备备案申请材料。

私募基金管理人应按所属类型，对照清单全面、真实、准确、规范地准

---

[1] 具体详见中基协官网：https://www.amac.org.cn/aboutassociation/gyxh_xhdt/xhdt_xhyw/202003/t20200320_7363.html。

备基金备案申请材料，在AMBERS系统一次性提交相关材料。

（三）常见基金备案反馈问题及建议

1. 有关基金投资范围的反馈意见

针对私募股权、创业投资基金，如其基金协议约定的投资范围中包括债权投资、可转债投资等内容的，通常都会招致中基协有关该只基金产品开展债权投资具体安排的反馈意见。

《若干规定》对私募基金开展对外借款、担保等业务活动进行了明确规定，即私募基金可以以股权投资为目的，按照合同约定为被投企业提供1年期限以内借款、担保等，但借款或者担保到期日不得晚于股权投资退出日，且借款或者担保余额不得超过该私募基金实缴金额的20%。满足证监会及中基协有关债权投资要求的业务开展安排方可被中基协接受。

2. 有关投资者是否具备实缴出资能力的反馈意见

在基金产品的备案过程中，中基协除关注有关投资者是否为合格投资者等基本问题外，对于投资者是否具备认缴出资能力也尤为关注。对于认缴出资额明显高于投资者财产金额的，中基协均会反馈要求对投资者的实缴出资能力进行说明。对此，建议各管理人在基金募集阶段即将该问题提前纳入考虑范畴，在进行投资者确认时，除核查其是否为合格投资者外，还需就其资产情况与认缴出资情况匹配度进行核查，以保证投资者能以自有资金按期完成实缴出资义务。

3. 关于同一时点提交多只基金产品备案的反馈意见

同一时点提交多只产品备案，可能会被反馈要求解释其合理性、投资策略、投资标的的区别等。比如，同一时点提交了产品名称、投资范围相似的多只产品备案，可能会被中基协反馈要求说明几只产品的区别、投向等。

4.有关合伙企业型基金产品存在多个执行事务合伙人的问题

如提交备案的基金产品存在多个执行事务合伙人的，通常都会被中基协反馈要求说明如此设置的合理性。届时，基金管理人则需对设置的背景原因予以详细说明，排除审核人员有关基金管理人可能作为通道的疑虑。

CHAPTER 4

第四章

基金投资合规指引

- ☑ 一、基金投资决策流程
- ☑ 二、基金尽职调查
- ☑ 三、基金运作方式

一、基金投资决策流程

在私募基金组建的过程中，私募基金参与机构通常都会在基金协议、委托管理协议中对基金对外投资事项的决策机构设置及其权限进行明确。一般而言，从投资项目发掘到最终投资退出，涉及主要阶段大致包括：项目入库、立项、尽职调查、私募基金管理机构内部投资决策、基金投资决策、交割以及投后管理等。目前，大多数私募基金仅特别对基金投资决策机构及其权限予以明确，而对于此前阶段的工作要求以及投后事项管理要求则较少涉及。

（一）基金管理人内部投资决策

通常，基金投资决策之前的阶段以及交割、投后管理等事项均由私募基金管理机构依据其内部有关投资管理制度规定开展，但私募基金管理机构内部投资管理制度的内容设置是否符合有关投资者的特殊风险控制要求、该等制度文件是否配备专人专岗切实执行则另当别论。

现就常见的基金管理人开展内部投资决策的流程列示如下：

（1）项目入库阶段：投资部项目组在完成对拟投资项目的首次实地考察后，经投资部负责人确认入库；项目组向公司风险管理部发送入库项目信息登记表，并每两周向公司风险管理部说明项目双周进展情况。

（2）项目立项阶段：投资部项目组与拟投资企业签署《保密协议》，开展行业研究、初步尽职调查，就主要投资条款与拟投资企业进行商务谈判、投资可行性初步评估、尽职调查中介机构选聘等工作。

项目组应在立项阶段工作的基础上完成《立项申请报告》，并提交至公司立项委员会秘书单位，公司立项委员会秘书单位组织召开立项会，确定会议时间后通知项目组、公司立项委员会委员。

（3）尽职调查阶段：尽职调查工作的3个主要方面包括财务尽职调查、法律尽职调查、业务尽职调查，项目组在项目通过立项后可聘请中介机构完成专业部分工作并根据需要聘请专业的市场调查和咨询公司。项目组在尽职调查工作取得实质性满意结论、中介机构的专业报告定稿（如有）、交易的法律文件基本定稿且与拟投资企业就《投资协商条款》基本达成一致后，完成《投资决策报告》，进入公司投资决策阶段。

（4）公司投资决策阶段：对于没有设立基金投资决策委员会的基金，项目组应提交全套投资决策申请文件至公司投资决策委员会秘书单位，公司投资决策委员会秘书单位组织召开公司投资决策会，确定会议时间后，书面通知项目组、公司投资决策委员会委员，公司投资决策会通过后，进入项目交割阶段。

对于公司已批准设立基金投资决策委员会的基金，项目组应提交全套投资决策申请文件至公司投资决策委员会秘书单位，公司投资决策委员会秘书单位组织召开公司投资决策会，确定会议时间后，书面通知项目组、公司投资决策委员会委员，公司投资决策会通过后，进入基金投资决策阶段。

实务提示

私募基金管理机构内部是否具备完备的投资管理制度，其投资管理制度是否具备可执行力等是衡量私募基金管理机构投资管理能力的标准之一；在实务中，除以上流程之外，私募基金管理机构可能会在内部设立专门的风险控制委员会作为投资决策前置机构或者将董事会/股东会作为公司投资管理决策机构，具体可根据私募基金管理机构的实际情况设置，并通过内部投资管理制度等形式确定。但尤其需要注意的是，私募基金管理机构内部投资决策程序需与在管基金产品投资决策流程衔接、统一。譬如，是否需要在基金管理机构内部就投资项目进行投资决策后再行提交基金投资决策机构决策等，避免出现投资决策机构实际缺位或者重复设置等影响投资决策效率等情形。

（二）基金内部投资决策

1. 投资决策流程依据

如前所述，私募基金根据其组织形式分类可以分为合伙企业型、公司型以及契约型。合伙企业型的私募基金有关投资决策流程合规依据应包括《合伙企业法》；相应地，公司型的私募基金有关投资决策流程合规依据应包括《公司法》；至于契约型的私募基金，则可参考《私募投资基金合同指引1号》（契约型私募基金合同内容与格式指引）确认投资决策流程。

2. 投资决策机构设置

（1）合伙企业型私募基金

依据《合伙企业法》以及《私募投资基金合同指引3号》（合伙协议必备条款指引），合伙企业型私募基金可设置的投资决策机构以及权限参见表4-1：

表4-1 合伙企业型私募基金可设置的投资决策机构以及权限

投资决策机构	投资决策权限
合伙人大会	第三十一条 除合伙协议另有约定外，合伙企业的下列事项应当经全体合伙人一致同意： （一）改变合伙企业的名称； （二）改变合伙企业的经营范围、主要经营场所的地点； （三）处分合伙企业的不动产； （四）转让或者处分合伙企业的知识产权和其他财产权利； （五）以合伙企业名义为他人提供担保； （六）聘任合伙人以外的人担任合伙企业的经营管理人员。

续表

投资决策机构	投资决策权限
执行事务合伙人	（四）【执行事务合伙人】合伙协议应约定由普通合伙人担任执行事务合伙人，执行事务合伙人有权对合伙企业的财产进行投资、管理、运用和处置，并接受其他普通合伙人和有限合伙人的监督。合伙协议应列明执行事务合伙人应具备的条件及选择程序、执行事务合伙人的权限及违约处理办法、执行事务合伙人的除名条件和更换程序，同时可以对执行事务合伙人执行事务的报酬（包括绩效分成）及报酬提取方式、利益冲突及关联交易等事项做出约定。
有限合伙人	（五）【有限合伙人】有限合伙人不执行合伙事务，不得对外代表合伙企业。有限合伙人的下列行为，不视为执行合伙事务： 1. 参与决定普通合伙人入伙、退伙； 2. 对企业的经营管理提出建议； 3. 参与选择承办合伙企业审计业务的会计师事务所； 4. 获取经审计的合伙企业财务会计报告； 5. 对涉及自身利益的情况，查阅合伙企业财务会计账簿等财务资料； 6. 在合伙企业中的利益受到侵害时，向有责任的合伙人主张权利或者提起诉讼； 7. 执行事务合伙人怠于行使权利时，督促其行使权利或者为了合伙企业的利益以自己的名义提起诉讼； 8. 依法为合伙企业提供担保。 合伙协议可以对有限合伙人的权限及违约处理办法做出约定，但是不得做出有限合伙人以任何直接或间接方式，参与或变相参与超出前款规定的八种不视为执行合伙事务行为的约定。
基金管理机构	（七）【管理方式】合伙型基金的管理人可以是合伙企业执行事务合伙人，也可以委托给其他私募基金管理机构。合伙协议中应明确管理人和管理方式，并列明管理人的权限及管理费的计算和支付方式。

（2）公司型私募基金

依据《公司法》以及《私募投资基金合同指引2号》（公司章程必备条款指引）公司型私募基金可设置的投资决策机构以及权限参见表4-2：

表 4-2　公司型私募基金可设置的投资决策机构以及权限

投资决策机构	投资决策权限
股东（大）会	第三十七条　股东会行使下列职权： （一）决定公司的经营方针和投资计划； （二）选举和更换非由职工代表担任的董事、监事，决定有关董事、监事的报酬事项； （三）审议批准董事会的报告； （四）审议批准监事会或者监事的报告； （五）审议批准公司的年度财务预算方案、决算方案； （六）审议批准公司的利润分配方案和弥补亏损方案； （七）对公司增加或者减少注册资本作出决议； （八）对发行公司债券作出决议； （九）对公司合并、分立、解散、清算或者变更公司形式作出决议； （十）修改公司章程； （十一）公司章程规定的其他职权。 对前款所列事项股东以书面形式一致表示同意的，可以不召开股东会会议，直接作出决定，并由全体股东在决定文件上签名、盖章。
董事会 （执行董事）	第四十六条　董事会对股东会负责，行使下列职权： （一）召集股东会会议，并向股东会报告工作； （二）执行股东会的决议； （三）决定公司的经营计划和投资方案； （四）制订公司的年度财务预算方案、决算方案； （五）制订公司的利润分配方案和弥补亏损方案； （六）制订公司增加或者减少注册资本以及发行公司债券的方案； （七）制订公司合并、分立、解散或者变更公司形式的方案； （八）决定公司内部管理机构的设置； （九）决定聘任或者解聘公司经理及其报酬事项，并根据经理的提名决定聘任或者解聘公司副经理、财务负责人及其报酬事项； （十）制定公司的基本管理制度； （十一）公司章程规定的其他职权。
高级管理人员	第四十九条　有限责任公司可以设经理，由董事会决定聘任或者解聘。经理对董事会负责，行使下列职权： （一）主持公司的生产经营管理工作，组织实施董事会决议； （二）组织实施公司年度经营计划和投资方案；

续表

投资决策机构	投资决策权限
	（三）拟订公司内部管理机构设置方案； （四）拟订公司的基本管理制度； （五）制定公司的具体规章； （六）提请聘任或者解聘公司副经理、财务负责人； （七）决定聘任或者解聘除应由董事会决定聘任或者解聘以外的负责管理人员； （八）董事会授予的其他职权。 公司章程对经理职权另有规定的，从其规定。 经理列席董事会会议。
监事会	第五十三条　监事会、不设监事会的公司的监事行使下列职权： （一）检查公司财务； （二）对董事、高级管理人员执行公司职务的行为进行监督，对违反法律、行政法规、公司章程或者股东会决议的董事、高级管理人员提出罢免的建议； （三）当董事、高级管理人员的行为损害公司的利益时，要求董事、高级管理人员予以纠正； （四）提议召开临时股东会会议，在董事会不履行本法规定的召集和主持股东会会议职责时召集和主持股东会会议； （五）向股东会会议提出提案； （六）依照本法第一百五十一条的规定，对董事、高级管理人员提起诉讼； （七）公司章程规定的其他职权。
基金管理机构	（八）【管理方式】公司型基金可以采取自我管理，也可以委托其他私募基金管理机构管理。采取自我管理方式的，章程中应当明确管理架构和投资决策程序；采取委托管理方式的，章程中应当明确管理人的名称，并列明管理人的权限及管理费的计算和支付方式。

（3）契约型私募基金

依据《私募投资基金合同指引1号》（契约型私募基金合同内容与格式指引），契约型私募基金可设置的投资决策机构以及权限参见表4-3：

表 4-3 契约型私募基金可设置的投资决策机构以及权限

投资决策机构	投资决策权限
私募基金 管理机构	第二十条　根据《私募办法》及其他有关规定订明私募基金管理人的权利，包括但不限于： （一）按照基金合同约定，独立管理和运用基金财产； （二）按照基金合同约定，及时、足额获得私募基金管理人管理费用及业绩报酬（如有）； （三）按照有关规定和基金合同约定行使因基金财产投资所产生的权利； （四）根据基金合同及其他有关规定，监督私募基金托管人，对于私募基金托管人违反基金合同或有关法律法规规定、对基金财产及其他当事人的利益造成重大损失的，应当及时采取措施制止； （五）私募基金管理人为保护投资者权益，可以在法律法规规定范围内，根据市场情况对本基金的认购、申购业务规则（包括但不限于基金总规模、单个基金投资者首次认购、申购金额、每次申购金额及持有的本基金总金额限制等）进行调整； （六）以私募基金管理人的名义，代表私募基金与其他第三方签署基金投资相关协议文件、行使诉讼权利或者实施其他法律行为。 第二十一条　根据《私募办法》及其他有关规定订明私募基金管理人的义务，包括但不限于： （一）履行私募基金管理人登记和私募基金备案手续； （二）按照诚实信用、勤勉尽责的原则履行受托人义务，管理和运用基金财产； （三）制作调查问卷，对投资者的风险识别能力和风险承担能力进行评估，向符合法律法规规定的合格投资者非公开募集资金； （四）制作风险揭示书，向投资者充分揭示相关风险； （五）配备足够的具有专业能力的人员进行投资分析、决策，以专业化的经营方式管理和运作基金财产； （六）建立健全内部制度，保证所管理的私募基金财产与其管理的其他基金财产和私募基金管理人的固有财产相互独立，对所管理的不同财产分别管理、分别记账、分别投资； （七）不得利用基金财产或者职务之便，为本人或者投资者以外的人牟取利益，进行利益输送； （八）自行担任或者委托其他机构担任基金的基金份额登记机构，委托其他基金份额登记机构办理注册登记业务时，对基金份额登记机构的行为进行必要的监督；

续表

投资决策机构	投资决策权限
	（九）按照基金合同约定接受投资者和私募基金托管人的监督； （十）按照基金合同约定及时向托管人提供非证券类资产凭证或股权证明（包括股东名册和工商部门出具并加盖公章的权利证明文件）等重要文件（如有）； （十一）按照基金合同约定负责私募基金会计核算并编制基金财务会计报告； （十二）按照基金合同约定计算并向投资者报告基金份额净值； （十三）根据法律法规与基金合同的规定，对投资者进行必要的信息披露，揭示私募基金资产运作情况，包括编制和向投资者提供基金定期报告； （十四）确定私募基金份额申购、赎回价格，采取适当、合理的措施确定基金份额交易价格的计算方法符合法律法规的规定和基金合同的约定； （十五）保守商业秘密，不得泄露私募基金的投资计划或意向等，法律法规另有规定的除外； （十六）保存私募基金投资业务活动的全部会计资料，并妥善保存有关的合同、交易记录及其他相关资料，保存期限自私募基金清算终止之日起不得少于10年； （十七）公平对待所管理的不同基金财产，不得从事任何有损基金财产及其他当事人利益的活动； （十八）按照基金合同的约定确定私募基金收益分配方案，及时向投资者分配收益； （十九）组织并参加基金财产清算小组，参与基金财产的保管、清理、估价、变现和分配； （二十）建立并保存投资者名册； （二十一）面临解散、依法被撤销或者被依法宣告破产时，及时报告中国基金业协会并通知私募基金托管人和基金投资者。
私募基金份额持有人大会及日常机构	第二十八条　列明应当召开基金份额持有人大会的情形，并订明其他可能对基金份额持有人权利义务产生重大影响需要召开基金份额持有人大会的情形： （一）决定延长基金合同期限； （二）决定修改基金合同的重要内容或者提前终止基金合同； （三）决定更换基金管理人、基金托管人； （四）决定调整基金管理人、基金托管人的报酬标准；

续表

投资决策机构	投资决策权限
	（五）基金合同约定的其他情形。 针对前款所列事项，基金份额持有人以书面形式一致表示同意的，可以不召开基金份额持有人大会直接作出决议，并由全体基金份额持有人在决议文件上签名、盖章。 第二十九条　按照基金合同的约定，基金份额持有人大会可以设立日常机构，行使下列职权： （一）召集基金份额持有人大会； （二）提请更换基金管理人、基金托管人； （三）监督基金管理人的投资运作、基金托管人的托管活动； （四）提请调整基金管理人、基金托管人的报酬标准； （五）基金合同约定的其他职权。

（三）基金外部投资决策

基金外部投资决策是指基金对外投资项目在履行完基金内部投资决策程序后，根据相关规定或约定，还需提交其他外部机构决策的情形。此种情况多见于某一投资者为政府引导基金或财政出资，或某一投资者为国有企业等。需注意的是，有关基金需履行外部投资决策的程序要求建议在基金协议中予以明确，以免后续对该等约定或者规定是否对基金产品发生约束力产生争议。

（四）关联交易投资决策

1. 关联交易界定

根据中基协在《登记须知》中针对私募基金管理机构的关联方定义，私募基金管理机构的关联方包括其子公司（持股5%以上的金融机构、上市公司及持股20%以上的其他企业）、分支机构、关联方（受同一控股股东/实际控制人控制的金融机构、私募基金管理人、投资类企业、冲突业务企业、投资咨询及金融服务企业等)。

根据中基协在《备案须知》中针对关联交易的定义，私募投资基金进行关联交易的，应当防范利益冲突，遵循投资者利益优先原则和平等自愿、等价有偿的原则，建立有效的关联交易风险控制机制。上述关联交易是指私募投资基金与管理人、投资者、管理人管理的私募投资基金、同一实际控制人下的其他管理人管理的私募投资基金或者与上述主体有其他重大利害关系的关联方发生的交易行为。

证监会在《证券期货经营机构私募资产管理业务管理办法》《证券期货经营机构私募资产管理计划运作管理规定》中规定，关联方按照财政部《企业会计准则》确定。

故在目前没有针对私募基金的关联方进行明确定义的情况下，各基金参与者可根据实际情况，参照中基协《登记须知》《备案须知》以及财政部《企业会计准则》关于关联方的定义，明确私募基金的关联方范围。

2.关联交易决策流程

中基协要求，如私募基金涉及关联交易的，应在私募基金合同/合伙协议/公司章程中约定有效实施关联交易的风险控制机制。在目前并无有关关联交易决策流程规定的前提下，建议在基金协议中就关联交易的决策机构以及表决机制进行明确约定。

二、基金尽职调查

通常在S基金进行基金份额收购或者相关投资者参与已设立运营的基金产品的情形下，涉及对标的基金的尽职调查。此类尽职调查一方面需要判断基金管理人的基金投资管理能力，另一方面需要清楚了解该等基金产品自设立至今的运营情况、投资项目运作情况等。故一般而言，针对私募基金的投资调查主要是围绕基金管理人以及私募基金本身开展。

（一）基金管理人尽职调查

针对基金管理人的尽职调查主要在于两个方面：一方面是针对基金管理人合法合规运营的尽职调查，另一方面是针对基金管理人投资管理能力的尽职调查。基金管理人合法合规运营是其作为基金管理机构的基本要求，调查方向包括其是否按照证监会或者中基协相关规定开展经营活动，是否存在影响其作为基金管理机构开展业务的不良情形或潜在风险；另外针对基金管理人的投资管理能力调查，一是通过其过往投资管理业绩、其主要成员的专业能力预判；二是通过核查基金管理机构内部是否存在健全有效的投资管理制度、内部控制机制等进行判断。

（二）拟投资标的基金尽职调查

针对拟投资标的基金的法律尽职调查主要在于：1.拟投资标的基金的主体适格性。主要包括其是否依法设立、合法存续，是否存在应当提前解散或者清算等情形。2.标的基金是否按照约定开展对外投资决策以及投后管理，以此来确认标的基金的运作管理是否切实有效。3.如投资者需参与基金在前投资产品的收益／亏损分担，则需对标的基金对外投资项目进行法律尽职调查。4.对标的基金的财务情况进行核查，了解出资人出资情况（是否存在逾期出资情形）、对外投资项目的付款情况（是否存在逾期付款情形）、收益分配情况（是否存在逾期分配情形）等。

实务范本

范本1　针对基金管理人法律尽职调查清单

核查项目	核查事项	序号	所涉具体文件	备注
一、私募基金管理人的基本情况	私募基金管理人基本工商登记信息	1	最新的《营业执照》	
		2	最新的公司章程	
		3	从工商局调取公司自设立至今的工商详档及股权查封、质押信息	
	私募基金管理人经营场所情况	1	经营场所现在照片	
		2	有关注册地与实际经营地不一致的说明（如涉及）	
	私募基金管理人财务情况	1	企业征信报告（详细版本）	
		2	请提供注册资本实缴的历次验资报告或银行入账凭证	
		3	公司最近一年经审计的财务报告	
		4	公司最近三个月的财务报表	
	私募基金管理人关联方情况	1	公司出具是否设立分公司、子公司或其他分支机构的说明	1.子公司：指持股5%以上的金融企业、上市公司及持股20%以上的其他企业；2.分支机构：指企业投资设立的、有固定经营场所、以自己名义直接对外从事经营活动的、不具有法人资格，其民事责任由隶属企业承担的经济组织；3.关联方：受同一控股股东/实际控制人控制的金融机构、私募基金管理人、投资类企业、冲突业务企业、投资咨询及金融服务企业等。
		2	分公司、子公司或其他分支机构的营业执照	
		3	公司出具是否存在关联方的说明	
		4	公司提供其在中基协资产管理业务综合报送平台提交的子公司、分支机构以及关联方的清单	
		5	公司有关规范关联交易的制度安排	
		6	公司出具的有关从事投资、投资管理、基金管理等业务的关联方与公司之间业务差异的介绍	

续表

核查项目	核查事项	序号	所涉具体文件	备注
二、私募基金管理人股东、实际控制人信息	私募基金管理人股东信息	1	私募基金管理人股东营业执照	
		2	私募基金管理人股东出具关于是否存在信托持股、委托持股或类似协议安排的说明；如存在，则需提供相关协议文件	
		3	私募基金管理人股东对是否存在实际控制人的说明	
	私募基金管理人实际控制人信息	1	实际控制人身份证明文件/主体资格证明文件	
		2	私募基金管理人控股股东/实际控制人的基本信息介绍	
三、私募基金管理人的高管人员	高管人员基本信息	1	公司现任高管人员名单	
		2	公司有关高管任命的股东会决议以及签发的任命书等资料	
		3	公司高管人员信息调查表及简历	如公司高管人员存在兼职情况的，需特别注明
		4	各高管的身份证明文件、学历证书	
		5	公司高管人员与曾任职单位签署的保密协议或竞业禁止协议（如有）	
	高管人员劳动关系	1	公司与高管的聘用合同	
		2	公司与高管签署的业绩奖励协议、跟投协议（如有）	
	高管人员专业管理能力	1	高管人员基金从业资格证书	
		2	高级管理人员曾主导的私募基金股权投资成功案例［需详述，项目名称、规模、退出情况（如有尚未退出或退出失败的请说明原因）、回报率等］	

续表

核查项目	核查事项	序号	所涉具体文件	备注
四、私募基金管理人的组织架构和内部风险控制	私募基金管理人的组织架构和内部风险控制	1	公司内部组织架构图	
		2	内部组织机构的职能介绍文件	
		3	内控制度通过的公司内部有权决策机构批准文件	
		4	公司全套内控制度文件（包括投资管理制度、风险控制管理制度、投后管理制度以及外派人员管理制度等）	
		5	有关公司投资决策及内部风险控制流程介绍文件	
五、重大诉讼、仲裁或行政处罚	重大诉讼、仲裁或行政处罚	1	公司最近三年涉及刑事、民事诉讼或仲裁的案件材料	
		2	公司最近三年受到行政处罚或者行业处罚的情况材料	
		3	公司高级管理人员最近三年涉及刑事、民事诉讼或仲裁的案件材料	
		4	公司高管最近三年受到行政处罚或者行业处罚的案件材料	
		5	公司就是否涉诉等事项的说明及承诺文件	
		6	公司高管就是否涉诉等事项的说明及承诺文件	
		7	主要参与本次基金合作的团队成员前述信息	
六、私募基金管理人的税务	私募基金管理人的税务	1	公司目前适用的税种、税率或税收优惠	
		2	公司提供享受的政府税收优惠情况的说明或相关政府批文	

续表

核查项目	核查事项	序号	所涉具体文件	备注
		3	公司提供的纳税申报表及完税凭证	
		4	公司出具的关于其是否依法纳税的承诺	
七、私募基金管理人投资管理团队	私募基金管理人投资管理团队	1	私募基金管理人主要投资管理团队、风险控制团队人员简历、身份信息、学历证明文件、基金从业资格证明	可提供主要参与本次基金合作的团队成员相关信息
		2	私募基金管理人主要投资管理团队、风险控制团队人员与曾任职单位签署的保密协议或竞业禁止协议（如有）	可提供主要参与本次基金合作的团队成员相关信息
八、其他资料	执行事务合伙人委派代表及投决委成员资料	1	请说明公司未来拟委派至基金产品的执行事务合伙人委派代表名单并提供该等执行事务合伙人委派代表简历	
		2	请说明公司未来拟委派至基金产品的投决委名单并提供该等人员的简历	
	法律意见书及其他资料	1	请公司提供管理人登记时提交协会的法律意见书及补充法律意见书	
	重大合同签署及履行情况介绍	2	请提供近三年与公司经营业务相关的重大合同签署及履行情况说明	

范本2 针对基金产品法律尽职调查清单

核查项目	核查事项	序号	所涉具体文件	备注
一、基金基本情况	1.基本工商登记情况	1	基金现行有效营业执照	
		2	调取基金自设立至今的工商档案信息（包括历次签署的合伙协议及补充协议、入伙协议、合伙人会议决议等）	
	2.投资者入伙、退伙情况	1	如涉及存续期间合伙人退伙，请提供相应的退伙决议文件、财产核算及退还等资料	
		2	请对基金自设立至今是否存在投资者违约的情况进行说明	
		3	请对现有合伙人是否存在退伙意向、份额转让意向进行说明	
二、基金募集与备案	1.基金募集情况	1	请提供基金募集全套文件（可选取一位投资者涉及的全部募集文件提供）	
	2.基金备案情况	1	基金在中基协申请产品备案提交的备案文件	
三、基金财务	1.基金财务情况	1	请提供基金募集结算监督管理协议以及托管协议	
		2	基金最新征信报告	
		3	基金自设立至今经审计的财务报告以及最近一期财务报表	
		4	基金历次的实缴出资通知文件以及托管机构出具的资金到账凭证	
		5	托管机构出具的最新一期基金托管报告	
		6	基金托管账户余额查询单	
	2.基金财产分配情况（如涉及）	1	基金历次可分配财产分配方案以及决议文件	
		2	基金财产分配执行证明文件	

续表

核查项目	核查事项	序号	所涉具体文件	备注
四、基金专业决策机构	基金专业决策机构成员信息	1	请提供基金专业决策机构的成员构成名单	
		2	请提供基金专业决策机构的成员简历	
五、基金对外投资	基金对外投资情况	1	请提供基金对外投资项目列表及投资情况概要	
		2	基金对外投资所涉及的内部工作文件及投资决议文件，其中内部工作文件包括但不限于立项报告、尽职调查报告（行业、法律、财务等）、投资建议报告等文件	
		3	基金对外投资所涉投资协议、补充协议（如有）、担保类协议（如有）及其他与本次投资安排相关协议；投资款项支付凭证	
		4	对外投资企业的章程或合伙协议等	
		5	对外投资企业最近一期财务报表或审计报告	
		6	就对外投资企业是否存在违反投资协议约定的情况或者预期违约的情况进行说明	
		7	请提供开展基金对外投资项目投后管理工作所涉及的全部工作文件	
六、基金投资退出（如涉及）	基金投资退出情况	1	基金投资退出涉及的决议文件以及退出方案	
		2	基金退出所涉及的已签署交易文件及交易凭证	
七、信息披露	投资者信息披露	1	基金设立以来在信息披露备份系统披露的季度报（如有）、半年报、年度报以及重大事项报告等文件	
		2	基金在中基协最新提交的产品运行情况表	

续表

核查项目	核查事项	序　号	所涉具体文件	备注
八、其他	1.其他经营合同	1	基金自设立至今签署的，除对外投资项目外的其他经营合同	
	2.关联交易	2	基金关联交易说明及相应的投资决策文件	

三、基金运作方式

证监会对私募投资基金的运作方式进行了限制规定，违反前述规定，首先，将影响基金产品顺利备案；其次，基金管理人将因违规运营行为面临行政处罚或自律处分，并可能涉及刑事犯罪。以下就基金运作的常见风险情形进行列示：

1.备案前临时投资

备案前临时投资为目前确认的备案前基金可从事的业务活动。除此之外，不建议基金产品开展任何其他业务。关于备案前临时投资的相关合规依据参见表4-4：

表 4-4　关于备案前临时投资的相关合规依据

合规事项名称	相关规定内容	相关规定名称
备案前临时投资	（十二）【备案前临时投资】私募投资基金完成备案前，可以以现金管理为目的，投资于银行活期存款、国债、中央银行票据、货币市场基金等中国证监会认可的现金管理工具。	《备案须知》

2.嵌套

《资管新规》第二条明确针对私募投资基金的适用要求,"私募投资基金适用私募投资基金专门法律、行政法规,私募投资基金专门法律、行政法规中没有明确规定的适用本意见"。由于私募投资基金专门法律、行政法规中尚未有嵌套的相关规定,故《资管新规》有关多层嵌套的限制性规定适用于私募投资基金。关于嵌套的相关合规依据参见表4-5:

表4-5 关于嵌套的相关合规依据

合规事项名称		相关规定内容	相关规定名称
嵌套	禁止多层嵌套	二十二、金融机构不得为其他金融机构的资产管理产品提供规避投资范围、杠杆约束等监管要求的通道服务。 资产管理产品可以再投资一层资产管理产品,但所投资的资产管理产品不得再投资公募证券投资基金以外的资产管理产品。 ……	《资管新规》
	不视为嵌套的情形	六、符合本通知规定要求的两类基金接受资产管理产品及其他私募投资基金投资时,该两类基金不视为一层资产管理产品。	《关于进一步明确规范金融机构资产管理产品投资创业投资基金和政府出资产业投资基金有关事项的通知》(发改财金规〔2019〕1638号)

3.资金池

根据《资管新规》《私募资产管理业务运作》以及《备案须知》等文件规定,私募投资基金不得开展或者参与"资金池"业务。关于资金池的相关合规依据参见表4-6:

表 4-6 关于资金池的相关合规依据

合规事项名称	相关规定内容	相关规定名称
资金池	十五、金融机构应当做到每只资产管理产品的资金单独管理、单独建账、单独核算，不得开展或者参与具有滚动发行、集合运作、分离定价特征的资金池业务。	《资管新规》
	第九条 证券期货经营机构不得开展或参与具有"资金池"性质的私募资产管理业务，资产管理计划不得存在以下情形或者投资存在以下情形的其他资产管理产品： （一）不同资产管理计划进行混同运作，资金与资产无法明确对应； （二）资产管理计划在整个运作过程中未有合理估值的约定，且未按照资产管理合同约定向投资者进行充分适当的信息披露； （三）资产管理计划未单独建账、独立核算，未单独编制估值表； （四）资产管理计划在开放申购、赎回或滚动发行时未按照规定进行合理估值，脱离对应标的资产的实际收益率进行分离定价； （五）资产管理计划未进行实际投资或者投资于非标资产，仅以后期投资者的投资资金向前期投资者兑付投资本金和收益； （六）资产管理计划所投资产发生不能按时收回投资本金和收益情形的，资产管理计划通过开放参与、退出或滚动发行的方式由后期投资者承担此类风险，但管理人进行充分信息披露及风险揭示且机构投资者书面同意的除外。	《私募资产管理业务运作》
	（十四）【禁止资金池】管理人应当做到每只私募投资基金的资金单独管理、单独建账、单独核算，不得开展或者参与任何形式的"资金池"业务，不得存在短募长投、期限错配、分离定价、滚动发行、集合运作等违规操作。	《备案须知》

4.分级及杠杆比例

《资管新规》《私募资产管理业务运作》对私募产品、资管计划的杠杆倍数要求进行了明确，中基协对此规定为，私募投资基金杠杆倍数不得超过监管部门规定的杠杆倍数要求。关于分级及杠杆比例的相关合规依据参见表4-7：

表4-7 关于分级及杠杆比例的相关合规依据

合规事项名称	相关规定内容	相关规定名称
分级及杠杆比例	二十一、公募产品和开放式私募产品不得进行份额分级。分级私募产品的总资产不得超过该产品净资产的140%。分级私募产品应当根据所投资资产的风险程度设定分级比例（优先级份额/劣后级份额，中间级份额计入优先级份额）。固定收益类产品的分级比例不得超过3:1，权益类产品的分级比例不得超过1:1，商品及金融衍生品类产品、混合类产品的分级比例不得超过2:1。发行分级资产管理产品的金融机构应当对该资产管理产品进行自主管理，不得转委托给劣后级投资者。	《资管新规》
	第四条 证券期货经营机构设立结构化资产管理计划，不得违背利益共享、风险共担、风险与收益相匹配的原则，不得存在以下情形： …… （四）股票类、混合类结构化资产管理计划的杠杆倍数超过1倍，固定收益类结构化资产管理计划的杠杆倍数超过3倍，其他类结构化资产管理计划的杠杆倍数超过2倍；	《私募资产管理业务运作》
	（十八）【基金杠杆】私募投资基金杠杆倍数不得超过监管部门规定的杠杆倍数要求。开放式私募投资基金不得进行份额分级……	《备案须知》

5.保本保收益安排

根据《资管新规》以及相关自律规定，管理人及其实际控制人、股东、关联方以及募集机构不得向投资者承诺最低收益，出现兑付困难时，基金管理机构不得以任何形式垫资兑付。此外,就民事责任方面,《九民纪要》以及各级人民法院出台的关于金融审判工作的指导意见等文件均体现了现行司法审判规则在不断配合现有金融监管政策,对金融行业新型交易予以认可,以及对金融监管的实质交易进行判断,故投资协议中如存在相关保本保收益以及刚性兑付安排的约定将可能影响合同效力。关于禁止保本保收益安排的相关合规依据参见表4-8:

表 4-8 关于保本保收益安排的相关合规依据

合规事项名称		相关规定内容	相关规定名称
保本保收益安排	禁止保本保收益安排	第十五条 私募基金管理人、私募基金销售机构不得向投资者承诺投资本金不受损失或者承诺最低收益。	《私募管理办法》
		第三十一条 分级资产管理计划不得投资其他分级或者结构化金融产品,不得直接或者间接对优先级份额认购者提供保本保收益安排。	《证券期货经营机构私募资产管理计划运作管理规定》(证监会公告〔2018〕31号)
		二十一、公募产品和开放式私募产品不得进行份额分级。分级私募产品的总资产不得超过该产品净资产的140%。分级私募产品应当根据所投资资产的风险程度设定分级比例(优先级份额/劣后级份额,中间级份额计入优先级份额)。固定收益类产品的分级比例不得超过3:1,权益类产品的分级比例不得超过1:1,商品及金融衍生品类产品、混合类产品的分级比例不得超过2:1。发行分级资产管理产品的金融机构应当对该资产管理产品进行自主管理,不得转委托给劣后级投资者。分级资产管理产品不得直接或者间接对优先级份额认购者提供保本保收益安排。本条所称分级资产管理产品是指存在一级份额以上的份额为其他级份额提供一定的风险补偿,收益分配不按份额比例计算,由资产管理合同另行约定的产品。	《资管新规》

续表

合规事项名称	相关规定内容	相关规定名称
	第三条 证券期货经营机构及相关销售机构不得违规销售资产管理计划，不得存在不适当宣传、误导欺诈投资者以及以任何方式向投资者承诺本金不受损失或者承诺最低收益等行为，包括但不限于以下情形： …… （三）与投资者私下签订回购协议或承诺函等文件，直接或间接承诺保本保收益； （四）向投资者口头或者通过短信、微信等各种方式承诺保本保收益； ……	《私募资产管理业务运作》
	第四条 证券期货经营机构设立结构化资产管理计划，不得违背利益共享、风险共担、风险与收益相匹配的原则，不得存在以下情形： （一）直接或者间接对优先级份额认购者提供保本保收益安排，包括但不限于在结构化资产管理计划合同中约定计提优先级份额收益、提前终止罚息、劣后级或第三方机构差额补足优先级收益、计提风险保证金补足优先级收益等； ……	《私募资产管理业务运作》
禁止刚性兑付	（十三）【禁止刚性兑付】管理人及其实际控制人、股东、关联方以及募集机构不得向投资者承诺最低收益、承诺本金不受损失，或限定损失金额和比例。	《备案须知》

6.禁止投资单元

中基协明确要求，管理人不得在私募投资基金内部设立由不同投资者参与并投向不同资产的投资单元，否则将直接影响基金产品完成备案。关于禁止投资单元的相关合规依据参见表4-9：

表 4-9 关于禁止投资单元的相关合规依据

合规事项名称	相关规定内容	相关规定名称
禁止投资单元	（十五）【禁止投资单元】管理人不得在私募投资基金内部设立由不同投资者参与并投向不同资产的投资单元/子份额，规避备案义务，不公平对待投资者。	《备案须知》

7.禁止从事违法违规业务

《私募资产管理业务运作》规定，证券期货经营机构开展私募资产管理业务，不得从事非公平交易、利益输送、利用未公开信息交易、内幕交易、操纵市场等损害投资者合法权益的行为，不得利用资产管理计划进行商业贿赂；证券期货经营机构开展私募资产管理业务，不得从事违法证券期货业务活动或者为违法证券期货业务活动提供交易便利；私募证券投资基金管理人需参照该等要求执行。关于禁止从事违法违规业务的相关合规依据参见表4-10：

表 4-10 关于禁止从事违法违规业务的相关合规依据

合规事项名称	相关规定内容	相关规定名称
从事违法证券期货业务活动或者为违法证券期货业务活动提供交易便利	第七条 证券期货经营机构开展私募资产管理业务，不得从事违法证券期货业务活动或者为违法证券期货业务活动提供交易便利，包括但不限于以下情形： （一）资产管理计划份额下设子账户、分账户、虚拟账户或将资产管理计划证券、期货账户出借他人，违反账户实名制规定； （二）为违法证券期货业务活动提供账户开立、交易通道、投资者介绍等服务或便利； （三）违规使用信息系统外部接入开展交易，为违法证券期货业务活动提供系统对接或投资交易指令转发服务； （四）设立伞形资产管理计划，子伞委托人（或其关联方）分别实施投资决策，共用同一资产管理计划的证券、期货账户。	《私募资产管理业务运作》
禁止开展损害投资者利益的行为	第八条 证券期货经营机构开展私募资产管理业务，不得从事非公平交易、利益输送、利用未公开信息交易、内幕交易、操纵市场等损害投资者合法权益的行为，不得利用资产管理计划进行商业贿赂，包括但不限于以下情形：	

续表

合规事项名称	相关规定内容	相关规定名称
	（一）交易价格严重偏离市场公允价格，损害投资者利益。不存在市场公允价格的投资标的，能够证明资产管理计划的交易目的、定价依据合理且在资产管理合同中有清晰约定，投资程序合规以及信息披露及时、充分的除外； （二）以利益输送为目的，与特定对象进行不正当交易，或者在不同的资产管理计划账户之间转移收益或亏损； （三）以获取佣金或者其他不当利益为目的，使用资产管理计划资产进行不必要的交易； （四）泄露因职务便利获取的未公开信息，以及利用该信息从事或者明示、暗示他人从事相关的交易活动； （五）利用管理的资产管理计划资产为资产管理人及其从业人员或第三方谋取不正当利益或向相关服务机构支付不合理的费用； （六）违背风险收益相匹配原则，利用结构化资产管理计划向特定一个或多个劣后级投资者输送利益； （七）侵占、挪用资产管理计划资产。	

8.鼓励组合投资

中基协鼓励私募股权投资基金进行组合投资，关于组合投资的相关合规依据参见表4-11：

表4-11 关于组合投资的相关合规依据

合规事项名称	相关规定内容	相关规定名称
鼓励组合投资	（十六）【组合投资】鼓励私募投资基金进行组合投资。建议基金合同中明确约定私募投资基金投资于单一资产管理产品或项目所占基金认缴出资总额的比例。	《备案须知》
	三、组合投资要求。私募资产配置基金应当主要采用基金中基金的投资方式，80%以上的已投基金资产应当投资于已备案的私募基金、公募基金或者其他依法设立的资产管理产品。	《问题解答（十五）》

9.外包服务安排

中基协允许私募基金管理人委托外包服务机构提供外包服务,但私募基金外包服务机构需具备相应资质。外包服务具体包括基金募集、投资顾问、份额登记、估值核算、信息技术系统等。关于外包服务安排的相关合规依据参见表4-12:

表4-12 关于外包服务安排的相关合规依据

合规事项名称		相关规定内容	相关规定名称
外包服务安排	外包服务内容	私募基金管理人委托私募基金服务机构,为私募基金提供基金募集、投资顾问、份额登记、估值核算、信息技术系统等服务业务。	《私募投资基金服务业务管理办法（试行）》
	私募基金外包服务机构资格要求	私募基金管理人应当委托在中国证券投资基金业协会完成登记并已成为协会会员的服务机构提供私募基金服务业务。私募基金管理人委托服务机构从事私募基金募集、投资顾问等业务的相关规定,由协会另行规定。	

CHAPTER 5

第五章

基金退出合规指引

☑ 一、项目退出
☑ 二、投资者退出
☑ 三、基金清算

私募股权投资基金通过投资目标公司股权获取投资收益，既包括投资期间的分红等股东收益，也包括退出时的股权溢价收益。只有私募股权投资基金顺利从项目中退出，才能够向投资者进行收益分配，进而实现基金的目的。私募股权投资基金对目标公司的投资可通过目标公司IPO、目标公司被上市公司收购、目标公司被第三方收购、目标公司或创始股东回购等方式退出。当然，实操中也存在私募股权投资基金投资延期退出的情形，延期的原因多种多样，例如项目预期较好，基金主动要求延期退出；回购义务方延期履行回购义务等。在投资项目发生异常无法实现股权正常退出时，还可能通过诉讼、目标公司清算等路径实现私募股权投资基金退出。

私募股权投资基金从目标公司中退出或基金到期时，对基金收回的投资收益，根据基金主体的不同，分别依据公司章程、合伙协议或基金合同[①]的约定扣除相关费用后，向投资者分配。实操中，在进行私募股权投资基金分配时，往往会预留一定的清算费用。分配结束后，将成立清算组依法进行私募股权投资基金清算，宣布私募股权投资基金结束。当私募股权投资基金投资的项目无法按期退出，而各投资者又不同意现状分配时，也可以根据基金合同的约定对基金进行展期以配合私募股权投资基金在项目中的延期退出。

私募股权投资基金相关法律法规和自律规则对于私募基金的退出无特别

[①] 对于公司型基金而言，约束管理人和投资者的主要依据是公司章程；对于合伙型基金而言，约束管理人和投资者的主要依据是合伙协议；对于契约型基金而言，约束管理人和投资者的主要依据是基金合同。下文将公司章程、合伙协议和契约型基金的基金合同统称为"基金合同"。

的合规要求。在项目层面，私募股权投资基金退出项目时，各类退出交易遵循其各自交易类型的一般规定：通过目标公司IPO方式退出的，则遵循公司上市、股份锁定、二级市场退出等规定；通过目标公司被上市公司收购方式退出的，则遵循上市公司收购的相关规定；通过目标公司被第三方收购方式退出的，则遵循公司法关于股权转让等的规定；通过目标公司或创始股东回购方式退出的，则遵循公司法关于股权转让等的规定和当初投资的约定进行退出。在私募股权投资基金层面，投资者退出基金时，遵循基金合同的相关约定，履行相应的程序。

本章主要以私募股权投资基金退出目标公司和投资者退出基金过程中可能发生的问题为导向进行分析。

一、项目退出

（一）项目退出程序

对于私募股权投资基金的退出，私募基金相关法律法规和自律规则无明确规定，属于约定事项。如基金业协会颁布的《备案须知》和私募投资基金合同指引1–3号均只是进行了概括性的规定：提出了基金募集推介材料和基金合同中应当对基金的退出作出约定的要求，但对于约定的具体内容未作规定。唯一明确的规定是《资管新规》：未上市企业股权及其受（收）益权的退出日不得晚于封闭式资产管理产品的到期日。根据该条规定，对于私募股权投资基金从项目中的退出，管理人只需在《资管新规》规定的基础上，按照基金合同的约定履行相应的基金内部决策程序即可完成退出程序。一般而言，私募股权投资基金的退出由基金的投资决策部门决策。基金的投资决策部门既可以是设立在基金层面的投资决策委员会，也可以是基金的管理人或管理人下设的投资决策委员会。基金的投资决策一般在基金合同中进行约定。

1.基金合同约定由管理人或管理人下设的投资决策委员会决定项目的投资和退出。基金合同条款示例：

【投资决策】管理人应组建投资决策委员会，对项目投资的立项、投资及退出进行专业决策。合伙企业具体投资项目方案由管理人根据本协议、投资决策委员会的决定具体执行。

2.基金合同约定在基金层面设立投资决策委员会决定项目的投资和退出。基金合同条款示例：

◎ 示例一：

【投资决策委员会】本合伙企业设投资决策委员会（以下简称投委会）。投委会为本合伙企业的决策机构，决定本合伙企业的投资及投资退出等事宜，其权限包括但不限于：

（1）负责项目投资方案、退出方案等的决策工作；

（2）审查项目的投资价值、面临风险，并预测项目的合理性；

（3）负责本合伙企业闲置资金的日常运作（包括短期银行资金理财计划等）；

（4）其他根据本协议约定应由投委会决策的事项。

◎ 示例二：

【投资决策委员会】有限合伙企业设投资决策委员会。投资决策委员会负责就有限合伙企业的"投资立项，投资决策，向被投资标的提名或委派董事、监事、高级管理人员及其他人员，投资退出，与投资有关的重大风险处置，执行事务合伙人或管理人认为应当提交投资决策委员会决议的其他事项"作出决议。

关于项目退出程序的相关合规依据参见表5-1：

表 5-1 关于项目退出程序的相关合规依据

合规事项名称	相关规定内容	相关规定名称
募集推介材料内容要求	一、……（八）……募集推介材料还应向投资者详细揭示私募投资基金主要意向投资项目（如有）的主营业务、估值测算、基金投资款用途以及拟退出方式等信息，私募证券投资基金除外……	《备案须知》
公司型基金章程内容要求	五、……（七）【投资事项】章程应列明本公司型基金的投资范围、投资策略、投资运作方式、投资限制、投资决策程序、关联方认定标准及对关联方投资的回避制度、投资后对被投资企业的持续监控、投资风险防范、投资退出等。	《私募投资基金合同指引2号》（公司章程必备条款指引）
合伙型基金合伙协议内容要求	五、……（十）【投资事项】合伙协议应列明本合伙型基金的投资范围、投资运作方式、投资限制、投资决策程序、关联方认定标准及关联方投资的回避制度，以及投资后对被投资企业的持续监控、投资风险防范、投资退出、所投资标的担保措施、举债及担保限制等作出约定。	《私募投资基金合同指引3号》（合伙协议必备条款指引）
基金退出时间要求	十五、……资产管理产品直接或者间接投资于未上市企业股权及其受（收）益权的，应当为封闭式资产管理产品，并明确股权及其受（收）益权的退出安排。未上市企业股权及其受（收）益权的退出日不得晚于封闭式资产管理产品的到期日。	《资管新规》

（二）项目退出涉及的相关问题

1."对赌"条款

所谓"对赌"，又称估值调整机制，是指投资人与融资方在达成股权性融资协议时，为解决交易双方对目标公司未来发展的不确定性、信息不对称以及代理成本问题而设计的包含股权回购、金钱补偿等对未来目标公司的估值进行调整的机制。对赌可以是投资者与目标公司创始股东或实际控制人之间的对赌，也可以是投资者与目标公司之间的对赌，抑或是投资者与目标公司、创始股东之间的对赌。对赌工具包括股权回购、现金补偿、优先认购/购买权、随售权、拖售权、反稀释权、优先清偿权等。

对赌条款是投资者与目标公司博弈的结果，合理严谨的对赌条款将有利于私募股权投资基金顺利退出项目。实践中因对赌条款设置不明确导致投资人和目标公司发生争议甚至诉讼的案例不在少数。根据私募股权投资基金和目标公司及目标公司股东的不同情况，对赌的条款也有所差别，在此仅简单列举常见的对赌条款的基本内容。

投资协议关于对赌条款示例：

（1）股权回购

第一条　在下列任一情形发生后，目标公司及/或核心股东连带地回购投资人股东届时所持有的全部或部分股权（具体出售股权比例由投资人股东决定）：

a.目标公司未能于＿＿＿年＿＿＿月＿＿＿日前在上海证券交易所（含科创板）、深圳证券交易所或在其他投资人认可的证券交易所首次公开发行股票并上市交易；

b.目标公司提交上市申请后，被有关上市监管机构否决其申请；

c.发生导致目标公司上市不可能的任何情况，包括但不限于目标公司和/或核心股东和/或管理层出现重大违约、委任的合格会计师事务所不能出具无保留意见审计报告，以及目标公司实际控制人发生变更等；

d.目标公司任一年度的实际经营业绩未达到本协议第＿＿＿条约定的；

e.核心股东或目标公司严重违反交易文件项下的有关约定或交易文件项下的承诺、陈述及/或保证的；

……

第二条　发生上述任一触发事件，投资人有权在事件发生后要求目标公司及核心股东共同且连带地回购投资人届时所持有的全部股权，其应向目标公司及核心股东发出书面通知（以下简称回购通知）；目标公司及核心股东应在收到回购通知后的____个工作日内，按照下述回购价格购买投资人要求其回购的股权。

回购价格＝被回购的股权所对应的原始投资金额×（1+10%×N）－投资期间累计现金补偿金额－投资期间被回购股权累计现金分红。

其中，N为资金占用期间，即自相应原始投资金额支付至目标公司指定账户之日（含）至投资人收到全部回购价款之日／365。

（2）现金补偿／股权补偿

在____情形下，投资人有权要求核心股东连带地将其所持有的或实际控制的目标公司部分股权无偿转让给投资人，或无偿支付现金给投资人作为补偿。

投资人选择股权补偿时，股权补偿比例＝_____

投资人选择现金补偿时，现金补偿金额＝_____

（3）优先购买权

未经投资人事先书面同意，核心股东不得向任何第三方转让其持有的目标公司股权，若核心股东拟转让全部或部分股权，核心股东应向投资人提供书面通知（以下简称转让通知）。投资人有权在同等条件下优先购买或指定第三方购买该股权。

在从核心股东处收到转让通知起____日内，投资人应答复是否选择行使其优先购买权，若投资人未能在____日内答复，则应视为放弃行使优先购买权。

投资人的优先购买权不适用于核心股东拟／正在实施的经股东大会及投资人审议批准的员工股权激励计划，或类似的福利计划。具体指____。

（4）随售权

核心股东拟转让其全部或部分股权时，如果投资人不行使优先购买权，则投资人有权（但并无义务）将不超过其比例份额的股权一并转让。

在收到核心股东发送的转让通知起____日内，投资人可通过向核心股东交付书面通知（以下简称随售通知），明确投资人行使其在本条项下的随售权以及拟向受让方出售的投资人持有的目标公司的股权比例。

拟随售的股权比例＝_____

投资人行使随售权时，若受让方未受让投资人的股权，则核心股东应该按随售通知载明价格受让投资人相应股权。

（5）拖售权

核心股东及/或目标公司未能按照本补充协议约定完成对投资人所持目标公司股权的回购，则投资人有权要求核心股东按照投资人与第三方商定的价格和条件与投资人一起向第三方出售全部或部分目标公司股权。届时，现有股东及目标公司应无条件配合。

（6）反稀释权

目标公司进行任何一轮新的融资时，若新一轮融资中的投资者认购目标公司新增注册资本的价格低于投资人在本次增资中认购目标公司注册资本所对应的价格，则核心股东同意分别向投资人以零对价或法律允许的象征性价格转让其各自持有的一定比例的目标公司股权，使得投资人获得额外的公司注册资本（以下简称额外注册资本）。

投资人可获得的额外注册资本的计算公式为_____。

投资人的反稀释权不适用于核心股东拟/正在实施的经股东大会及投资人审议批准的员工股权激励计划，或类似的福利计划。具体指_____。

（7）优先清偿权

若目标公司发生任何清算、解散、终止情形或视为清算事件，在目标公司支付清算费用、职工的工资、社会保险费用和法定补偿金、缴纳所欠税款、清偿公司债务后，对于其剩余财产，投资人享有的优先于其他股东收回的清算财产的数额相当于按照回购价款计算公式所计算出的款项金额（以下简称最低清偿额）。若投资人从目标公司分配的清算财产低于最低清偿额，则其他股东应以其自目标公司所取得的分配财产对投资人予以补足。

视为清算事件是指：

a.目标公司停止开展或无法继续开展现在进行的主营业务；

b.目标公司50%以上的资产或业务被转移或出售；

c.因现有股东代持股权而发生争议导致公司股权不稳定，且导致目标公司控制权发生变化或影响目标公司正常经营；

d.目标公司发生严重亏损，无力继续经营；

e.目标公司因不可抗力遭受损失，无法继续经营；

……

2.与目标公司对赌

"与目标公司对赌"早期争议非常大，以"海富案"为代表，认为与目标公司对赌违反了公司法规定的股东出资义务，进而认为对赌无效。《九民纪要》颁布之后，实务界统一了裁判思路，认可与目标公司对赌有效，但是实际执行仍需满足众多条件。

以"华工案"[①]为例，根据相关法律法规，梳理裁判思路，私募股权投资基金与目标公司对赌的司法裁判应当遵循公司资本维持原则和保护债权人原则。具体而言，与目标公司对赌，需满足如下几点：

首先，作为投资人/债权人的私募股权投资基金与目标公司签署的回购协议应是双方真实意思表示，不存在违反法律法规等强制性规定、违背公序良俗、恶意串通损害他人合法权益等可能导致协议无效的情形。

其次，目标公司章程等协议的规定不得对对赌的实现构成障碍。

最后，具备事实上履行的可能。结合目标公司的实际经营业绩和财务状况、回购价款的数额以及回购价款的支付对目标公司及其债权人的影响等因素，判

---

① 江苏华某创业投资有限公司与扬州某锻压机床股份有限公司、潘某虎等请求公司收购股份纠纷［案号：（2019）苏民再62号］。

定目标公司履行回购义务具备事实上的履行可能。具体可从以下角度考虑:

（1）不损害债权人利益。对于目标公司债权人来说，公司回购股东的股权，就意味着公司财产的减少，相应的是对债权人清偿能力的下降。基于债权保护优先于股权保护，故公司回购股东股权不得影响债权人的权益。通常情况下，若目标公司回购行为经过了法定的减资程序，且履行了债权人公告程序，一般不会认定为损害债权人利益。

（2）不影响目标公司正常持续经营。即目标公司的现金充足，在履行回购义务或现金支付义务后，仍可以正常经营。如果公司在减资过程中，普通债权人要求公司清偿债务或提供担保，而公司又无力清偿债务或提供担保，则可能会引起公司破产清算。在目标公司破产清算的情况下，投资人基于对赌协议的债权请求权一般会被认定为劣后于普通债权人的债权请求权。

（3）目标公司可顺利完成内部程序。如为目标公司回购投资人股权，要求目标公司已经顺利完成减资程序，即完成了"公司董事会制定减资方案——股东大会作出减资决议——公司编制资产负债表及财产清单——通知债权人并公告（债权人可要求清偿债务或提供担保）——办理工商变更登记"这一程序。如为目标公司现金补偿，目标公司可顺利做出同意现金补偿的董事会决议/股东大会决议等。

关于目标公司对赌的相关合规依据参见表5-2：

表5-2　关于目标公司对赌的相关合规依据

合规事项名称	相关规定内容	相关规定名称
民事法律行为效力	第一百五十三条【违反强制性规定及违背公序良俗的民事法律行为的效力】违反法律、行政法规的强制性规定的民事法律行为无效。但是，该强制性规定不导致该民事法律行为无效的除外。 违背公序良俗的民事法律行为无效。 第一百五十四条【恶意串通的民事法律行为的效力】行为人与相对人恶意串通，损害他人合法权益的民事法律行为无效。	《民法典》

续表

合规事项名称	相关规定内容	相关规定名称
公司股东义务	第二十条　公司股东应当遵守法律、行政法规和公司章程，依法行使股东权利，不得滥用股东权利损害公司或者其他股东的利益；不得滥用公司法人独立地位和股东有限责任损害公司债权人的利益。 公司股东滥用股东权利给公司或者其他股东造成损失的，应当依法承担赔偿责任。 公司股东滥用公司法人独立地位和股东有限责任，逃避债务，严重损害公司债权人利益的，应当对公司债务承担连带责任。 第三十五条　公司成立后，股东不得抽逃出资。	《公司法》
股东会职权	第三十七条　股东会行使下列职权： （一）决定公司的经营方针和投资计划； （二）选举和更换非由职工代表担任的董事、监事，决定有关董事、监事的报酬事项； （三）审议批准董事会的报告； （四）审议批准监事会或者监事的报告； （五）审议批准公司的年度财务预算方案、决算方案； （六）审议批准公司的利润分配方案和弥补亏损方案； （七）对公司增加或者减少注册资本作出决议； （八）对发行公司债券作出决议； （九）对公司合并、分立、解散、清算或者变更公司形式作出决议； （十）修改公司章程； （十一）公司章程规定的其他职权。 对前款所列事项股东以书面形式一致表示同意的，可以不召开股东会会议，直接作出决定，并由全体股东在决定文件上签名、盖章。	《公司法》
董事会职权	第四十六条　董事会对股东会负责，行使下列职权： （一）召集股东会会议，并向股东会报告工作； （二）执行股东会的决议； （三）决定公司的经营计划和投资方案； （四）制订公司的年度财务预算方案、决算方案； （五）制订公司的利润分配方案和弥补亏损方案；	《公司法》

续表

合规事项名称	相关规定内容	相关规定名称
	（六）制订公司增加或者减少注册资本以及发行公司债券的方案； （七）制订公司合并、分立、解散或者变更公司形式的方案； （八）决定公司内部管理机构的设置； （九）决定聘任或者解聘公司经理及其报酬事项，并根据经理的提名决定聘任或者解聘公司副经理、财务负责人及其报酬事项； （十）制定公司的基本管理制度； （十一）公司章程规定的其他职权。	
公司回购股份情形	第一百四十二条　公司不得收购本公司股份。但是，有下列情形之一的除外： （一）减少公司注册资本； （二）与持有本公司股份的其他公司合并； （三）将股份用于员工持股计划或者股权激励； （四）股东因对股东大会作出的公司合并、分立决议持异议，要求公司收购其股份； （五）将股份用于转换上市公司发行的可转换为股票的公司债券； （六）上市公司为维护公司价值及股东权益所必需。 公司因前款第（一）项、第（二）项规定的情形收购本公司股份的，应当经股东大会决议；公司因前款第（三）项、第（五）项、第（六）项规定的情形收购本公司股份的，可以依照公司章程的规定或者股东大会的授权，经三分之二以上董事出席的董事会会议决议。 公司依照本条第一款规定收购本公司股份后，属于第（一）项情形的，应当自收购之日起十日内注销；属于第（二）项、第（四）项情形的，应当在六个月内转让或者注销；属于第（三）项、第（五）项、第（六）项情形的，公司合计持有的本公司股份数不得超过本公司已发行股份总额的百分之十，并应当在三年内转让或者注销。	《公司法》
公司利润分配要求	第一百六十六条　公司分配当年税后利润时，应当提取利润的百分之十列入公司法定公积金。公司法定公积金累计额为公司注册资本的百分之五十以上的，可以不再提取。 公司的法定公积金不足以弥补以前年度亏损的，在依照前款规定提取法定公积金之前，应当先用当年利润弥补亏损。	《公司法》

续表

合规事项名称	相关规定内容	相关规定名称
	公司从税后利润中提取法定公积金后，经股东会或者股东大会决议，还可以从税后利润中提取任意公积金。 公司弥补亏损和提取公积金后所余税后利润，有限责任公司依照本法第三十四条的规定分配；股份有限公司按照股东持有的股份比例分配，但股份有限公司章程规定不按持股比例分配的除外。 股东会、股东大会或者董事会违反前款规定，在公司弥补亏损和提取法定公积金之前向股东分配利润的，股东必须将违反规定分配的利润退还公司。 公司持有的本公司股份不得分配利润。	
公司变更注册资本的程序要求	第一百七十七条　公司需要减少注册资本时，必须编制资产负债表及财产清单。 公司应当自作出减少注册资本决议之日起十日内通知债权人，并于三十日内在报纸上公告。债权人自接到通知书之日起三十日内，未接到通知书的自公告之日起四十五日内，有权要求公司清偿债务或者提供相应的担保。 第一百七十九条　公司增加或者减少注册资本，应当依法向公司登记机关办理变更登记。	《公司法》
"对赌协议"的效力及履行	二、（一）5.【与目标公司"对赌"】投资方与目标公司订立的"对赌协议"在不存在法定无效事由的情况下，目标公司仅以存在股权回购或者金钱补偿约定为由，主张"对赌协议"无效的，人民法院不予支持，但投资方主张实际履行的，人民法院应当审查是否符合公司法关于"股东不得抽逃出资"及股份回购的强制性规定，判决是否支持其诉讼请求。 投资方请求目标公司回购股权的，人民法院应当依据《公司法》第 35 条关于"股东不得抽逃出资"或者第 142 条关于股份回购的强制性规定进行审查。经审查，目标公司未完成减资程序的，人民法院应当驳回其诉讼请求。 投资方请求目标公司承担金钱补偿义务的，人民法院应当依据《公司法》第 35 条关于"股东不得抽逃出资"和第 166 条关于利润分配的强制性规定进行审查。经审查，目标公司没有利润或者虽有利润但不足以补偿投资方的，人民法院应当驳回或者部分支持其诉讼请求。今后目标公司有利润时，投资方还可以依据该事实另行提起诉讼。	《九民纪要》

3.目标公司担保

当投资人与目标公司实际控制人/核心股东对赌时，通过要求目标公司对实际控制人/核心股东履行对赌义务承担担保责任的方式"曲线"实现与目标公司变相对赌。在司法裁判中，对目标公司提供担保义务的有效性判断，一般是从担保行为自身是否合法有效的角度考虑。

根据相关法律法规，并对过往案件的裁判思路进行梳理，私募股权投资基金要求目标公司对对赌履行担保责任时，需注意以下几点：

首先，目标公司提供担保应符合法律法规的规定。根据《公司法》，目标公司为股东或者实际控制人提供担保的，必须经股东会或者股东大会决议。相关股东或者受相关实际控制人支配的股东，不得参加表决。该项表决由出席会议的其他股东所持表决权的过半数通过。《九民纪要》对公司法的该条规定进一步细化，对法定代表人的"越权代理"进行了界定，并明确了担保行为不是法定代表人所能单独决定的事项，当然此规定仅适用于债权人为"善意"的前提下。

其次，目标公司提供担保应满足公司章程规定的内部程序。若目标公司章程对于公司对外担保有特殊规定，作为债权人应履行适当的注意义务，要求目标公司按照章程的规定履行内部程序。否则可能因债权人未履行适当注意义务而导致担保行为无效。

最后，作为债权人的私募股权投资基金应履行形式审查义务，例如查阅目标公司章程、审阅目标公司内部决议是否符合形式要件等。

关于目标公司担保的相关合规依据参见表5-3：

表5-3 关于目标公司担保的相关合规依据

合规事项名称	相关规定内容	相关规定名称
公司提供担保的程序要求	第十六条 公司向其他企业投资或者为他人提供担保，依照公司章程的规定，由董事会或者股东会、股东大会决议；公司章程对投资或者担保的总额及单项投资或者担保的数额有限额规定的，不得超过规定的限额。	《公司法》

续表

合规事项名称	相关规定内容	相关规定名称
	公司为公司股东或者实际控制人提供担保的,必须经股东会或者股东大会决议。 前款规定的股东或者受前款规定的实际控制人支配的股东,不得参加前款规定事项的表决。该项表决由出席会议的其他股东所持表决权的过半数通过。	
"越权代表"的界定及其效力	二、(六)17.【违反《公司法》第16条构成越权代表】为防止法定代表人随意代表公司为他人提供担保给公司造成损失,损害中小股东利益,《公司法》第16条对法定代表人的代表权进行了限制。根据该条规定,担保行为不是法定代表人所能单独决定的事项,而必须以公司股东(大)会、董事会等公司机关的决议作为授权的基础和来源。法定代表人未经授权擅自为他人提供担保的,构成越权代表,人民法院应当根据《合同法》第50条关于法定代表人越权代表的规定,区分订立合同时债权人是否善意分别认定合同效力:债权人善意的,合同有效;反之,合同无效。	《九民纪要》
"善意"的认定	二、(六)18.【善意的认定】前条所称的善意,是指债权人不知道或者不应当知道法定代表人超越权限订立担保合同。《公司法》第16条对关联担保和非关联担保的决议机关作出了区别规定,相应地,在善意的判断标准上也应当有所区别。一种情形是,为公司股东或者实际控制人提供关联担保,《公司法》第16条明确规定必须由股东(大)会决议,未经股东(大)会决议,构成越权代表。在此情况下,债权人主张担保合同有效,应当提供证据证明其在订立合同时对股东(大)会决议进行了审查,决议的表决程序符合《公司法》第16条的规定,即在排除被担保股东表决权的情况下,该项表决由出席会议的其他股东所持表决权的过半数通过,签字人员也符合公司章程的规定。另一种情形是,公司为公司股东或者实际控制人以外的人提供非关联担保,根据《公司法》第16条的规定,此时由公司章程规定是由董事会决议还是股东(大)会决议。无论章程是否对决议机关作出规定,也无论章程规定决议机关为董事会还是股东(大)会,根据《民法总则》第61条第3款关于"法人章程或者法人权力机构对法定代表人代表权的限制,	《九民纪要》

续表

合规事项名称	相关规定内容	相关规定名称
	不得对抗善意相对人"的规定，只要债权人能够证明其在订立担保合同时对董事会决议或者股东（大）会决议进行了审查，同意决议的人数及签字人员符合公司章程的规定，就应当认定其构成善意，但公司能够证明债权人明知公司章程对决议机关有明确规定的除外。 债权人对公司机关决议内容的审查一般限于形式审查，只要求尽到必要的注意义务即可，标准不宜太过严苛。公司以机关决议系法定代表人伪造或者变造、决议程序违法、签章（名）不实、担保金额超过法定限额等事由抗辩债权人非善意的，人民法院一般不予支持。但是，公司有证据证明债权人明知决议系伪造或者变造的除外。	
无须机关决议的例外情况	二、（六）19.【无须机关决议的例外情况】存在下列情形的，即便债权人知道或者应当知道没有公司机关决议，也应当认定担保合同符合公司的真实意思表示，合同有效：（1）公司是以为他人提供担保为主营业务的担保公司，或者是开展保函业务的银行或非银行金融机构；（2）公司为其直接或者间接控制的公司开展经营活动向债权人提供担保；（3）公司与主债务人之间存在相互担保等商业合作关系；（4）担保合同系由单独或者共同持有公司三分之二以上有表决权的股东签字同意。	《九民纪要》
越权担保的民事责任	二、（六）20.【越权担保的民事责任】依据前述3条规定，担保合同有效，债权人请求公司承担担保责任的，人民法院依法予以支持；担保合同无效，债权人请求公司承担担保责任的，人民法院不予支持，但可以按照担保法及有关司法解释关于担保无效的规定处理。公司举证证明债权人明知法定代表人超越权限或者机关决议系伪造或者变造，债权人请求公司承担合同无效后的民事责任的，人民法院不予支持。	《九民纪要》
越权担保后的法律救济	二、（六）21.【权利救济】法定代表人的越权担保行为给公司造成损失，公司请求法定代表人承担赔偿责任的，人民法院依法予以支持。公司没有提起诉讼，股东依据《公司法》第151条的规定请求法定代表人承担赔偿责任的，人民法院依法予以支持。	《九民纪要》

续表

合规事项名称	相关规定内容	相关规定名称
上市公司提供担保的程序及效力	二、(六) 22.【上市公司为他人提供担保】债权人根据上市公司公开披露的关于担保事项已经董事会或者股东大会决议通过的信息订立的担保合同，人民法院应当认定有效。	《九民纪要》

4.存在多个义务人时的责任分担

当存在多个义务人时，义务人之间承担连带责任显然更能保障债权人的权利。在投资协议中，私募股权投资基金往往会要求目标公司和目标公司的若干股东承担连带责任。连带责任或共同责任属于较为严格的责任类型，只有在法律有明确规定或当事人有明确约定的情况下，才能追究连带责任或共同责任。《民法典》明确规定保证合同中对保证方式没有约定或者约定不明确的，按照一般保证承担保证责任。在投资协议中，当回购的主体为多个目标公司股东时，如未在协议中明确各股东之间是连带责任，从公平角度而言，各股东可能会根据各自的持股比例分担责任。

以"红土案"[①]为例，根据相关法律法规，并梳理裁判思路，私募股权投资基金在投资时，应在相关协议中明确：各回购义务人之间的责任是连带的，私募股权投资基金作为债权人有权向其中任一主体主张权利。从而最大限度地保护作为债权人的私募股权投资基金的权益。

关于多个义务人责任分担的相关合规依据参见表5-4：

---

① 上海红土创业投资有限公司诉王某峰其他合同纠纷［案号：(2016) 沪01民终2421号］。

表 5-4　关于多个义务人责任分担的相关合规依据

合规事项名称	相关规定内容	相关规定名称
当事人保证责任的承担	第六百八十六条　当事人在保证合同中对保证方式没有约定或者约定不明确的，按照一般保证承担保证责任。	《民法典》

5.投资人及时履行相关权利

私募股权投资基金作为投资人对外签署的投资协议，一般约定投资人享有回购权、优先购买权、随售权等特殊权利。基于目标公司的长远发展，对投资人享有的该等回购权、优先购买权、随售权等权利以及对权利的行使均应作出期限限制。类似限制可能体现于投资协议的约定中，例如"在从核心股东处收到转让通知起_____日内，投资人应答复是否选择行使其优先购买权，若投资人未能在_____日内答复，则应视为放弃行使优先购买权"；也可能体现在投资人权利行使过程中，如目标公司和/或核心股东督促投资人在一定期限内行使相关权利。如果协议明确规定了行使期限，超期未行使可能导致权利的灭失，但是投资人未在限定日期行使回购权并不意味着当然丧失该权利，因为回购权的性质属于形成权还是请求权实践中尚有争议。但是基于对公平和效率价值的考虑，并防止投资人消极行使权利，我们建议可通过协议约定及时督促投资人积极行使该等特殊权利。

投资人作为目标公司的股东，享有知情权。投资协议中也会对知情权进行约定，例如约定每月度最后一日起_____个工作日内，提供月度财务报表，含利润表、资产负债表和现金流量表；每年度结束后_____个工作日内，提供公司年度经营总结报告、年度审计报告；在公司通过下一年度的年度业务计划、年度预算和预测的财务报表、财务报告之后_____个工作日内向投资人提供等。投资人会视情况向企业派驻董事、监事等人员，派驻人员应当积极履行职责，随时了解企业的情况，在发现目标公司和/或核心股东有违反投资协议的约定，或触发了投资协议约定的回购、现金补偿、优先购买等条款时，作为投资人的私募股权投资基金应及时行使投资协议赋予的相关权利。

6. 国有背景私募股权投资基金的退出

国有背景的私募股权投资基金通过转让股权的方式退出时，将涉及国有产权交易相关规定。如果国有背景的私募股权投资基金是通过行使回购权而转让股权的方式退出目标公司，是否必须按照国资监管规定，通过产权市场公开进行交易，且挂牌价格不得低于评估价值，法律法规层面尚未有明确的规定，但在深圳市、上海市、广西省、辽宁省等地方性规定中已经有所突破。

（1）32号令的理解与适用

32号令是规范国有资产交易的主要规定。32号令第四条明确规定了"国有及国有控股企业、国有实际控制企业"的范畴，该条并未将合伙企业排除在外，但是国务院国资委在2018年12月、2019年5月对于"32号令理解"的有关问答中均明确答复，32号令适用范围为依据《公司法》设立的公司制企业。在32号令不适用于合伙企业的前提下，是否合伙型国有背景的私募股权投资基金转让股权无需进场交易，我们认为不尽然。即便32号令不适用于合伙企业，但由于《企业国有资产法》并未明确将合伙企业排除在外，故我们对合伙型国有背景的私募股权投资基金转让股权是否无需进场交易持谨慎态度。

基于回购权的行使，回购义务人按照投资协议的约定回购合伙型国有背景私募股权投资基金所持目标公司的股权究竟是否必须进场交易，如前所述，法律法规层面未有明确规定。设置进场交易程序的主要目的在于避免交易过程中国有资产的流失。投资人行使回购权要求义务人回购所持目标公司股权，是各方对投资协议的履行，属于合同行为，非纯粹的国有资产交易行为。从该角度而言，回购义务人按照投资协议约定的价格、数量和日期履行回购义务，进而不履行进场交易程序具有一定的合理性。

（2）国有背景私募股权投资基金退出的地方性规定

对于国有背景的私募股权投资基金通过行使回购权而转让股权的方式退出目标公司，一些地方性规定对国资监管规定中的进场交易要求已有所突破。

根据《上海产业转型升级投资基金管理办法》（沪经信法〔2017〕82号）第二十条规定，政府投资基金形成的股权，投资时在投资协议及相关合同中载明退出条件和退出方式的，可以按照合同约定退出；投资时未约定退出条件和退出方式的，可以按规定进行资产评估后，以不低于评估值的价格退出，或者以评估值为依据在产权交易市场公开挂牌转让退出。

《国有企业参与设立产业（创业）投资基金若干政策措施》（辽政发〔2016〕29号）明确规定，国有企业控股设立的基金企业对外出资，如需在投资协议中约定未来以固定收益率或固定价格退出的（含转让方式、转让条件、转让价格、转让对象等情形），报国有资产监督管理部门备案即可实施投资和退出。

（3）国有背景私募股权投资基金退出的协议约定

鉴于国有背景私募股权投资基金退出是否需要履行国资监管程序进场交易尚未明确，故而在实操中，从谨慎角度出发，一些国有背景私募股权投资基金在投资目标公司时，一般要求回购义务人配合投资人履行国资监管程序，并在回购价格上约定遵循"孰高"原则。

示例：

投资协议关于回购条款：

本协议项下的股权回购价格应按以下（1）和（2）价格孰高的原则来确定：

（1）股权回购价格=投资人剩余投资成本×（1+10%×N）。

其中，N=资金占用时间/365；投资人剩余投资成本指以本协议约定的投资金额为基准进行如下调整后（若有）的投资成本：若有多笔投资款，则分别计算每一笔的资金占用时间；若回购前原股东执行过现金补偿，则投资成本应扣减相应现金补偿额（不含利息）；若回购前原股东购买过投资人所持股权，则投资成本应扣减相应购买价格（不含利息）；若回购前投资人向原股东或第三方按照其他约定转让过部分股权，则投资成本应按照"回购时点投资人剩余持股比例除以本协议约定的初始持股比例"的比值来调整。

（2）投资人认可的专业机构对投资人持有的股权进行估值或评估后的价值。

关于国有产权转让的相关合规依据参见表5-5：

表5-5　关于国有产权转让的相关合规依据

合规事项名称	相关规定内容	相关规定名称
"国有及国有控股企业、国有实际控制企业"范围界定	第四条　本办法所称国有及国有控股企业、国有实际控制企业包括： （一）政府部门、机构、事业单位出资设立的国有独资企业（公司），以及上述单位、企业直接或间接合计持股为100%的国有全资企业； （二）本条第（一）款所列单位、企业单独或共同出资，合计拥有产（股）权比例超过50%，且其中之一为最大股东的企业； （三）本条第（一）、（二）款所列企业对外出资，拥有股权比例超过50%的各级子企业； （四）政府部门、机构、事业单位、单一国有及国有控股企业直接或间接持股比例未超过50%，但为第一大股东，并且通过股东协议、公司章程、董事会决议或者其他协议安排能够对其实际支配的企业。	32号令
产权转让的程序性要求	第十三条　产权转让原则上通过产权市场公开进行。转让方可以根据企业实际情况和工作进度安排，采取信息预披露和正式披露相结合的方式，通过产权交易机构网站分阶段对外披露产权转让信息，公开征集受让方。其中正式披露信息时间不得少于20个工作日。 因产权转让导致转让标的企业的实际控制权发生转移	32号令

续表

合规事项名称	相关规定内容	相关规定名称
	的，转让方应当在转让行为获批后 10 个工作日内，通过产权交易机构进行信息预披露，时间不得少于 20 个工作日。 第六十六条 政府设立的各类股权投资基金投资形成企业产（股）权对外转让，按照有关法律法规规定执行。	

二、投资者退出

投资者退出既包括通过私募股权投资基金清算方式退出，也包括私募股权投资基金存续期间投资者通过份额转让或退伙方式退出。由于可将私募股权投资基金存续期间投资者的退出视为基金管理期间的投资者变更，因此本章节仅讨论第一种情况——投资者通过基金清算方式退出。

（一）投资者退出的程序

私募股权投资基金从目标公司退出后，私募股权投资基金收回的投资收益将根据基金合同的约定扣除相关费用后对投资者进行分配。根据基金合同约定的不同，分配的决议可以由管理人自行决定，或由基金的投资决策委员会作出决策，抑或由基金的全体投资人（合伙人会议）作出决策。

此外还需注意，在特殊情形下，政府的出资可无需经过其他出资人同意，选择提前退出。例如，根据《政府投资基金管理办法》相关规定，发生基金延期设立、未开展业务、投资领域和方向不符合政策目标、未按照章程约定投资等情形时，政府出资可无需其他出资人同意，选择提前退出。

（二）投资者退出涉及的相关问题

1. 现金收益分配条款

根据私募股权投资基金结构的不同，投资者退出时，收益的计算及分配的先后顺序也有所不同，一般情况下，管理人/执行事务合伙人会按照基金合同中关于收益分配的约定执行。

示例：
基金合同关于现金收益分配条款：
（1）平层基金

基金取得的投资收入在扣除相关税费（如有）、合伙费用及其他费用后的可分配部分（"投资可分配收入"）不再用于项目投资，在满足本协议约定的分配条件后进行分配。

可分配收入中的现金收入，按下列原则和顺序进行分配：

Ⅰ 向各合伙人分配实缴本金。投资可分配收入首先按照实缴出资比例向各合伙人进行分配，直至各合伙人收到的累积分配数额达到各自实缴出资额的100%。

Ⅱ 门槛收益。首先，按实缴出资比例分配给普通合伙人以外的其他合伙人，直至其就各自实缴出资额实现门槛收益；其次，分配给普通合伙人，直至其就各自实缴出资额实现门槛收益。本处的"门槛收益"，对于每一合伙人而言，指以其各自实缴出资额为基数，自实际缴付之日起，至相应出资被该合伙人收回之日止，为该合伙人提供8%的税前年化收益率（单利）的金额。

Ⅲ 超额收益。超过上述第Ⅱ项门槛收益的部分，普通合伙人按照20%的比例先行提取，剩余部分由全体合伙人按照实缴出资比例分配。

（2）结构化基金

合伙企业收到的所有项目投资收入和其他资产在扣除合伙费用（包括：合伙企业自身开销、托管费、管理费及投资项目费用）、合伙企业相关税费及其他应付费用后的可分配部分，统称"可分配收入"。可分配收入不得再次用于项目投资，应按下列顺序进行分配：

- 返还优先级有限合伙人实缴出资额；
- 返还劣后级有限合伙人和普通合伙人实缴出资额；
- 向优先级有限合伙人分配，直至其就实缴出资额实现门槛收益；
- 向劣后级有限合伙人分配，直至其就实缴出资额实现门槛收益；
- 上述分配完毕后，如还有剩余的投资收益即超额收益，超额收益的20%为基金管理人业绩报酬，超额收益的80%归劣后级有限合伙人所有。

2. 非现金收益分配条款

私募股权投资基金到期时，可能存在股票、股权、资产等非现金资产，在基金无法展期必须清算时，对于非现金资产需进行处置或对投资者分配。因此，有必要在基金合同中对非现金资产的分配进行明确的约定。

示例：
基金合同关于非现金收益分配条款：

在基金清算结束前，执行事务合伙人应尽合理努力将基金的投资以现金方式变现，在现实可行的情况下避免以非现金方式进行分配。但如执行事务合伙人判断认为非现金分配更符合全体合伙人的利益，执行事务合伙人可以非现金方式进行分配：

（1）如所分配的非现金资产为公开交易的有价证券，则以分配决定之日前五个证券交易日内该等有价证券的每日加权平均价格的算术平均值确定其价值。

（2）如该证券即将实现上市公开发行，应根据该等证券的上市发行价格与上市后五个证券交易日每日加权平均价格的算术平均值确定其价值。

（3）其他非现金资产的价值将由执行事务合伙人按照市场公允价格合理确定并经合伙人大会会议表决同意，或由合伙人大会会议表决同意的具有相关资质的独立第三方评估机构评估确认，相关费用计入有限合伙费用，由有限合伙承担。

（4）各合伙人同意，对投资项目或有限合伙持有的其他证券的公允市场价值的认定应当以前述方式进行。

执行事务合伙人按照本协议相关约定向合伙人进行非现金资产分配时，视同对投资项目已经进行处置，根据确定的价值按照本协议相关规定的原则和顺序进行分配。

基金进行非现金资产分配时，执行事务合伙人应负责协助各合伙人办理所分配资产的转让登记手续，并协助各合伙人根据适用法律和规范履行受让该等资产所涉及的信息披露义务；接受非现金分配的合伙人亦可将其分配到的非现金资产委托执行事务合伙人按其指示进行处分，具体委托事宜由执行事务合伙人和相关的合伙人另行协商。

3. 未投资金额的分配条款

私募股权投资基金到期时，基金投资收益自然按照基金合同约定的收益分配原则及顺序进行分配。但在私募股权投资基金到期时，若全体投资人缴纳的资金尚有部分未投资，那么对于未投出资金的分配，是否应当遵循基金合同约定的投资收益的分配原则及分配顺序进行分配。该问题的讨论对于平层基金而言，分配金额上并无差别，但对于有优先劣后的结构化基金而言，优先级和劣后级投资者的分配金额却差别巨大。

在基金合同未做特别约定的前提下，一种观点认为，基金财产指由全体投资人缴纳的资金以及基金存续期间及清算期内对前述款项进行管理、运用、处分所得的资产。未投出金额从其投入基金那刻起，即成为基金的财产，在基金进行分配时，不应区分优先级资金和劣后级资金，而应统一看作基金的财产，根据基金合同约定的收益分配原则及顺序进行分配。当然，如此一来，劣后级投资者将承担优先级资金未投出部分的资金成本，这对于劣后级投资者有所不公。因此，为避免争议的发生，我们建议在基金合同中，对未投出金额如何分配做明确的约定。

示例：

基金合同关于未投资金额的分配条款：

（1）将未投出金额视为可分配资金的一部分

可分配资金，指有限合伙项目处置收入、投资运营收入、临时投资收入、未使用出资额、其他现金收入中（根据本协议约定不作为可分配资金收入的除外），扣除相关税费、债务、有限合伙费用及合理预留费用后可供分配的资金。

（2）对未投资金额作特殊约定

合伙期限届满，各合伙人实缴出资金额未使用部分在扣除相关税费（如有）、合伙费用及其他费用后按照各合伙人的实际出资退还。

4.有保底承诺时的责任承担

实操中，当投资者投资私募股权投资基金出现亏损时，投资者往往以第三方出具的保证合同、差补协议、承诺函等保底文件为依据，要求第三方履行保证责任或差补责任，以通过第三方兜底维护自身权益。尽管从金融市场健康发展角度出发，私募基金的购买应遵循买者自负、风险自担的原则，且该原则在法院裁判中也有所体现，但裁判思路仍以遵循民事法律规则为前提。

在确定保底责任时，法院首先判断保证合同、差补协议或承诺函等保底协议是否为合法有效的协议。《民法典》规定，违反强制性规定及违背公序良俗的民事法律行为无效。在各方真实意思表示下，保底协议的签署一方如为私募股权投资基金管理人或其控股股东/实际控制人、私募股权投资基金销售机构或其控股股东/实际控制人,且签署保底协议的目的为促使投资者投资私募股权投资基金,则保底协议涉嫌违反《私募管理办法》中关于"私募基金管理人、私募基金销售机构不得向投资者承诺投资本金不受损失或者承诺最低收益"的规定。虽《私募管理办法》属部门规章,不属于《民法典》规定的"法律、行政法规",但该部门规章内容涉及金融安全、市场秩序等公序良俗,基于此,在一般情况下,都会认定保底承诺无效。从上述分析可知,私募股权投资基金管理人或其控股股东/实际控制人、私募股权投资基金销售机构或其控股股东/实际控制人、私募基金的投资经理等签署的保底协议很可能被认定为无效,至于除上述主体之外的第三方,例如其他投资者提供兜底的保底协议是否有效,裁判思路不尽一致。

在认定保底协议无效的情况下,作为保底义务人的管理人、销售机构因协议无效不再承担保底协议中约定的义务,但这并不意味着保底义务人对投资者的损失不承担任何责任。如果是基于双方过错而导致保底合同无效的,则双方应当按照各自过错的比例承担相应的责任。如果作为私募股权投资基金的管理人或其控股股东/实际控制人为促成投资,在明知法律、行政法规的禁止性规定情况下,仍与投资者签订保底协议,则该保底义务人应在过错范围内承担投资者的损失,该过错范围可能涵盖投资者绝大部分甚至是全部的损失。

以"熊某红、张某伟合同纠纷案"[①]为例,根据相关法律法规的规定,并梳理裁判思路,在私募股权投资基金设计过程中,可将相应增信措施放在私募基金的交易端,而应尽量避免在私募产品端设置保底承诺,避免相关条款因违反金融安全规定、市场秩序以及公序良俗等而被判定无效,进而引发相关法律责任。

---

① 熊某红、张某伟合同纠纷[案号:(2019)粤01民终17502号]。

关于保底承诺的相关合规依据参见表5-6：

表5-6 关于保底承诺的相关合规依据

合规事项名称	相关规定内容	相关规定名称
民事法律行为的效力认定	第一百五十三条【违反强制性规定及违背公序良俗的民事法律行为的效力】违反法律、行政法规的强制性规定的民事法律行为无效。但是，该强制性规定不导致该民事法律行为无效的除外。 违背公序良俗的民事法律行为无效。	《民法典》
募集过程相关行为禁止性要求	第六条 私募基金管理人、私募基金销售机构及其从业人员在私募基金募集过程中不得直接或者间接存在下列行为：……（三）口头、书面或者通过短信、即时通讯工具等方式直接或者间接向投资者承诺保本保收益，包括投资本金不受损失、固定比例损失或者承诺最低收益等情形……	《若干规定》
	第十五条 私募基金管理人、私募基金销售机构不得向投资者承诺投资本金不受损失或者承诺最低收益。	《私募投资基金监督管理暂行办法》

5.基金纠纷中的管理人责任

基金发生纠纷时，基金管理人可能承担的责任分为三类：民事责任、行政责任和刑事责任。民事责任往往是在发生投资损失后，投资者因不甘于损失而诉诸司法机关要求管理人对其遭受的投资损失予以弥补而引发的基金管理人的赔偿责任。行政责任或因行政监管机构现场检查、投资者举报等原因而发生，行政责任是私募基金管理人合规性的最高要求，需要管理人在募、投、管、退的各个环节均符合法律、行政法规和自律规则的要求。刑事责任是最严重的，管理人一旦涉嫌刑事犯罪，则意味着其基金业务的终结，最常见的可能涉嫌的刑事罪名有：非法吸收公众存款罪、集资诈骗罪、非法经营罪、合同诈骗罪、诈骗罪等。本章节将重点论述管理人民事责任。

虽然私募股权投资基金投资应遵循"买者自负，风险自担"原则，但是实务中，由于私募股权投资基金行业普遍的不规范行为，管理人可能因其在募、投、管、退环节的不规范行为而被投资者诉至法院并被判定承担相应法律责任。最常见的承担责任的原因有：

（1）管理人募集环节未履行适当性义务，导致投资者购买的产品超过其风险承受能力，由此引发的承担投资者损失的责任。所谓适当性，是指产品的风险等级要与投资者的风险承受能力一致，当管理人或销售机构向投资者销售了超过投资者风险承受能力的产品，且未履行足够的风险揭示等适当性义务时，或管理人尽管可能履行了适当性义务但无法提供相应证据证明时，就应认定管理人对于投资者的损失存在过错，应承担过错责任。例如，在"林某娟案"[①]中，销售机构就因违反适当性义务，而被判定承担投资者的全部损失。

（2）管理人与投资人的关系被认定为借贷关系，而非委托理财关系，由此而引发的对投资者还本付息的责任。基于基金合同自身内容或程序的不规范，或管理人与投资者另行签署补充协议而导致双方形成借贷关系，或在基金兑付困难时，管理人向投资者出具的"保本保收益"的延期兑付承诺等原因，导致管理人与投资者之间的关系被认定为借贷关系，在此情况下，管理人需对投资者承担还本付息责任。例如，在"上海融泓案"[②]中，私募基金项目未在中基协备案，法院以此认定投资者与管理人之间建立的是借款合同关系，而非投资关系。

（3）未按照基金合同约定进行投资运作，导致超投资范围投资，进而需要对投资者损失承担责任。

[①] 上诉人林某娟与被上诉人中国某银行股份有限公司南京下关支行财产损害赔偿纠纷［案号：(2016) 苏 01 民终 1563 号］。

[②] 上海融泓股权投资基金管理有限公司、上海亚华湖剧院经营发展股份有限公司等与顾某君借款合同纠纷［案号：(2017) 沪 02 民终 1878 号］。

（4）基金运行过程中未按照基金合同要求对投资者进行信息披露，因此需要对投资者的损失承担责任。

结合法律规范和实务经验，为避免出现上述问题，降低责任风险，私募股权投资基金管理人应注意以下几点：

（1）坚持"卖者尽责、买者自负"原则，充分履行适当性义务，并对各环节资料存档留痕。

（2）自觉履行基金产品备案，贯彻"受人所托，忠人之事"的委托理财原则。

（3）严格按照基金合同的约定进行投资管理，合法合规对投资者进行信息披露。

关于管理人责任的相关合规依据参见表5-7：

表5-7 关于管理人责任的相关合规依据

合规事项名称	相关规定内容	相关规定名称
合同法定解除情形	第五百六十三条【合同法定解除】有下列情形之一的，当事人可以解除合同：（一）因不可抗力致使不能实现合同目的；（二）在履行期限届满前，当事人一方明确表示或者以自己的行为表明不履行主要债务；（三）当事人一方迟延履行主要债务，经催告后在合理期限内仍未履行；（四）当事人一方迟延履行债务或者有其他违约行为致使不能实现合同目的；（五）法律规定的其他情形。	《民法典》
卖方机构适当性义务履行要求及后果	五、72.【适当性义务】适当性义务是指卖方机构在向金融消费者推介、销售银行理财产品、保险投资产品、信托理财产品、券商集合理财计划、杠杆基金份额、期权及其他场外衍生品等高风险等级金融产品，以及为金融消费者参与融资融券、新三板、创业板、科创板、期货等高风险等级投资活动提供服务的过程中，必须履行的了解客户、了解产品、将适当的产品（或者服务）销售（或者提供）给适合的金融消费者等义务。卖方机构承担适当性义务的目的是为了确保金融消费者能够在充分了解相关金融产品、投资活动的性质及风	《九民纪要》

续表

合规事项名称	相关规定内容	相关规定名称
	险的基础上作出自主决定，并承受由此产生的收益和风险。在推介、销售高风险等级金融产品和提供高风险等级金融服务领域，适当性义务的履行是"卖者尽责"的主要内容，也是"买者自负"的前提和基础。 五、73.【法律适用规则】在确定卖方机构适当性义务的内容时，应当以合同法、证券法、证券投资基金法、信托法等法律规定的基本原则和国务院发布的规范性文件作为主要依据。相关部门在部门规章、规范性文件中对高风险等级金融产品的推介、销售，以及为金融消费者参与高风险等级投资活动提供服务作出的监管规定，与法律和国务院发布的规范性文件的规定不相抵触的，可以参照适用。 五、74.【责任主体】金融产品发行人、销售者未尽适当性义务，导致金融消费者在购买金融产品过程中遭受损失的，金融消费者既可以请求金融产品的发行人承担赔偿责任，也可以请求金融产品的销售者承担赔偿责任，还可以根据《民法总则》第167条的规定，请求金融产品的发行人、销售者共同承担连带赔偿责任。发行人、销售者请求人民法院明确各自的责任份额的，人民法院可以在判决发行人、销售者对金融消费者承担连带赔偿责任的同时，明确发行人、销售者在实际承担了赔偿责任后，有权向责任方追偿其应当承担的赔偿份额。金融服务提供者未尽适当性义务，导致金融消费者在接受金融服务后参与高风险等级投资活动遭受损失的，金融消费者可以请求金融服务提供者承担赔偿责任。	
对"履行适当性义务"举证责任分配规定	五、75.【举证责任分配】在案件审理过程中，金融消费者应当对购买产品（或者接受服务）、遭受的损失等事实承担举证责任。卖方机构对其是否履行了适当性义务承担举证责任。卖方机构不能提供其已经建立了金融产品（或者服务）的风险评估及相应管理制度、对金融消费者的风险认知、风险偏好和风险承受能力进行了测试、向金融消费者告知产品（或者服务）的收益和主要风险因素等相关证据的，应当承担举证不能的法律后果。	《九民纪要》

续表

合规事项名称	相关规定内容	相关规定名称
对"卖方机构履行告知说明义务"的认定标准	五、76.【告知说明义务】告知说明义务的履行是金融消费者能够真正了解各类高风险等级金融产品或者高风险等级投资活动的投资风险和收益的关键，人民法院应当根据产品、投资活动的风险和金融消费者的实际情况，综合理性人能够理解的客观标准和金融消费者能够理解的主观标准来确定卖方机构是否已经履行了告知说明义务。卖方机构简单地以金融消费者手写了诸如"本人明确知悉可能存在本金损失风险"等内容主张其已经履行了告知说明义务，不能提供其他相关证据的，人民法院对其抗辩理由不予支持。	《九民纪要》
损失赔偿数额的计算标准	五、77.【损失赔偿数额】卖方机构未尽适当性义务导致金融消费者损失的，应当赔偿金融消费者所受的实际损失。实际损失为损失的本金和利息，利息按照中国人民银行发布的同期同类存款基准利率计算。 金融消费者因购买高风险等级金融产品或者为参与高风险投资活动接受服务，以卖方机构存在欺诈行为为由，主张卖方机构应当根据《消费者权益保护法》第55条的规定承担惩罚性赔偿责任的，人民法院不予支持。卖方机构的行为构成欺诈的，对金融消费者提出赔偿其支付金钱总额的利息损失请求，应当注意区分不同情况进行处理：（1）金融产品的合同文本中载明了预期收益率、业绩比较基准或者类似约定的，可以将其作为计算利息损失的标准；（2）合同文本以浮动区间的方式对预期收益率或者业绩比较基准等进行约定，金融消费者请求按照约定的上限作为利息损失计算标准的，人民法院依法予以支持；（3）合同文本虽然没有关于预期收益率、业绩比较基准或者类似约定，但金融消费者能够提供证据证明产品发行的广告宣传资料中载明了预期收益率、业绩比较基准或者类似表述的，应当将宣传资料作为合同文本的组成部分；（4）合同文本及广告宣传资料中未载明预期收益率、业绩比较基准或者类似表述的，按照全国银行间同业拆借中心公布的贷款市场报价利率计算。	《九民纪要》

三、基金清算

私募股权投资基金管理人按照基金合同约定将收益向投资者进行分配，同时依照相关法律法规的规定启动基金清算程序。在实务过程中，管理人往往先预留一部分清算费用，对其他基金财产先行向投资者分配，待分配结束后，基金管理人再组织基金清算。在基金清算后，管理人应及时通过AMBERS系统向基金业协会报告。

（一）基金清算程序

基金存续期限届满或满足基金合同约定条件时，基金清算程序启动。根据不同的基金类型，相应的基金清算程序应按照基金合同的约定，通过股东会、合伙人会议或份额持有人大会作出决议。

关于基金清算的相关合规依据参见表5-8：

表5-8 关于基金清算的相关合规依据

合规事项名称	相关规定内容	相关规定名称
基金合同的终止、解除与基金清算情形	一、（二十八）【基金合同的终止、解除与基金清算】基金合同应当明确约定基金合同终止、解除及基金清算的安排。对于协会不予备案的私募投资基金，管理人应当告知投资者，及时解除或终止基金合同，并对私募投资基金财产清算，保护投资者的合法权益……	《备案须知》

（二）基金清算合规依据

基金清算程序所依据的法律规定因基金的主体类型不同而有所区别。公司型基金适用《公司法》的规定，合伙型基金适用《合伙企业法》的规定，契约型基金适用基金合同的约定。

基金清算的类型包括法定解散、合同约定解散、基金投资者后期决定解散、基金未成立或成立后协会不予备案导致的清算。对于清算时间的要求，一般是在解散事由出现之日起15日内成立清算组并开始清算。基金清算步骤具体包括：确定清算组；清算人核算清理基金财产、债权申报；清算人处理基金财产；清算人编制清算报告、办理工商注销登记。

关于公司型基金清算的相关合规依据参见表5-9：

5-9 关于公司型基金清算的相关合规依据

合规事项名称	相关规定内容	相关规定名称
公司解散情形	第一百八十条　公司因下列原因解散：（一）公司章程规定的营业期限届满或者公司章程规定的其他解散事由出现；（二）股东会或者股东大会决议解散；（三）因公司合并或者分立需要解散；（四）依法被吊销营业执照、责令关闭或者被撤销；（五）人民法院依照本法第一百八十二条的规定予以解散。	《公司法》
清算程序启动事由及时间	第一百八十三条　公司因本法第一百八十条第（一）项、第（二）项、第（四）项、第（五）项规定而解散的，应当在解散事由出现之日起十五日内成立清算组，开始清算……	
确定清算组	第一百八十三条　……有限责任公司的清算组由股东组成，股份有限公司的清算组由董事或者股东大会确定的人员组成。逾期不成立清算组进行清算的，债权人可以申请人民法院指定有关人员组成清算组进行清算。人民法院应当受理该申请，并及时组织清算组进行清算。	
清算组职权	第一百八十四条　清算组在清算期间行使下列职权：（一）清理公司财产，分别编制资产负债表和财产清单；（二）通知、公告债权人；（三）处理与清算有关的公司未了结的业务；（四）清缴所欠税款以及清算过程中产生的税款；（五）清理债权、债务；（六）处理公司清偿债务后的剩余财产；（七）代表公司参与民事诉讼活动。	

续表

合规事项名称	相关规定内容	相关规定名称
清算程序	第一百八十五条　清算组应当自成立之日起十日内通知债权人，并于六十日内在报纸上公告…… 第一百八十六条　公司财产在分别支付清算费用、职工的工资、社会保险费用和法定补偿金，缴纳所欠税款，清偿公司债务后的剩余财产，有限责任公司按照股东的出资比例分配，股份有限公司按照股东持有的股份比例分配。 第一百八十八条　公司清算结束后，清算组应当制作清算报告，报股东会、股东大会或者人民法院确认，并报送公司登记机关，申请注销公司登记，公告公司终止。	《公司法》

关于合伙型基金清算的相关合规依据参见表5-10：

表5-10　关于合伙型基金清算的相关合规依据

合规事项名称	相关规定内容	相关规定名称
合伙企业解散事由	第八十五条　合伙企业有下列情形之一的，应当解散：（一）合伙期限届满，合伙人决定不再经营；（二）合伙协议约定的解散事由出现；（三）全体合伙人决定解散；（四）合伙人已不具备法定人数满三十天；（五）合伙协议约定的合伙目的已经实现或者无法实现；（六）依法被吊销营业执照、责令关闭或者被撤销；（七）法律、行政法规规定的其他原因。	《合伙企业法》
确定清算人	第八十六条　合伙企业解散，应当由清算人进行清算。清算人由全体合伙人担任；经全体合伙人过半数同意，可以自合伙企业解散事由出现后十五日内指定一个或者数个合伙人，或者委托第三人，担任清算人。自合伙企业解散事由出现之日起十五日内未确定清算人的，合伙人或者其他利害关系人可以申请人民法院指定清算人。	
清算人职权	第八十七条　清算人在清算期间执行下列事务：（一）清理合伙企业财产，分别编制资产负债表和财产清单；（二）处理与清算有关的合伙企业未了结事务；（三）清缴所欠税款；（四）清理债权、债务；（五）处理合伙企业清偿债务后的剩余财产；（六）代表合伙企业参加诉讼或者仲裁活动。	

合规事项名称	相关规定内容	相关规定名称
清算程序	第八十八条　清算人自被确定之日起十日内将合伙企业解散事项通知债权人，并于六十日内在报纸上公告…… 第八十九条　合伙企业财产在支付清算费用和职工工资、社会保险费用、法定补偿金以及缴纳所欠税款、清偿债务后的剩余财产，依照本法第三十三条第一款的规定进行分配。 第九十条　清算结束，清算人应当编制清算报告，经全体合伙人签名、盖章后，在十五日内向企业登记机关报送清算报告，申请办理合伙企业注销登记。	

关于契约型基金清算的相关合规依据参见表5-11：

表5-11　关于契约型基金清算的相关合规依据

合规事项名称	相关规定内容	相关规定名称
基金合同的终止、解除与基金清算情形	第五十六条　订明基金合同终止的情形，包括但不限于下列事项：（一）基金合同期限届满而未延期；（二）基金份额持有人大会决定终止；（三）基金管理人、基金托管人职责终止，在六个月内没有新基金管理人、新基金托管人承接。	《私募投资基金合同指引1号》（契约型私募基金合同内容与格式指引）
确定清算组	第五十七条　订明私募基金财产清算的有关事项：（一）私募基金财产清算小组。1.私募基金财产清算小组组成，说明私募基金财产清算小组成员由私募基金管理人和私募基金托管人组成。清算小组可以聘用必要的工作人员……	
清算组职责	第五十七条　订明私募基金财产清算的有关事项：（一）私募基金财产清算小组……2.私募基金财产清算小组职责，说明私募基金财产清算小组负责私募基金财产的保管、清理、估价、变现和分配。私募基金财产清算小组可以依法进行必要的民事活动……	
清算程序	第五十七条　订明私募基金财产清算的有关事项：……（二）订明私募基金财产清算的程序。（三）订明清算费	

续表

合规事项名称	相关规定内容	相关规定名称
	用的来源和支付方式。（四）订明私募基金财产清算剩余资产的分配，依据私募基金财产清算的分配方案，将私募基金财产清算后的全部剩余资产扣除私募基金财产清算费用后，按私募基金的份额持有人持有的计划份额比例进行分配；基金合同另有约定的除外。（五）订明私募基金财产清算报告的告知安排。（六）私募基金财产清算账册及文件的保存，说明私募基金财产清算账册及文件由私募基金管理人保存10年以上。	

（三）管理人后续工作

对于私募股权投资基金而言，清算开始时，管理人应向协会上传基金清算承诺函和基金清算公告。基金清算完成后，管理人应向协会上传基金清算报告，并注意清算资料的保管。若管理人在私募股权投资基金到期之日起的3个月内仍未通过AMBERS系统完成私募投资基金的展期变更或提交清算申请的，在完成变更或提交清算申请之前，协会将暂停办理该管理人新的私募基金备案申请。

关于管理人后续工作的相关合规依据参见表5-12：

表5-12　关于管理人后续工作的相关合规依据

合规事项名称	相关规定内容	相关规定名称
管理人向中基协申请基金清算	第二十三条　私募基金运行期间，发生以下重大事项的，私募基金管理人应当在5个工作日内向基金业协会报告： （一）基金合同发生重大变化； （二）投资者数量超过法律法规规定； （三）基金发生清盘或清算； （四）私募基金管理人、基金托管人发生变更； （五）对基金持续运行、投资者利益、资产净值产生重大影响的其他事件。	《登记备案办法》

续表

合规事项名称	相关规定内容	相关规定名称
	清算开始应向协会上传基金清算承诺函和基金清算公告。	私募基金备案材料清单（重大变更和清算）
	清算完成应向协会上传基金清算报告，清算报告应包含基金财产分配情况。	
清算资料的保管	第二十六条　私募基金管理人、私募基金托管人及私募基金销售机构应当妥善保存私募基金投资决策、交易和投资者适当性管理等方面的记录及其他相关资料，保存期限自基金清算终止之日起不得少于10年。	《私募管理办法》
	第十一条　募集机构应当妥善保存投资者适当性管理以及其他与私募基金募集业务相关的记录及其他相关资料，保存期限自基金清算终止之日起不得少于10年。	《募集行为管理办法》
	第五十七条　订明私募基金财产清算的有关事项：…… （六）私募基金财产清算账册及文件的保存，说明私募基金财产清算账册及文件由私募基金管理人保存10年以上。	《私募投资基金合同指引1号》（契约型私募基金合同内容与格式指引）
未向中基协申请产品清算的后果	一、（二十八）……管理人在私募投资基金到期日起的3个月内仍未通过AMBERS系统完成私募投资基金的展期变更或提交清算申请的，在完成变更或提交清算申请之前，协会将暂停办理该管理人新的私募投资基金备案申请。	《备案须知》

实务范本

范本1　　_____有限公司注销清算报告

根据《公司法》和其他法律法规、本公司章程的有关规定，清算组对_____有限公司进行了清算，现清算工作已经完成，作清算报告如下：

一、清算过程：

1. 因_____原因，经公司股东会决议，解散公司。清算组成员由_____、_____、_____担任，_____为清算组负责人。

2. 清算组已在成立之日起十日内通知了所有债权人，并于_____年_____月_____日①在_____报纸上刊登了公告。

3. 清算组在清理公司财产、编制资产负债表和财产清单后，制定了清算方案，并报请股东确认。

二、清算结果：

1. 清算组按制定的清算方案处置公司财产，并按法律规定的清偿顺序进行清偿。

2. 清偿顺序如下：

（1）支付清算费用；

（2）支付职工工资、社会保险费用和法定补偿金；

（3）缴纳所欠税款；

（4）偿还公司债务；

（5）清偿后的剩余财产，按股东的出资比例分配。

3. 公司债务已全部清偿。

4. 公司剩余资产____万元，按股东出资比例进行分配，股东____分____万元……

5. 公司财产已处置完毕。

三、全体清算组成员保证此清算报告内容真实无误，如有不实，愿承担相应的法律责任。

清算组负责人及成员签字：

_____年____月____日②

注：①公告刊登日期应当在清算组成立后60日内。

②清算报告出具日期应当在公告刊登之日起45日后。

范本2　基金清算AMBERS系统操作

(1) 清算创建页面

(2) 清算开始页面

(3) 清算结束页面

范本3　基金清算报告

_____（有限合伙）清算报告

基金终止日____年____月____日资产负债表

单位：人民币元

科目名称	期末余额
资产类	
货币资金	
预付账款	
长期股权投资	
资产类合计	
负债类	
应交税费	
其他应付款	
负债类合计	
所有者权益	
实收资金	
未分配利润	
所有者权益合计	

管理人：_____（签章）

托管人：_____（签章）

基金清算事项说明

一、基金简介

1. 基本情况

基金名称	
基金代码	
基金成立日	
基金管理人名称	
基金托管人名称	

2. 清算原因

根据《中华人民共和国合伙企业法》《私募投资基金监督管理暂行办法》《_____（有限合伙）合伙协议》及补充协议的有关规定，_____（有限合伙）各合伙人一致同意启动基金清算事项。

3. 基金合同终止日及剩余财产清算

根据本基金管理人、托管人、全体份额持有人协商一致决定，_____年_____月_____日为本基金合同的终止日。本基金的清算期间为自_____年_____月_____日期至本基金剩余财产完成清算止。

二、清算报表编制基础

本基金的清算报表是在持续经营的前提下参考《企业会计准则》及《证券投资基金会计核算业务指引》的有关规定编制。自本基金终止日期，资产负债按清算价格计价。由于报告性质所致，本清算报表并无比较期间的相关数据列示。

三、清算情况

自本基金清盘日（_____年_____月_____日）起，清算组对本基金的资产、负债进行清算，全部清算工作按清算原则和清算手续进行。截至合同终止日，本基金资产负债情况如下：

单位：人民币元

科目名称	期末余额
资产类	
货币资金	
预付账款	
长期股权投资	
负债类	
应交税费	
其他应付款	
资产净值	

四、基金合同终止日后基金剩余财产清算

根据本基金合同约定，本基金剩余财产应全部按现状分配给本基金投资人。剩余财产清算时，现金资产由基金托管人根据管理人出具的指令进行支付。非现金资产按现状分配给各合伙人。

账户备注：

账号/户名	开户行	账户类型
一期托管户		托管户
二期托管户		托管户
		基本户

本基金剩余财产清算涉及银行托管户销户清算，在清盘过程中如发生银行汇划手续费，将按照扣除该手续费后的金额划付剩余财产。按现状分配给基金投资人。本基金预计清算截止日为_____年_____月_____日。

CHAPTER 6

第六章

基金参与资本市场投资的
合规指引

☑ 一、基金参与首次公开发行股份并上市(IPO)涉及的重点问题
☑ 二、基金参与上市公司非公开发行股票

2014年以来，私募股权投资基金发展迅猛，已经成为资产配置和实体经济发展的重要支持性力量，是促进资本形成的重要工具。私募股权投资基金作为多层次资本市场的重要参与主体，特别是在新三板、科创板推出以来，私募股权投资基金在资本市场发挥着举足轻重的作用，尤其是在鼓励和引导创业投资基金支持中小微企业，促进实体经济发展，激发市场创新活力，拓展市场广度和深度等方面发挥着不可替代的作用，有助于防范和化解金融风险，更好地发挥资本市场优化资源配置的作用。本章节将重点就私募股权投资基金参与资本市场投资涉及的重点问题进行分析，希望能为相关主体提供些许帮助和思考。

一、基金参与首次公开发行股份并上市(IPO)涉及的重点问题

（一）"三类股东"的问题

1.何谓"三类股东"

"三类股东"是指"资产管理计划""契约型基金"以及"信托计划"，"三类股东"最开始的由来系证监会为推动中国多层次资本市场的发展，促进新三板市场的繁荣而推行的一项政策，即允许依法设立、规范运作，且已

经在基金业协会登记备案并接受证券监督管理机构监管的基金子公司资产管理计划、证券公司资产管理计划、契约型私募基金，投资拟挂牌公司股权，在挂牌审查时可不进行股份还原。基于该项政策，"三类股东"作为新三板市场活跃的参与主体，频繁参与新三板的投资，成为众多新三板公司的股东。

但随着新三板挂牌企业的数量逐渐增多，新三板企业的质量也良莠不齐，加之新三板企业的流通性偏弱、融资困难等原因，以及近两年来"科创板"的推出以及伴随"注册制""新三板转板制度"等一系列制度的出台，越来越多的新三板企业开始从全国股份转让系统有限责任公司摘牌或转板，开始了独立IPO之路。而多数新三板企业在挂牌期间，基于融资需要，引入了"资产管理计划""契约型基金"以及"信托计划"三类股东。

而"三类股东"因无独立的法人主体资格，无法基于工商登记进行确权，存在以信托公司、基金管理公司以及资产管理公司的名义进行股权代持，且存在因层层嵌套进行利益输送的可能，与首发上市规则中的"股权清晰""股权结构稳定"的审核要求产生冲突。因此，"三类股东"在很长一段时间内一度成为IPO审核绕不过去的"一道坎"。大多数新三板摘牌企业只能通过清理"三类股东"的方式实现成功过会，但该等方式对于拟上市企业而言，时间成本和资金成本过高，成为部分企业不可逾越的鸿沟。为化解该等矛盾，证监会于2017年开始积极研究"三类股东"作为上市公司股东的适格性问题，2018年1月26日，证监会新闻发言人常德鹏在答记者问中首次对新三板挂牌企业申请IPO时的监管政策进行了明确；2019年3月24日，上海证券交易所发布的《科创板股票发行上市审核问答（二）》和证监会发行监管部于2019年3月25日发布的《首发业务若干问题解答（一）》以及2020年6月修订的《首发业务若干问题解答》等相关规定均对新三板企业涉及"三类股东"的审核标准和规则进行了明确。

现重点就"三类股东"涉及的相关问题进行分析。

2."三类股东"的审核要求

（1）证监会及相关交易所对于"三类股东"的审核要求

关于对"三类股东"的审核要求的相关合规依据参见表6-1：

表6-1 关于对"三类股东"的审核要求的相关合规依据

序号	相关规定名称	发布时间	相关规定内容
1	《首发业务若干问题解答》（2020年修订）	2020年6月10日	问题6、发行人在新三板挂牌期间形成契约型基金、信托计划、资产管理计划等"三类股东"的，对于相关信息的核查和披露有何要求？ 答：发行人在新三板挂牌期间形成三类股东持有发行人股份的，中介机构和发行人应从以下方面核查披露相关信息： （1）中介机构应核查确认公司控股股东、实际控制人、第一大股东不属于"三类股东"。 （2）中介机构应核查确认发行人的"三类股东"依法设立并有效存续，已纳入国家金融监管部门有效监管，并已按照规定履行审批、备案或报告程序，其管理人也已依法注册登记。 （3）发行人应当按照首发信息披露准则的要求对"三类股东"进行信息披露。通过协议转让、特定事项协议转让和大宗交易方式形成的"三类股东"，中介机构应对控股股东、实际控制人、董事、监事、高级管理人员及其近亲属，本次发行的中介机构及其负责人、高级管理人员、经办人员是否直接或间接在该等"三类股东"中持有权益进行核查并发表明确意见。 （4）中介机构应核查确认"三类股东"已作出合理安排，可确保符合现行锁定期和减持规则要求。
2	《深圳证券交易所创业板股票首次公开发行上市审核问答》（深证上〔2020〕510号）	2020年6月12日	14.发行人在新三板挂牌期间形成契约型基金、信托计划、资产管理计划等"三类股东"的，对于相关信息的核查和披露有何要求？ 答：发行人在新三板挂牌期间形成"三类股东"持有发行人股份的，中介机构和发行人应从以下方面核查披露相关信息：

续表

序号	相关规定名称	发布时间	相关规定内容
			（一）中介机构应核查确认公司控股股东、实际控制人、第一大股东不属于"三类股东"。 （二）中介机构应核查确认发行人的"三类股东"依法设立并有效存续，已纳入国家金融监管部门有效监管，并已按照规定履行审批、备案或报告程序，其管理人也已依法注册登记。 （三）发行人应当按照首发信息披露准则的要求对"三类股东"进行信息披露。通过协议转让、特定事项协议转让和大宗交易方式形成的"三类股东"，中介机构应对控股股东、实际控制人、董事、监事、高级管理人员及其近亲属，本次发行的中介机构及其负责人、高级管理人员、经办人员是否直接或间接在该等"三类股东"中持有权益进行核查并发表明确意见。 （四）中介机构应核查确认"三类股东"已作出合理安排，可确保符合现行锁定期和减持规则要求。
3	《上海证券交易所科创板股票发行上市审核问答（二）》（上证发〔2019〕36号）	2019年3月24日	9.发行人在全国股份转让系统挂牌期间形成契约型基金、信托计划、资产管理计划等"三类股东"的，对于相关信息的核查和披露有何要求？ 答：发行人在全国股份转让系统挂牌期间形成"三类股东"持有发行人股份的，中介机构和发行人应从以下方面核查披露相关信息： （一）核查确认公司控股股东、实际控制人、第一大股东不属于"三类股东"。 （二）中介机构应核查确认发行人的"三类股东"依法设立并有效存续，已纳入国家金融监管部门有效监管，并已按照规定履行审批、备案或报告程序，其管理人也已依法注册登记。 （三）发行人应根据《关于规范金融机构资产管理业务的指导意见》（银发〔2018〕106号）披露"三类股东"相关过渡期安排，以及相关

续表

序 号	相关规定名称	发布时间	相关规定内容
			事项对发行人持续经营的影响。中介机构应当对前述事项核查并发表明确意见。 （四）发行人应当按照要求对"三类股东"进行信息披露。保荐机构及律师应对控股股东、实际控制人，董事、监事、高级管理人员及其近亲属，本次发行的中介机构及其签字人员是否直接或间接在"三类股东"中持有权益进行核查并发表明确意见。 （五）中介机构应核查确认"三类股东"已作出合理安排，可确保符合现行锁定期和减持规则要求。

基于上述规定，从字面意思分条解析如下：

①限定了"三类股东"适用的情形，即为新三板企业在挂牌期间形成的，而对于非新三板企业是否就不能有"三类股东"。

②未说明三类股东所持股权的具体形态，换言之，无论直接持股还是间接持股，若属于"三类股东"均需要核查。且核查的结果需要明确控股股东、实际控制人和第一大股东不属于"三类股东"。

③要求对发行人"三类股东"是否符合监管规定发表意见，换言之，需结合"三类股东"具体的形式从相关的监管规则出发，判定发行人现有的"三类股东"是否按照相关规则履行备案、登记和报告义务。

④要求对发行人的"三类股东"进行穿透核查，核查其最终持有人是否为发行人控股股东、实际控制人、董事、监事、高级管理人员及其近亲属以及中介机构及其签字人员，防止利用"三类股东"进行利益输送。

⑤核查"三类股东"的存续期，确保能按照相关规定满足股份锁定和限售的相关规定。

⑥科创板上市企业，还需要特别明确《资管新规》对"三类股东"的影响，是否涉及"分级安排""多层嵌套"等违反《资管新规》的情形。

综上所述，从证监会及相关交易所对于"三类股东"的监管政策来看，

"三类股东"并不是绝对禁止的状态,在保证拟上市公司第一大股东、控股股东、实际控制人不属于"三类股东"且已经按照上述规定进行规范和履行信息披露的前提下,"三类股东"对于首次公开发行股票并上市事宜已经不构成实质性法律障碍。

(2) IPO审核中涉及"三类股东"的案例情况

① 300967晓鸣股份(申报受理时间:2020年6月30日,上市委员会通过时间:2020年11月5日,注册通过时间:2021年3月2日)

300967晓鸣股份首次公开发行股票并在创业板上市项目[①]		
发行人	宁夏晓鸣农牧股份有限公司	
新三板挂牌及摘牌情况	挂牌情况:股票简称:晓鸣股份,股票代码:831243,挂牌时间:2014年10月30日;摘牌情况:2021年3月17日。	
问询情况	根据申报文件,发行人于2014年10月30日至今在新三板挂牌。发行人共121名股东,保荐人和发行人律师已对其中103名股东进行核查。有6名股东为私募基金,其中有2名"三类股东"。契约型基金永柏联投无法取得联系,未能取得永柏联投的相关协议、合同。请补充披露是否按照《深圳证券交易所创业板股票首次公开发行上市审核问答》(以下简称《审核问答》)等相关内容,对"三类股东"、股东人数是否超过200人等情形进行核查和披露。请保荐人、发行人律师核查并发表明确意见。	
回复内容	对"三类股东"的核查和披露 截至本补充法律意见书出具之日,发行人共有2名"三类股东",分别为契约型基金辰途产业和契约型基金永柏联投。 (一)辰途产业 1.披露了辰途产业的持有发行人的股份情况、股份取得方式以及辰途产业的基本情况以及合伙人出资情况 辰途产业持有发行人400.00万股股份,占发行人总股份2.85%。其股份来源为:2018年12月,辰途产业认购晓鸣农牧非公开发行的股份200.00万股;2019年5月,晓鸣农牧实施每10股股份送10股权益分派后,辰途产业持有股份为400.00万股。 2.备案情况 辰途产业已按规定办理了私募基金备案,基金编号为SE9817;其基金管理人谢诺辰途已按规定办理了私募基金管理人登记,登记编号为P1014565。	

---

① 下述信息来自晓鸣股份公开披露的信息。

续表

300967 晓鸣股份首次公开发行股票并在创业板上市项目①	
发行人	宁夏晓鸣农牧股份有限公司
	3.本次发行相关各方与辰途产业的利益情况 辰途产业通过定向发行方式成为发行人股东，发行人控股股东、实际控制人、董事、监事、高级管理人员、本次发行的中介机构及其负责人、高级管理人员、经办人员并未直接或间接在辰途产业中持有权益。 4.辰途产业关于锁定期和减持意向做出的相关安排 （1）辰途产业承诺 "①自发行人股票上市交易之日起12个月内（'锁定期'），本基金不转让或者委托他人管理本基金直接持有的发行人股份，也不会促使发行人回购该部分股份。 ②本基金拟长期持有发行人股票，如果在上述锁定期限届满后，本基金拟减持股票的，将严格按照法律、法规、《上市公司股东、董监高减持股份的若干规定》《深圳证券交易所上市公司股东及董事、监事、高级管理人员减持股份实施细则》及《上市公司创业投资基金股东减持股份的特别规定》等关于股份减持的规定执行。 ③本基金减持发行人股票应符合相关法律、法规、规章及规范性文件的规定，具体方式包括但不限于证券交易所集中竞价交易、大宗交易、协议转让等。 ④本基金减持发行人股票前，应提前3个交易日予以公告，并按照证券交易所的规则及时、准确地履行信息披露义务。 ⑤如上述承诺所依据的相关法律、法规及规范性文件发生变化，上述承诺将根据最新的相关规定进行变动。 ⑥本基金如违反上述承诺规定擅自减持发行人股份的，则违规减持发行人股票所得（如有）归发行人所有并承担相应的法律责任。" （2）基金管理人谢诺辰途承诺 "如晓鸣农牧成功A股上市，本公司将遵守法律法规中锁定期和减持规则的要求，在持有的晓鸣农牧股份锁定期内不减持基金届时持有的晓鸣农牧股份。如基金存续期在股份锁定期结束前到期，本公司将调整基金的存续期限以满足有关股票限售期和减持的相关规定；如未能完成调整基金的存续期限，本公司将确保在持有晓鸣农牧股份锁定期结束前，不提出对基金持有的晓鸣农牧股份进行清算出售的安排。 如晓鸣农牧完成首次公开发行股票并上市，本公司将在基金所持晓鸣农牧股份的锁定期内保持基金封闭，并确保现有基金投资人持有的基金份额和比例不变。" （3）谢某祥、吴某芳等14位基金投资人承诺 "如晓鸣农牧成功A股上市，本单位/本人将根据法律法规中锁定期和减

续表

300967 晓鸣股份首次公开发行股票并在创业板上市项目[①]	
发行人	宁夏晓鸣农牧股份有限公司
	持规则的要求，通过行使投资人表决权，使基金在股份锁定期内不减持届时持有的晓鸣农牧股份。如基金存续期在晓鸣农牧股份锁定期结束前到期，本单位/本人同意调整基金存续期限以满足有关股票限售期和减持的相关规定；如未能完成调整存续期限，本单位/本人同意在基金持有晓鸣农牧股份锁定期内，不提出对基金持有的晓鸣农牧股份进行清算出售的要求。如晓鸣农牧完成首次公开发行股票并上市，本单位/本人将继续持有基金份额保持不变，直至基金所持晓鸣农牧股份锁定期满。" （二）永柏联投 永柏联投持有公司 2.80 万股股份，占公司总股本 0.02%，其股份均通过全国股转系统交易取得。根据中国证券投资基金业协会网站查询结果，永柏联投已完成私募基金备案，基金编号为 SD8201。其基金管理人上海永柏联投投资管理有限公司已完成基金管理人登记，登记编号为 P1016328。 公司根据中国证券登记结算有限责任公司出具的《前 200 名全体排名证券持有人名册》上记载的永柏联投的联系方式，无法与永柏联投取得联系，通过实地走访亦未找到相关办公场所，未能取得永柏联投的相关协议、合同，无法按照《审核问答》的要求对其进行核查。
是否进一步问询	关于股东。申报文件显示： （1）发行人股东中，存在通过股转系统交易方式成为股东的主体。其中，永柏联投新三板成长优选私募证券投资基金等 10 名股东未进行核查，10 名股东合计持股数量为 58000.00 股，占发行人总股本 0.0413%。 （2）10 名股东未核查的原因为未取得联系，或取得联系并答应提供资料，但经多次沟通后仍未能实际提供资料。 请发行人补充披露： （1）10 名未进行核查的股东与发行人其他股东、董事、监事、高级管理人员、本次发行中介机构及其负责人、高级管理人员、经办人员不存在亲属关系、关联关系、委托持股、信托持股或其他利益输送安排。 （2）该 10 名股东是否按规定履行关于股票限售期和减持相关要求。请保荐人、发行人律师发表明确意见，并说明是否采用其他替代程序对以上股东相关事项进行核查。
回复问询	一、10 名未进行核查的股东与发行人其他股东、董事、监事、高级管理人员、本次发行中介机构及其负责人、高级管理人员、经办人员不存在亲属关系、关联关系、委托持股、信托持股或其他利益输送安排

续表

300967 晓鸣股份首次公开发行股票并在创业板上市项目①	
发行人	宁夏晓鸣农牧股份有限公司
	（一）未核查股东的情况 披露了截至 2020 年 6 月 30 日未取得联系的股东名称、持股情况以及未充分核查的原因。 （二）保荐机构及发行人律师的补充核查程序 披露了对 7 名股东进行了补充核查情况以及核查方式，上述已补充核查的 7 名股东已确认，其与发行人其他股东、董事、监事、高级管理人员、本次发行中介机构及其负责人、高级管理人员、经办人员不存在亲属关系、关联关系、委托持股、信托持股或其他利益输送安排。 （三）股东最新核查数量及比例 本次补充核查完成后，发行人有 121 名普通股股东。保荐机构和本所律师已对其中 118 名股东进行核查，已核查股东所持股份占公司股份总数的 99.98%。其余 3 名股东无法取得联系或不配合核查工作。未取得联系股东所持股份合计 31000 股，占公司股份总数的 0.02%。 （四）针对未取得联系股东，保荐机构及发行人律师执行的替代核查程序 针对未取得联系的 3 名股东，保荐机构及本所律师已通过访谈发行人其他股东、董事、监事、高级管理人员及要求其填写调查表的方式，确认其与未核查股东不存在亲属关系、关联关系、委托持股、信托持股或其他利益输送安排；本次发行中介机构及其负责人、高级管理人员、经办人以自查方式，确认其与发行人未核查股东之间不存在亲属关系、关联关系、委托持股、信托持股或其他利益输送安排。 针对永柏联投，保荐机构及本所律师还履行了网络检索程序。基金业协会网站信息显示，永柏联投的基金信息最后更新时间为 2017 年 6 月 14 日，其基金管理人上海永柏联投投资管理有限公司目前处于异常经营状态。 二、该等股东是否按规定履行关于股票限售期和减持相关要求 1. 根据《公司法》第一百四十一条规定，公司公开发行股份前已发行的股份，自公司股票在证券交易所上市交易之日起一年内不得转让。前述各股东作为持有公司首次公开发行前股份的股东，应遵守股票上市交易后一年内不得转让的限售要求。 在发行人股份初始登记时，前述各股东所持股份作为公开发行前已发行股份，将登记为限售股，执行在证券交易所上市交易之日起限售一年的规定。相关股份在限售期满，解限售程序履行完毕前，前述各股东所持股份不可在交易所进行流通。

续表

300967 晓鸣股份首次公开发行股票并在创业板上市项目[①]	
发行人	宁夏晓鸣农牧股份有限公司
	2. 前述各股东持股比例较低，均为持股1%以下股东，亦未在公司担任董事、监事或高级管理人员，无需根据《上市公司股东、董监高减持股份的若干规定》履行关于控股股东、持股5%以上股东、董监高减持股份以及股东减持其持有的公司首次公开发行前发行的股份的相关规定。 综上所述，前述各股东在上市后将按规定履行关于股票限售期和减持相关要求。
是否进一步问询	否
针对该案例的总结意见	针对新三板挂牌存在"三类股东"情形的，主要采取以下措施： （1）对"三类股东""取得发行人股份的基本情况（包括取得时间、股份取得方式）"以及"三类股东"的基本情况以及合伙人出资情况进行披露。 （2）披露"三类股东"的备案情况和管理人的登记情况。 （3）就是否存在利益输送出具专项承诺。 （4）三类股东、基金管理人、投资者分别出具承诺锁定期内不减持基金届时持有的发行人股份。如基金存续期在股份锁定期结束前到期，将调整基金的存续期限以满足有关股票限售期和减持的相关规定；如未能完成调整基金的存续期限，将确保在持有发行人股份锁定期结束前，不提出对基金持有的股份进行清算出售的安排。
备注	无

②605305中际联合（预披露时间：2019年8月30日，发审会通过时间：2020年11月5日，证监会批复时间：2021年1月26日）

605305 中际联合首次公开发行股票并在创业板上市项目[①]	
发行人	中际联合（北京）科技股份有限公司
新三板挂牌及摘牌情况	挂牌情况：股票简称：中际联合，股票代码：831344，挂牌时间：2014年10月31日；摘牌情况：2021年1月15日。
问询情况	请发行人补充披露：（1）契约型基金、信托计划、资产管理计划"三类股东"是否按照规定履行审批、备案或报告程序，其管理人是否依法设

---

① 下述信息来自中际联合公开披露的信息。

续表

605305 中际联合首次公开发行股票并在创业板上市项目①	
发行人	中际联合（北京）科技股份有限公司
	立、依法注册登记并有效存续；（2）三类股东是否符合《资管新规》（银发〔2018〕106号）的相关要求，如存在不符合的情形，请提出切实可行、符合要求的整改规范计划，并予以披露；（3）三类股东是否按照首发信息披露准则的要求对"三类股东"进行信息披露；（4）控股股东、实际控制人、董监高及其近亲属、本次发行的中介机构及其签字人员是否直接或间接在三类股东中持有权益；（5）三类股东是否满足股份锁定和减持的相关要求。
回复内容	一、"三类股东"是否按照规定履行审批、备案或报告程序，其管理人是否依法设立、依法注册登记并有效存续 1.通过核查发行人的证券持有人名册、三类股东提供的基金管理合同/资金信托合同及补充合同、私募基金备案证书以及管理人出具的调查问卷以及说明承诺等文件并公开查询基金业协会网站、国家企业信用信息公示系统网站，披露发行人三类股东取得股份的来源以及三类股东的类型、持股数量和持股比例； 2.披露三类股东的备案以及登记情况，得出结论：发行人的"三类股东"均依法设立，已按规定履行了必要的审批、备案或报告程序，纳入国家金融监管部门的有效监管，其管理人均依法设立、依法注册登记并有效存续。 二、三类股东是否符合《资管新规》（银发〔2018〕106号）的相关要求，如存在不符合的情形，请提出切实可行、符合要求的整改规范计划，并予以披露 引用《资管新规》（银发〔2018〕106号）对于固定收益类产品、权益类产品、商品及金融衍生品类产品以及混合类产品的定义，明确该等产品的投资分级要求以及比例限制、杠杆等有关规定，是否违反《资管新规》的规定。 三、是否按照首发信息披露准则的要求对"三类股东"进行信息披露 根据发行人《全体证券持有人名册》、员工花名册、董事监事高级管理人员填写的调查问卷及签署的说明与承诺文件，"三类股东"提供的基金合同/资金信托合同及相关补充协议、投资者明细及投资者结构图、管理人填写的调查问卷、《资管新规适格性核查表》与出具的说明承诺文件、自然人投资者填写的基本情况调查表及出具的说明承诺、基金备案证明、管理人登记证明等文件资料，及检索核查基金业协会官方网站信息公示

续表

605305 中际联合首次公开发行股票并在创业板上市项目[①]	
发行人	中际联合（北京）科技股份有限公司
	平台公示的信息，发行人已依照首发信息披露准则等相关规定对其"三类股东"进行了信息披露。 四、控股股东、实际控制人、董监高及其近亲属、本次发行的中介机构及其签字人员是否直接或间接在三类股东中持有权益 1. 发行人控股股东、实际控制人、董事、监事及高级人员出具了《关于本人及近亲属在"三类股东"中不持有权益的承诺》，确认该等人员及其近亲属在发行人"三类股东"中不直接或间接持有任何权益。 2. 本次发行的中介机构及其签字人员、保荐机构的项目经办人员均已出具声明承诺函，确认本公司/本所/本人及本人近亲属不存在直接或间接在发行人"三类股东"中持有权益的情形。 3. 除皓熙新三板1号信托计划未提供相关资料之外，其他5家"三类股东"的管理人均出具了如下《声明及承诺》："本机构与中际联合控股股东、实际控制人、其他股东、董事、监事、高级管理人员、核心技术人员及其近亲属、主要客户及供应商，及本次发行的中介机构及其法定代表人、负责人、高级管理人员、项目经办人员、签字人员之间不存在直接或间接的股权关系、亲属关系、任职关系、关联关系、一致行动情况、利益输送或其他利益安排。" 4. 除皓熙新三板1号信托计划未提供相关资料之外，其他5家"三类股东"的自然人投资者已出具如下《承诺》："本人及本人的关联方与中际联合及控股股东、实际控制人、董事、监事、高级管理人员、核心技术人员、本次发行上市的中介机构及其工作人员、前述人员的近亲属、中际联合主要客户、供应商不存在关联关系、委托持股、信托持股或一致行动关系或其他可能输送不当利益的关系。" 经核查，发行人控股股东、实际控制人、董监高及其近亲属、本次发行的中介机构及其签字人员不存在直接或间接在"三类股东"中持有权益的情形。 五、"三类股东"是否满足股份锁定和减持的相关要求 1. 关于股份锁定的相关要求 根据《公司法》第一百四十一条规定，"……公司公开发行股份前已发行的股份，自公司股票在证券交易所上市交易之日起一年内不得转让"。发行人"三类股东"能够符合前述股份锁定的要求。 五名"三类股东"及其投资人已经就股份锁定和存续期做出承诺，即承诺若中际联合发行上市后，本产品的到期日无法满足《公司法》第

续表

605305 中际联合首次公开发行股票并在创业板上市项目①	
发行人	中际联合（北京）科技股份有限公司
	一百四十一条'公司公开发行股份前已发行的股份，自公司股票在证券交易所上市交易之日起一年内不得转让'的规定及其他法律法规关于股份锁定或减持的相关规定，则管理人承诺在产品到期前2个月与投资人协商并将产品进行延期，以满足相关法律法规关于对股票锁定或减持的要求；若产品到期后进行延期，且仍持有流通受限的证券（如因《公司法》及其他法律法规关于股份锁定或减持的相关规定而流通受限的股票，以及因停牌、证券交易所休市及其他原因而暂停交易的证券），则流通受限证券将自限制条件解除后完成变现；若过渡期内产品的资产未完成变现、清算及分配，本机构将按照《资管新规》及相关法律法规的规定进行规范。 披露"三类股东"未能延长存续期也不影响股份锁定的事实，即由于前述产品在基金合同或信托计划合同中明确"三类股东"持有的发行人的股份属于流通受限证券，即使在锁定期内未能延长存续期而导致产品清算，亦需在限制条件解除后方能变现。因此，综上分析，发行人"三类股东"能够符合现行锁定期要求。皓熙新三板1号信托计划持股比例仅为0.0630%，截至本补充法律意见书出具日仍在存续期，其管理人及投资者未出具存续期延期的承诺可能导致存续期不满足股份锁定的要求，但其财产实现完全流通变现之前无法完全完成清算工作，产品实质上持续处于存续状态，不影响股份锁定的实施，不会对本次发行上市造成实质性影响。 2. 关于减持相关要求 根据《上海证券交易所上市公司股东及董事、监事、高级管理人员减持股份实施细则》（以下简称《减持实施细则》）第二条规定："本细则适用于下列减持行为：……（二）特定股东减持，即大股东以外的股东，减持所持有的公司首次公开发行前股份、上市公司非公开发行股份……" 经核查，发行人6名"三类股东"均在存续期，5名股东已就股份锁定和存续期出具承诺，能够满足现行锁定期的要求；1名股东需遵守信托计划相关法规以满足现行锁定期的要求；即使在锁定期内产品清算亦不影响股份锁定的实施；6名"三类股东"持股比例均低于1%，不适用特定股东减持的相关规定；因此，发行人"三类股东"满足股份锁定和减持的相关要求。
是否进一步问询	关于发行人"三类股东"问题。请对"四川信托——皓熙新三板1号集合资金信托计划"是否合法存续发表明确意见。

续表

605305 中际联合首次公开发行股票并在创业板上市项目[①]	
发行人	中际联合（北京）科技股份有限公司
回复问询	根据"四川信托——皓熙新三板1号集合资金信托计划"（以下简称皓熙新三板1号信托计划）早期提供的《四川信托有限公司皓熙新三板1号集合资金信托计划资金信托合同》及其补充协议，并经本所律师检索查询基金业协会信息公示平台、四川信托有限公司官网公开披露的该产品定期管理报告等信息，并经访谈该信托计划的委托代表人，皓熙新三板1号信托计划的存续情况如下： 皓熙新三板1号信托计划在基金业协会公示的基金类型为"信托计划"，管理类型为"顾问管理"，运作状态为"投顾协议已终止"，皓熙股权投资管理（上海）有限公司曾受托为该信托产品的投资提供投资顾问服务，现该投资顾问服务已终止；根据其信托合同的约定并经委托人代表确认，该信托计划目前采取委托人代表出具投资建议的方式进行投资管理；经查询，该信托计划受托人四川信托有限公司网上公开披露的皓熙新三板1号信托计划《季度管理报告》并经该信托计划委托人代表确认，该信托计划到期日为2021年5月5日，目前有效存续，没有提前清算的计划和安排。 经皓熙新三板1号信托计划委托人代表确认，截至本补充法律意见书出具日，该信托计划的委托投资人名单未发生变化，委托人代表正在沟通投资者并结合《资管新规》的要求进行整改，确保过渡期结束后产品符合《资管新规》要求，目前尚未制定具体的过渡期安排。根据中国人民银行、银保监会于2020年7月31日发布的《优化资管新规过渡期安排 引导资管业务平稳转型》，经国务院同意，人民银行会同发展改革委、财政部、银保监会、证监会、外汇局等部门审慎研究决定，《资管新规》过渡期延长至2021年底。且该股东持股比例极低，仅为0.0630%，对发行人持续经营、股权结构稳定、实际控制人均不构成影响。 经核查，皓熙新三板1号信托计划依法设立并有效存续运行，已按规定履行了必要的审批、备案或报告程序，纳入国家金融监管部门的有效监管；其受托人依法设立、依法注册登记并有效存续。
是否进一步问询	否
备注	无

（二）私募股权投资基金备案的问题

1. 法律要求

私募股权投资基金作为我国多层次资本市场的重要组成部分，是推动和解决中小企业融资难、融资贵及助力企业转型升级的重要方式。作为我国社会主义市场经济的重要主体，私募股权投资基金在发现、培育和支持科技创新，促进经济高质量发展的进程中发挥了至关重要的作用，是促进"硬科技"向先进生产力转化的助推器，也是嫁接科技创新与多层次资本市场的连通器，不断为多层次资本市场注入科技创新的活水。证监会作为私募股权投资基金的监督管理机构，就私募股权投资基金参与资本市场活动也提出了相应的法律要求。

关于私募股权投资基金参与资本市场活动的相关合规依据参见表6-2：

表6-2 关于私募股权投资基金参与资本市场活动的相关合规依据

序号	相关规定名称	发布时间	相关规定内容
1	《证券投资基金法》（2015年修正）	2015年4月24日	第九十四条 非公开募集基金募集完毕，基金管理人应当向基金行业协会备案。对募集的资金总额或者基金份额持有人的人数达到规定标准的基金，基金行业协会应当向国务院证券监督管理机构报告。
2	《私募管理办法》	2014年8月21日	第八条 各类私募基金募集完毕，私募基金管理人应当根据基金业协会的规定，办理基金备案手续，报送以下基本信息： （一）主要投资方向及根据主要投资方向注明的基金类别； （二）基金合同、公司章程或者合伙协议。资金募集过程中向投资者提供基金招募说明书的，应当报送基金招募说明书。以公司、合伙等企业形式设立的私募基金，还应当报送工商登记和营业执照正副本复印件；

续表

序 号	相关规定名称	发布时间	相关规定内容
			（三）采取委托管理方式的，应当报送委托管理协议。委托托管机构托管基金财产的，还应当报送托管协议； （四）基金业协会规定的其他信息。 基金业协会应当在私募基金备案材料齐备后的 20 个工作日内，通过网站公告私募基金名单及其基本情况的方式，为私募基金办结备案手续。
3	《登记备案办法》（中基协发〔2014〕1号）	2014年2月7日	第十一条 私募基金管理人应当在私募基金募集完毕后 20 个工作日内，通过私募基金登记备案系统进行备案，并根据私募基金的主要投资方向注明基金类别，如实填报基金名称、资本规模、投资者、基金合同（基金公司章程或者合伙协议，以下统称基金合同）等基本信息。 公司型基金自聘管理团队管理基金资产的，该公司型基金在作为基金履行备案手续同时，还需作为基金管理人履行登记手续。
4	《发行监管问答——关于与发行监管工作相关的私募投资基金备案问题的解答》	2015年1月23日	发行监管工作中，对中介机构核查私募投资基金备案情况有何具体要求？ 答：《证券投资基金法》、《私募投资基金监督管理暂行办法》及《私募投资基金管理人登记和基金备案办法（试行）》等相关法律法规和自律规则对私募投资基金的备案有明确规定，私募投资基金投资运作应遵守相应规定。从发行监管工作看，私募投资基金一般通过四种方式参与证券投资：一是企业首次公开发行前私募投资基金投资入股或受让股权；二是首发企业发行新股时，私募投资基金作为网下投资者参与新股询价申购；三是上市公司非公开发行股权类证券（包括普通股、优先股、可转债等）时，

续表

序号	相关规定名称	发布时间	相关规定内容
			私募投资基金由发行人董事会事先确定为投资者；四是上市公司非公开发行证券时，私募投资基金作为网下认购对象参与证券发行。保荐机构和发行人律师（以下称中介机构）在开展证券发行业务的过程中，应对上述投资者是否属于《证券投资基金法》、《私募投资基金监督管理暂行办法》和《私募投资基金管理人登记和基金备案办法（试行）》规范的私募投资基金以及是否按规定履行备案程序进行核查并发表意见。具体来说，对第一种和第三种方式，中介机构应对发行人股东中或事先确定的投资者中是否有私募投资基金、是否按规定履行备案程序进行核查，并分别在《发行保荐书》、《发行保荐工作报告》、《法律意见书》、《律师工作报告》中对核查对象、核查方式、核查结果进行说明。对第二种方式，保荐机构或主承销商应在询价公告中披露网下投资者的相关备案要求，在初步询价结束后、网下申购日前进行核查，网下申购前在发行公告中披露具体核查结果，在承销总结报告中说明；见证律师应在专项法律意见书中对投资者备案情况发表核查意见。对第四种方式，保荐机构或主承销商应在收到投资者报价后、向投资者发送缴款通知书前进行核查，在合规性报告书中详细记载有关情况；发行人律师应在合规性报告书中发表核查意见；发行情况报告书应披露中介机构核查意见。本监管问答自公布之日起执行。此前已受理尚未安排上发审会的企业，应按上述要求尽早补充提交专项核查文件；已安排上发审会以及已通过发审会尚未启动发行的企业，按会后事项程序补充提交核查文件。

基于前述规定，私募股权投资基金作为重要的市场参与主体，应该按照《证券投资基金法》《私募管理办法》及《登记备案办法》等相关法律法规和自律规则办理私募股权投资基金备案登记，同时，《发行监管问答——关于与发行监管工作相关的私募投资基金备案问题的解答》就私募基金参与资本市场活动的主要方式也进行了明确，要求中介机构在开展证券发行业务的过程中，应对上述投资者是否属于《证券投资基金法》《私募管理办法》和《登记备案办法》规范的私募股权投资基金以及是否按规定履行备案程序进行核查并发表意见。

2.如何判定投资者是否属于私募股权投资基金

根据《私募管理办法》《登记备案办法》的相关规定，本办法所称私募股权投资基金，系指以非公开方式向合格投资者募集资金设立的投资基金，包括资产由基金管理人或者普通合伙人管理的以投资活动为目的设立的公司或者合伙企业。

基于前述规定，私募股权投资基金具有以下特点：

（1）非公开方式募集，是指私募资金的资金来源于向特定投资者募集的资金，该等资金来源决定了私募股权投资基金的投资者往往互相不认识，主要基于对基金管理人管理能力的信任而共同组成一个投资的集合，即私募股权投资基金具有极强的资合性，对于基金管理人的专业能力要求极高，若一投资主体的资合性越弱、人合性越强，就往往越不适宜认定为私募股权投资基金，这也是实践中不宜将持股平台等主体认定为私募股权投资基金的原因之一。

（2）以投资活动为主要目的。所谓以投资活动为主要目的，有别于设立起来从事其他活动，比如进行股权激励等，因此私募股权投资基金此处的投资应当是指由专业的管理机构或专业人士进行的专业化投资，这也是为何基金业协会要求基金管理机构的从业人员具备相应的投资经验，取得从业资格的原因之一，因此，若一主体其设立的目的是进行实业投资或作为股权激励的平台，则该等主体一般不认定为私募股权投资基金。

（3）私募股权投资基金应当具备专业资产管理人士的管理行为。私募股权投资基金具有明显的人资两合的特性：一方具有丰富的管理经验、渠道、资源等资本，但缺乏资金；另一方资金实力殷实，但基金投资、管理经验相对不足，需要寻找具有专业投资经验的人帮助其实现资本增值、获得投资回报。基金资金的所有权和管理权也是分离的：一般情况下，在有限合伙制私募股权投资基金的组织形式下，普通合伙人作为基金的管理人，为基金的运作提供专业支持，负责基金具体的投资运作、决策和管理事宜；而有限合伙人作为主要的资金提供者，并不直接参与基金的管理运作，仅提供资金。

（三）是否涉及穿透核查的问题

1. 穿透核查的目的

穿透核查是指对发行人股东身份以及股东内部股权结构进行逐层核查，直至穿透披露至最终的投资者，最终投资者需要包括自然人、国资监管管理机构，此等核查的目的主要是确认：

（1）核查发行人的股东是否适格，是否存在法律、行政法规明确规定的不能担任股东的情形；

（2）核查发行人股权是否清晰稳定，是否存在委托持股、信托持股以及其他利益安排；

（3）核查发行人是否存在股东人数超过200人的情形；

（4）确认股东之间是否存在关联关系以及一致行动关系，便于认定实际控制人。

2.穿透核查的法律依据

关于核查发行人的股东是否适格,是否存在法律、行政法规明确规定的不能担任股东的情形。

(1) 不能担任自然人股东的主体

关于不能担任自然人股东的相关合规依据参见表6-3:

表6-3 关于不能担任自然人股东的相关合规依据

类 别	相关规定名称	发布时间	相关规定内容
公务员以及参照《公务员法》的事业单位工作人员	《公务员法》（2018年修订）	2018年12月19日发布，2019年6月1日实施	第五十九条 公务员应当遵纪守法，不得有下列行为：……（十六）违反有关规定从事或者参与营利性活动，在企业或者其他营利性组织中兼任职务…… 第一百零七条 公务员辞去公职或者退休的，原系领导成员、县处级以上领导职务的公务员在离职三年内，其他公务员在离职两年内，不得到与原工作业务直接相关的企业或者其他营利性组织任职，不得从事与原工作业务直接相关的营利性活动。 公务员辞去公职或者退休后有违反前款规定行为的，由其原所在机关的同级公务员主管部门责令限期改正；逾期不改正的，由县级以上市场监管部门没收该人员从业期间的违法所得，责令接收单位将该人员予以清退，并根据情节轻重，对接收单位处以被处罚人员违法所得一倍以上五倍以下的罚款。 第一百一十二条 法律、法规授权的具有公共事务管理职能的事业单位中除工勤人员以外的工作人员，经批准参照本法进行管理。

续表

类 别	相关规定名称	发布时间	相关规定内容
	《公务员辞去公职规定》（2020年修订）	2020年12月28日	第十六条 公务员辞去公职的，原系领导成员、县处级以上领导职务的公务员在离职3年内，不得接受原任职务管辖地区和业务范围内的企业、中介机构或者其他营利性组织的聘用，不得从事与原任职务管辖业务直接相关的营利性活动；其他公务员在离职2年内，不得接受与原工作业务直接相关的企业、中介机构或者其他营利性组织的聘用，不得从事与原工作业务直接相关的营利性活动。 前款所称原任职务，是指公务员辞去公职前3年内担任过的领导职务；原工作业务，是指公务员辞去公职前3年内从事过的工作业务。
党政机关在职干部、职工	《中共中央 国务院关于进一步制止党政机关和党政干部经商、办企业的规定》（中发〔1986〕6号）	1986年2月4日	二、凡上述机关的干部、职工，包括退居二线的干部，除中央书记处、国务院特殊批准的以外，一律不准在各类企业中担任职务。已经担任企业职务的，必须立即辞职；否则，必须辞去党政机关职务。在职干部、职工一律不许停薪留职去经商、办企业。已停薪留职的，或者辞去企业职务回原单位复职，或者辞去机关公职。
	《中共中央 国务院关于严禁党政机关和党政干部经商、办企业的决定》（中发〔1984〕27号）	1984年12月3日	乡（含乡）以上党政机关在职干部（包括退居二线的干部），一律不得以独资或合股、兼职取酬、搭干股分红等方式经商、办企业；也不允许利用职权为其家属、亲友所办的企业谋取利益。

续表

类 别	相关规定名称	发布时间	相关规定内容
县以上党和国家机关退（离）休干部	《中共中央办公厅 国务院办公厅关于县以上党和国家机关退（离）休干部经商办企业问题的若干规定》（中办发〔1988〕11号）	1988年10月3日	一、党和国家机关的退休干部，不得兴办商业性企业，不得到这类企业任职，不得在商品买卖中居间取酬，不得以任何形式参与倒卖生产资料和紧俏商品，不得向有关单位索要国家的物资，不得进行金融活动。 二、党和国家机关的退休干部，不得到全民所有制企业和外商投资企业（公司）担任任何领导职务（含名誉职务）和其他管理职务，企业也不得聘请他们任职。已经任职的，必须辞去职务。 三、党和国家机关的退休干部，可以应聘到非全民所有制的非商业性企业任职，但到本人原所在机关主管的行业和企业任职，必须在办理退休手续满两年以后。到这些企业任职的，要经所在机关退休干部管理部门批准，并与聘用单位签订合同……
县级以上工、青、妇、文、科协学等群众组织的退休干部	《中共中央 国务院关于进一步制止党政机关和党政干部经商、办企业的规定》（中发〔1986〕6号）	1986年2月4日	八、本规定适用于工会、共青团、妇联、文联、科协和各种协会、学会等群众组织，以及这些组织的干部和职工。这些组织如有特殊情况，需要办非商业性企业的，必须报经国务院或省、自治区、直辖市人民政府批准。
现役军人	《中国人民解放军内务条令（试行）》（军令〔2018〕58号）	2018年4月4日发布，2018年5月1日实施	第一百零五条 军人不得经商，不得从事本职以外的其他职业和网络营销、传销、有偿中介活动，不得参与以营利为目的的文艺演出、商业广告、企业形象代言和教学活动，不得利用工作时间和办公设备从事证券期货交易、购买彩票，不得擅自提供军人肖像用于制作商品。

续表

类　别	相关规定名称	发布时间	相关规定内容
省（部）、地（厅）级领导干部（以下简称领导干部）的配偶、子女	《中共中央　国务院关于进一步制止党政机关和党政干部经商、办企业的规定》（中发〔1986〕6号）	1986年2月4日	五、领导干部的子女、配偶，在党政机关及所属编制序列的事业单位工作的，一律不得离职经商、办企业；不在党政机关及所属编制序列的事业单位工作的，不准利用领导干部的影响和关系经商、办企业，非法牟利。对违反规定的，要严肃处理。非法所得，一律没收。
	《关于"不准在领导干部管辖的业务范围内个人从事可能与公共利益发生冲突的经商办企业活动"的解释》（中纪发〔2000〕4号）	2000年5月9日	一、主管行业的部门和行政机构的领导干部，党委、政府领导班子成员中分管上述部门和行政机构的领导干部，其配偶、子女不准在该领导干部管辖的业务范围内，从事与该领导干部管辖的行业业务相同的经商办企业活动；不准与该领导干部管辖的部门、行政机构、行业内的机关、社会团体、国有企业、事业单位直接发生商品、劳务、经济担保等经济关系。
中央企业各级领导人员	《国资委党委关于印发〈中央企业贯彻落实《国有企业领导人员廉洁从业若干规定》实施办法〉的通知》（国资党委纪检〔2011〕197号）	2011年10月14日	第四条　中央企业各级领导人员应当忠实履行职责。不得有利用职权谋取私利以及损害本企业利益的下列行为： （一）利用职权收受财物或者获取其他非法收入和不当利益； （二）在职或者离职后接受、索取本企业的关联企业、与本企业有业务关系的企业，以及管理和服务对象提供的物质性利益； （三）从事同类经营和其他营利性经营活动，违反规定投资入股； （四）侵犯本企业知识产权，泄露或非法使用本企业商业秘密。取得基金托管资格的托管人托管（注：经中基协确认，此处仅指对应的私募投资基金应当进行托管，该等特殊目的载体是否进行托管需视基金托管机构要求而定）。

（2）限制担任自然人股东的情形

关于限制担任自然人股东的相关合规依据参见表6-4：

表6-4　关于限制担任自然人股东的相关合规依据

类　别	相关规定名称	发布时间	相关规定内容
国有企业职工	《国务院国有资产监督管理委员会关于规范国有企业职工持股、投资的意见》（国资发改革〔2008〕39号）	2008年9月16日	二、规范国有企业改制中的职工持股行为 …… 严格控制职工持股企业范围。职工入股原则限于持有本企业股权。国有企业集团公司及其各级子企业改制，经国资监管机构或集团公司批准，职工可投资参与本企业改制，确有必要的，也可持有上一级改制企业股权，但不得直接或间接持有本企业所出资各级子企业、参股企业及本集团公司所出资其他企业股权。科研、设计、高新技术企业科技人员确因特殊情况需要持有子企业股权的，须经同级国资监管机构批准，且不得作为该子企业的国有股东代表。 国有企业中已持有上述不得持有的企业股权的中层以上管理人员，自本意见印发后1年内应转让所持股份，或者辞去所任职务。在股权转让完成或辞去所任职务之前，不得向其持股企业增加投资。已持有上述不得持有的企业股权的其他职工晋升为中层以上管理人员的，须在晋升后6个月内转让所持股份。法律、行政法规另有规定的，从其规定。
教育部直属高校领导干部	《中共教育部党组关于进一步加强直属高校党员领导干部兼职管理的通知》（教党〔2011〕22号）	2011年7月28日	三、直属高校校级党员领导干部原则上不得在经济实体中兼职，确因工作需要在本校设立的资产管理公司兼职的，须经学校党委（常委）会研究决定，并按干部管理权限报教育部审批和驻教育部纪检组监察局备案。

续表

类　别	相关规定名称	发布时间	相关规定内容
	《中共中央纪委、教育部、监察部关于加强高等学校反腐倡廉建设的意见》（教监〔2008〕15号）	2008年9月3日	（九）加强对领导干部的管理和监督。学校党政领导班子成员应集中精力做好本职工作，除因工作需要、经批准在学校设立的高校资产管理公司兼职外，一律不得在校内外其他经济实体中兼职。确需在高校资产管理公司兼职的，须经党委（常委）会集体研究决定，并报学校上级主管部门批准和上级纪检监察部门备案，兼职不得领取报酬。学校党政领导班子成员不得在院系等所属单位违规领取奖金、津贴等；除作为技术完成人，不得通过奖励性渠道持有高校企业的股份。要加强对领导干部遵守党的政治纪律、贯彻落实科学发展观、执行民主集中制、遵守廉洁自律规定和执行党风廉政建设责任制等情况的监督。

（3）禁止担任法人股东的情形

表6-5　禁止担任法人股东的情形

类　别	相关规定名称	发布时间	相关规定内容
商业银行	《商业银行法（2015年修正）》	2015年8月29日发布，2015年10月1日实施	第四十三条　商业银行在中华人民共和国境内不得从事信托投资和证券经营业务，不得向非自用不动产投资或者向非银行金融机构和企业投资，但国家另有规定的除外。
社会团体	《社会团体登记管理条例（2016年修正版）》	2016年2月6日	第四条　社会团体不得从事营利性经营活动。

④限制担任法人股东的情形——职工持股会或工会

根据《首发业务若干问题解答》的相关规定，问题2、历史沿革中曾存在工会、职工持股会持股或者自然人股东人数较多情形的，发行人应当如何进行规范？中介机构应当如何进行核查？

第一，考虑到发行条件对发行人股权清晰、控制权稳定的要求，发行人控股股东或实际控制人存在职工持股会或工会持股情形的，应当予以清理。

对于间接股东存在职工持股会或工会持股情形的，如不涉及发行人实际控制人控制的各级主体，发行人不需要清理，但应予以充分披露。

对于工会或职工持股会持有发行人子公司股份，经保荐机构、发行人律师核查后认为不构成发行人重大违法违规的，发行人不需要清理，但应予以充分披露。

基于上述规定，针对职工持股会或工会持股的情形，区分对待如下：

- 为满足发行条件，确保控股股东、实际控制人的所持股份清晰、稳定，控股股东、实际控制人涉及职工持股或工会持股的应予以清理。
- 针对发行人其他股东涉及前述情形的，应予以充分披露，不需要清理。
- 子公司涉及职工持股会或工会的，若不构成发行人重大违法违规，应充分予以披露，不需要清理。

第二，核查发行人股权是否清晰稳定，是否存在委托持股、信托持股以及其他利益安排。

A.股份代持的法律判断

根据《最高人民法院关于适用〈中华人民共和国公司法〉若干问题的规定》（三）（2020年）第二十四条的规定，有限责任公司的实际出资人与名义出资人订立合同，约定由实际出资人出资并享有投资权益，以名义出资人为名义股东，实际出资人与名义股东对该合同效力发生争议的，如无法律规定的无效情形，人民法院应当认定该合同有效。

前款规定的实际出资人与名义股东因投资权益的归属发生争议，实际出资人以其实际履行了出资义务为由向名义股东主张权利的，人民法院应予支持。名义股东以公司股东名册记载、公司登记机关登记为由否认实际出资人权利的，人民法院不予支持。

实际出资人未经公司其他股东半数以上同意，请求公司变更股东、签发出资证明书、记载于股东名册、记载于公司章程并办理公司登记机关登记的，人民法院不予支持。

从上述规定可以看出，公司法主要从保护实际出资人的角度出发，判定如无法律规定对股权代持有限制性规定的，股权代持并非当然无效。

但证监会从监管角度，一来股权代持涉及将不具备股东资格的相关主体通过股权代持的方式成为公司隐名股东，涉及利益输送，影响股权的清晰稳定；二来也是与证监会要求的以信息披露为核心的监管思路相悖，存在虚假陈述和重大遗漏的情形。所以，股份代持历来被证监会所禁止，成为证券监管的红线问题。

2021年2月5日，证监会发布《监管规则适用指引——关于申请首发上市企业股东信息披露》，再次对"突击入股""股权代持""入股价格异常"等相关事项进行规定，对于发行人的股权结构为两层以上且为无实际经营业务的公司或有限合伙企业的，如该股东交易价格明显异常，中介机构应当对该股东层层穿透核查到最终持有人，并说明：①是否存在股权代持，如存在股权代持，应在提交申请前依法解除；②是否存在法律法规规定禁止持股的主体直接或间接持有发行人股份；③是否为本次发行的中介机构或其负责人、高级管理人员、经办人员直接或间接持有发行人股份；④是否以发行人股权进行不当利益输送。

基于上述，穿透核查很重要的目的之一即核查股东是否存在股权代持，是否替不具备股东资格的相关主体代持股份。

B.股份代持通常的原因

• 股东主体不适格，如为公务员等，或从公务系统退休或辞职未达法定年限。

• 规避同业竞争或竞业禁止协议的约束。如尚在竞业禁止协议约定的期限等或未经股东会、股东大会的同意，利用职务便利为自己或他人谋取属于公司的商业机会，自营或为他人经营与所任职公司同类的业务。

• 基于招投标需要，设立多个主体围标、串标所用。

• 其他合理原因，如公司实际出资人常年在外地、不具备管理便利性等。

C.股份代持的解决思路

针对第一种和第三种情形属于违反法律、行政法规的禁止性规定，补正的可能性较低，通常情况下会通过设立新主体、承接原主体的业务来解决相关问题，即所谓的时间换空间，通过时间淡化该等问题对上市的影响；而第二种情形，属于未经股东（大）会允许的情形，需要取得相关主体的豁免，在此情形下，通过清理股权代持事宜、股份还原，取得股份代持双方的确认消化该等事宜的影响，确保双方不存在纠纷和潜在纠纷。

第三，核查股东人数是否超过200人问题。

A.法律依据

根据《证券法》的相关规定，公开发行证券，必须符合法律、行政法规规定的条件，并依法报经国务院证券监督管理机构或者国务院授权的部门注册。未经依法注册，任何单位和个人不得公开发行证券。证券发行注册制的具体范围、实施步骤，由国务院规定。

有下列情形之一的，为公开发行：

• 向不特定对象发行证券；

• 向特定对象发行证券累计超过200人，但依法实施员工持股计划的员工人数不计算在内；

• 法律、行政法规规定的其他发行行为。

非公开发行证券，不得采用广告、公开劝诱和变相公开方式。

基于上述，股东人数超过200人，为公开发行，需满足法律、行政法规规定的条件，并需经证监会办理注册手续。

根据《非上市公众公司监管指引第4号——股东人数超过200人的未上市股份有限公司申请行政许可有关问题的审核指引》（2020年修正）的相关

规定，股东人数超过200人符合相关条件，可采取的措施如下：

B.依法向证监会申请股东超过200人的行政许可

如果公司股东超过200人的情形符合相应的条件，发行人可以直接向证监会申请行政许可，而不必通过股权收购的方式将股东人数降至200人以下，这种方案的好处在于不改变实际权益人的利益，实施难度相对较小。

Ⅰ.申请200人行政许可的条件

根据《非上市公众公司监管指引第4号——股东人数超过200人的未上市股份有限公司申请行政许可有关问题的审核指引》（中国证券监督管理委员会公告〔2020〕66号）的规定，申请200人行政许可需满足的条件包括：

i.公司依法设立且合法存续

公司的设立、增资等行为不违反当时法律明确的禁止性规定，目前处于合法存续状态。公司在股份形成及转让过程中不存在虚假陈述、出资不实、股权管理混乱等情形，不存在重大诉讼、纠纷以及重大风险隐患。200人公司的设立、历次增资依法需要批准的，应当经过有权部门的批准。存在不规范情形的，应当经过规范整改，并经当地省级人民政府确认。

因此，中介机构需要向发行人了解：

※公司股东超过200人的形成时间在2006年《证券法》修订之前还是之后；

※股东代持关系是否清晰，是否有完善的书面证据证明代持形成、变化过程；

※公司股权是否存在纠纷。

ii.股权清晰

股权形成真实、有效，权属清晰及股权结构清晰。

中介机构需要向发行人了解：

※公司股权权属是否明确。是否设置股东名册并进行有序管理，股东、公司及相关方对股份归属、股份数量及持股比例有无异议。

※股东与公司之间、股东之间、股东与第三方之间有无重大股份权属争

议、纠纷或潜在纠纷。

※股东出资行为是否真实，是否存在重大法律瑕疵，或者相关行为是否已经得到有效规范，不存在风险隐患。

申请200人行政许可的公司应当对股份进行确权，通过公证、律师见证等方式明确股份的权属。申请公开发行并在证券交易所上市的，经过确权的股份数量应当达到股份总数的90%以上（含90%）；未确权的部分应当设立股份托管账户，专户管理，并明确披露有关责任的承担主体。

iii.公司经营规范

申请200人行政许可的公司应当持续规范经营，不存在资不抵债或者明显缺乏清偿能力等破产风险的情形。

iv.公司治理与信息披露制度健全

200人公司按照证监会的相关规定，已经建立健全公司治理机制和履行信息披露义务的各项制度。

Ⅱ.需要事先取得省级人民政府确认函的情形

根据《非上市公众公司监管指引第4号——股东人数超过200人的未上市股份有限公司申请行政许可有关问题的审核指引》的规定，向证监会申请200人行政许可的公司，如果存在下列情形的，需要事先取得省级人民政府出具的确认函方可提交申请：

※1994年7月1日《公司法》实施前，经过体改部门批准设立，但存在内部职工股超范围或超比例发行、法人股向社会个人发行等不规范情形的定向募集公司。

※1994年7月1日《公司法》实施前，依法批准向社会公开发行股票的公司。

※按照《国务院办公厅转发证监会关于清理整顿场外非法股票交易方案的通知》（国办发〔1998〕10号），清理整顿证券交易场所后"下柜"形成的股东超过200人的公司。

※证监会认为需要省级人民政府出具确认函的其他情形。

按照证监会的规定，省级人民政府出具的确认函应当说明公司股份形成、规范的过程以及存在的问题，并明确承担相应责任。

Ⅲ.需要取得其他外部监管机构确认的情形

※股份已经委托股份托管机构进行集中托管的，应当由股份托管机构出具股份托管情况的证明。股份未进行集中托管的，应当按照前款规定提供省级人民政府的确认函。

※属于200人公司的城市商业银行、农村商业银行等银行业股份公司应当提供中国银行业监督管理机构出具的监管意见。

C.将股东缩减至200人以下

如果经核查后认为发行人股东超过200人形成时已经违反了当时有效的法律法规，则我们理解公司不能再向证监会申请200人行政许可，而必须通过股权收购方式，将实际股东缩减至200人以下，以此进行规范。

（四）私募股权投资基金的减持和锁定期要求

关于私募股权投资基金的减持和锁定期的相关合规依据参见表6-6：

第六章 基金参与资本市场投资的合规指引 309

表6-6 关于私募股权投资基金的减持和锁定期的相关合规依据

事　项	身份性质	板块		
^	^	主　板	中小板	创业板	科创板
股份制改造	发起人股东	《公司法》（2018年修正，下同）第一百四十一条第一款规定，发起人持有的本公司股份，自公司成立之日起一年内不得转让。			
^	董事、监事、高级管理人员	《公司法》第一百四十一条第二款规定，公司董事、监事、高级管理人员应当向公司申报所持有的本公司股份及其变动情况，在任职期间每年转让的股份不得超过其所持有本公司股份总数的百分之二十五。			
首次公开发行股票并上市（以下简称IPO）	一般股东（即非控股股东）	《公司法》第一百四十一条第一款规定，公司公开发行股份前已发行的股份，自公司股票在证券交易所上市交易之日起一年内不得转让。			
^	^	《上海证券交易所股票上市规则》（以下简称《上交所股票上市规则》）第5.1.4条规定，发行人首次公开发行股票前已发行的股份，自发行人股票上市之日起一年内不得转让。	《深圳证券交易所股票上市规则》（以下简称《深交所股票上市规则》）第5.1.5条规定，发行人公开发行股票前已发行的股份，自发行人股票上市之日起一年内不得转让。	《深圳证券交易所创业板股票上市规则》（以下简称《创业板股票上市规则》）第5.1.5条规定，发行人公开发行股票前已发行的股份，自发行人股票上市之日起一年内不得转让。	1.《关于在上海证券交易所设立科创板并试点注册制的实施意见》（以下简称《实施意见》）第二条第五项规定，公司发行特别表决权股份的，应当在公司章程中规定特别表决权股份的持有人资格、特别表决权股份拥有的表决权数量与普通股份拥有的表决权比例安排、持有
^	控股股东、实际控制人及其关联方	《上交所股票上市规则》第5.1.5条规定，发行人申请其首次公开发行股票上市时，控股	《深交所股票上市规则》第5.1.6条规定，发行人向本所提出其首次公开发行的股票上市申请时，	《创业板股票上市规则》第5.1.6条规定，发行人向本所申请其首次公开发行的股票上市申请时，持有	^

续表

事项	身份性质	主板	中小板	创业板	科创板
		股东和实际控制人应当承诺：自发行人股票上市之日起36个月内，不转让和委托他人管理其直接和间接持有的发行人首次公开发行股票前已发行股份，也不由发行人回购该部分股份。但转让双方存在实际控制关系，或者均受同一控制人控制的，自发行人股票上市之日起一年后，经控股股东和实际控制人申请并经本所同意，可豁免遵守上述承诺。发行人应当在上市公告书中披露前款承诺。	股股东和实际控制人应当承诺：自发行人股票上市之日起三十六个月内，不转让和委托他人管理其直接和间接持有的发行人首次公开发行股票前已发行的股份，也不由发行人公开发行股份前已持有的股份，发行人直接或者间接购回其直接或者间接持有的发行人公开发行股份前已发行的股份。发行人应当在上市公告书中公告上述承诺。自发行人股票上市之日起一年后，出现下列情形之一的，经控股股东和实际控制人申请并经本所同意，可以豁免遵守上述承诺： （一）转让双方存在实际控制关系，或者均受同一控制人控制的；	控股股东和实际控制人应当承诺：自发行人股票上市之日起三十六个月内，不转让或者委托他人管理其直接或间接持有的发行人公开发行股份前已发行的股份，也不由发行人直接或者间接回购其发行人公开发行股份前已持有的股份。发行人应当在上市公告书中公告上述承诺。自发行人股票上市之日起一年后，出现下列情形之一的，经控股股东和实际控制人申请并经本所同意，可以豁免遵守上述承诺： （一）转让双方存在实	人所持特别表决权股份大会参与事项与表决权股份锁定安排及转让限制事项等事项。 《实施意见》第四条第十二项规定，制定合理的科创板上市公司股份锁定期和减持限制度安排。 2.《科创板上市公司持续监管办法（试行）》第八条规定，科创公司应当在公司章程中规定……特别表决权股份、特别表决权股份与普通股份的转换、股权等事项。公司章程有关上述事项的规定，应当符合交易所所的有关规定。

第六章 基金参与资本市场投资的合规指引 311

续表

事项	身份性质	板块			
		主板	中小板	创业板	科创板
			（二）因上市公司陷入危机或者面临严重财务困难，受让人提出的挽救公司的重组方案获得该公司股东大会审议通过和有关部门批准，且受让人承诺继续遵守上述承诺； （三）本所认定的其他情形。	际控制关系，或者均受同一控制人控制的； （二）本所认定的其他情形。	3.《科创板首次公开发行股票注册管理办法（试行）》第四十二条规定，发行人应当在招股说明书中披露公开发行股份前已发行股份的锁定期安排，特别是核心技术人员股份锁定期安排，股份尚未盈利情况下发行人控股股东、实际控制人、董事、监事、高级管理人员股份的锁定期安排。 保荐人和发行人律师应当就前款规定是否符合有关规定发表专业意见。
	无控股股东和实际控制人没有或难以认定的	根据证监会发布的《发行监管问答——关于首发企业中创业期投资基金股东的锁定期安排》（2017年）的相关规定，对于发行人没有或难以认定实际控制人的，为确保股权结构稳定，发行人因经营不因生产经营权发生变化而受	参考案例： 上海翰讯（300762，于2019年2月22日取得证监会核准）属于无实际控制人和控股股东的情况，经查询其招股说明书和律师工作报告，其锁定情况如下： ①公司的第一大股东上海双由承诺三年，上海双由的全部股东亦出具承诺将全部处置上海双由持有的公司股权或其他任何方式转让或委托他人管理其在本次发行前已间接持有的公司股份，也不由翰讯股份回购该部分股份。		

续表

事项	身份性质	板块		
		主板	中小板	创业板	科创板
		到影响，审核实践中，要求发行人按持股比例从高到低依次承诺其所持股份自上市之日起锁定36个月，直至锁定股份的总数不低于发行前股份总数的51%。根据2018年10月保代培训的要求，按照发行人的持股比例，从高到低进行锁定，锁定的比例不得低于发行前的50%。	②公司的第二大至第四大股东，分别出具锁定承诺，明确：自公司股票上市之日起36个月内不转让或委托他人管理其在本次发行前已直接或间接持有的公司股份，也不由公司回购该部分股份。（合计锁定股份比例65.84%）③间接持有发行人股份的董监高若持有发行人前四大股东的股权或合伙份额，也出具承诺：自鹫讯股票上市之日起36个月内，不转让或委托他人管理其在本次发行前已直接或间接持有的公司股份，也不由鹫讯股份回购该部分股份。	其他管理人员承诺：自鹫讯股票上市之日起12个月内，不转让或委托他人管理其在本次发行前已直接或间接持有的公司股份，也不由鹫讯股份回购该部分股份承诺未单独披露）（董监高本应遵循的其他锁定	
	董事、监事、高级管理人员	《上交所股票上市规则》第3.1.7条规定，上市公司董事和高级管理人员自公司股票上市之日起一年	《深交所股票上市规则》第3.1.8条规定，上市公司董事、监事、高级管理人员和公司股东公司股东买卖本公	《深交所创业板股票上市规则》第3.1.10条规定，上市公司董事、监事和高级管理人员应当	

续表

事项	身份性质	板块		
		主板	中小板	创业板	科创板
		和离职后半年内，不得转让其所持本公司股份；任职期间拟买卖本公司股票应当根据本所所备案；所持本公司股份发生变动的，应当及时向公司报告并由公司在本所网站公告。	司股份应当遵守《公司法》《证券法》、中国证监会和本所相关规定及公司章程。上市公司董事、监事、高级管理人员自公司股票上市之日起一年内和离职后半年内，不得转让其所持本公司股份。	在公司股票上市前、任命生效时，新增持有公司股份及离职申请生效时，按照本所申请锁定其持有的本公司股份。公司董事、监事、高级管理人员持本公司股份发生变动的（因公司派发股票股利和资本公积转增股本导致的变动除外），应当及时向公司报告并由公司在本所指定网站公告。《深圳证券交易所上市公司股东及董事、监事、高级管理人员减持股份实施细则》（2017	

续表

事项	身份性质	板块		
		主板	中小板	创业板 / 科创板
		《上市公司董事、监事和高级管理人员所持本公司股份及其变动管理规则》（证监公司字〔2007〕56号）第四条规定，上市公司董事、监事和高级管理人员、监事和高级管理人员所持本公司股份在下列情形下不得转让：			年5月27日实施，第十二条规定，董、监高在任期届满前离职的，应当在其就任时确定的任期内和任期届满后六个月内，继续遵守下列限制性规定： （一）每年转让的股份不得超过其所持有本公司股份总数的百分之二十五； （二）离职后半年内，不得转让其所持本公司股份； （三）《公司法》对董监高股份转让的其他规定。

续表

事项	身份性质	板块		
		主　板	中小板	创业板	科创板

（一）本公司股票上市交易之日起 1 年内；
（二）董事、监事和高级管理人员离职后半年内；
（三）董事、监事和高级管理人员承诺一定期限内不转让并在该期限内的；
（四）法律、法规，中国证监会和证券交易所规定的其他情形。

第五条规定，上市公司董事、监事和高级管理人员在任职期间，每年通过集中竞价、大宗交易、协议转让等方式转让的股份不得超过其所持本公司股份总数的 25%，因司法强制执行、继承、遗赠、依法分割财产等导致股份变动的除外。

上市公司董事、监事和高级管理人员所持本公司股份不超过 1000 股的，可一次全部转让，不受前款转让比例的限制。

| 申报前 12 个月入股（突击入股） | 1. 根据 2018 年 10 月的保代培训资料，通过增资方式入股，自工商变更登记完成之日起锁定三年；从实际控制人、控股股东处受让，比照控股股东和实际控制人的锁定要求，锁定三年。同时，根据该培训资料，由于证监会的审核周期缩短，因此，创业板、主板、中小板的标准已经统一；从非实际控制人、控股股东受让，锁定期一年。2. 2018 年 10 月之前的窗口指导意见：①针对主板、中小企业板上市公司，对于刊登招股说明书之日前 12 个月内通过增资扩了股引人的股东，其 | 参考案例：金时科技（002951，于 2019 年 2 月 22 日取得证监会的核准批复）于 2017 年 12 月 5 日首次披露招股说明书，其股东深圳方腾、前海红树、金时众志、中证投资，金石坤享、上海广洋均于 2017 年 4 月通过增资方式成为公司的股东，属于在公司申报前 8 个月通过增资方式成为公司股东，根据其公开招股意向书，深圳方腾、前海红树、金时众志、中证投资、金石坤享、上海广洋承诺：①自本企业通过增资方式取得公司股份的工商变更登记完成 |

续表

事　项	身份性质	板块			
		主　板	中小板	创业板	科创板
		所持股份自完成增资工商变更登记之日起锁定 36 个月；对于刊登招股说明书之日前 12 个月内自控股股东、实际控制人及其关联方受得股份的股东，其所持股份自公司上市之日起锁定 36 个月；对于刊登招股说明书之日前 12 个月内自非控股股东、实际控制人及其关联方受得股份的股东，其所持股份自公司上市之日起锁定 12 个月。 ②针对创业板上市公司：对于公司提交其首次公开发行股票申请前 6 个月内通过增资扩股引入的股东，其所持股份自完成增资工商变更登记之日起锁定 36 个月；对于公司提交其首次公开发行股票申请前 6 个月内自控股股东、实际控制人及其关联方受得股份的股东，其所持股份自公司上市之日起锁定 36 个月；对于公司提交其首次公开发行股票申请前 6 个月内自非控股股东、实际控制人及其关联方受得股份的股东，其所持股份自公司上市之日起锁定 12 个月。		之日（即 2017 年 4 月 26 日）起 36 个月内，本企业不转让或者委托他人管理本企业直接或者间接持有的该部分股份，也不由公司回购该部分股份；②发行人经中国证券监督管理委员会核准首次公开发行股票后，自发行人股票上市之日起 12 个月内，本企业不转让或者委托他人管理本企业直接或者间接持有的公司首次公开发行股票前已发行的股份，也不由公司回购该部分股份。本企业违反前述承诺的，将依法承担责任。 同时，由于金时众志为员工持股平台，持有该平台合伙份额的董监高也出具承诺：①自金时众志通过增资方式取得公司股份的工商变更登记完成之日（即 2017 年 4 月 26 日）起 36 个月内，本人不转让或者委托他人管理本人直接或者间接持有的该部分股份，也不由公司回购该部分股份；②发行人经中国证券监督管理委员会核准首次公开发行股票后，自发行人股票上市之日起 12 个月内，本人不转让或者委托他人管理本人直接或者间接持有的发行人首次公开发行股票前已发行的股份，也不由公司回购该部分股份。	

续表

事　项	身份性质	板块			
		主　板	中小板	创业板	科创板
上市公司非公开发行股票	上市公司控股股东、实际控制人及其控制的关联企业	《上市公司非公开发行股票实施细则》第九条规定，发行对象属于下列情形之一的，具体发行对象及其认购价格或者定价原则应当由上市公司董事会的非公开发行股票决议确定，并经股东大会批准；认购的股份自发行结束之日起 36 个月内不得转让： （一）上市公司的控股股东、实际控制人或其控制的关联人； （二）通过认购本次发行的股份取得上市公司实际控制权的投资者； （三）董事会拟引入的境内外战略投资者。	参考案例： 耐威科技（300456）于 2016 年 11 月 10 日召开董事会通过了关于非公开发行股票相关的议案，于 2016 年 11 月 28 日召开股东大会审议通过了前述与股票发行相关的议案。 2017 年 2 月，证监会修订了《上市公司非公开发行股票实施细则》，公司为此于 2017 年 6 月召开了董事会和股东大会，修订了股票发行方案等相关内容，2017 年 11 月回复了证监会的提问，并据此第三次修订了方案等内容。经查阅其发行方案等内容，本次的发行对象为 2 名，为公司实际控制人杨某春以及国家集成电路基金。全体发行对象皆作出承诺，锁定期为 36 个月。		
	通过认购本次发行的股份取得上市公司实际控制权的投资者				
	境外战略投资者				
	其他投资者	《上市公司非公开发行股票实施细则》第十条规定，发行对象属于本细则第九条规定以外的情形的，上市公司应当在取得发行核准批文后，按照本细则的规定以竞价方式确定发行价格和发行对象。发行对象认购的股份自发行结束之日起 12 个月内不得转让。	根据民和股份于 2019 年 2 月 27 日公告的非公开发行方案，本次发行的认购对象为 10 名，为公司副董事长兼公司总经理孙某法和其他 9 名符合中国证监会发行条件的特定对象，其中：除孙某法限售期间为 36 个月外，其余的发行对象为 12 个月。		

续表

事项	身份性质	板块			
		主板	中小板	创业板	科创板
上市公司重大资产重组	上市公司控股股东、实际控制人或者其控制的关联人	根据《上市公司重大资产重组管理办法》第四十六条的规定，特定对象以资产认购而取得的上市公司股份，自股份发行结束之日起12个月内不得转让；属于下列情形之一的，36个月内不得转让： （一）特定对象为上市公司控股股东、实际控制人或者其控制的关联人； （二）特定对象通过认购本次发行的股份取得上市公司的实际控制权； （三）特定对象取得本次发行的股份时，对其用于认购股份的资产持续拥有权益的时间不足12个月	可参照迅游科技的股份锁定情况： ①对于持有目标公司股权超过12个月的，锁定期：12个月。 ②对于持有目标公司股权不足12个月的，锁定期：36个月。 ③如认购对象存在业绩承诺的，要跟业绩承诺的交易对方，需跟出具承诺。 ④对于专为本次交易设立由其出资人另行出具承诺，目标公司股权的时间履行相应的承诺。 ⑤上市公司实际控制人的关联方。		对方的锁定期间的解锁期间匹配。承诺要按照交易对方本身持有对方的锁定期，锁定期：36个月。
	通过认购本次发行的股份取得上市公司的实际控制权				
	取得本次发行的股份时，对其用于认购股份的资产持续拥有权益的时间不足12个月				
	其他投资人	12个月，法律依据如上所述。			

实务范本

1.三类股东拟出具的有关减持和股份锁定的承诺内容

＿＿＿＿（以下简称本机构）作为＿＿＿＿股份有限公司（以下简称发行人）的股东，通过＿＿＿＿（非公开发行股份/集中竞价）方式持有发行人＿＿＿＿股股份，占发行人股份总量的＿＿＿＿%。现本机构承诺如下：

①自发行人股票上市交易之日起12个月内（"锁定期"），本机构不会转让或者委托他人管理本机构直接持有的发行人股份，也不会促使发行人回购该部分股份。

②本机构拟长期持有发行人股票，如果在上述锁定期限届满后，本机构拟减持股票的，将严格按照法律法规及《上市公司股东、董监高减持股份的若干规定》《深圳证券交易所上市公司股东及董事、监事、高级管理人员减持股份实施细则》《上市公司创业投资基金股东减持股份的特别规定》等关于股份减持的规定执行。

③本机构减持发行人股票应符合相关法律、法规、规章及规范性文件的规定，具体方式包括但不限于证券交易所集中竞价交易、大宗交易、协议转让等。

④本机构减持发行人股票前，应提前3个交易日予以公告，并按照证券交易所的规则及时、准确地履行信息披露义务。

⑤如上述承诺所依据的相关法律、法规及规范性文件发生变化的，上述承诺将根据最新的相关规定进行变动。

⑥本机构如违反上述承诺规定擅自减持发行人股份的，则违规减持发行人股票所得（如有）归发行人所有并承担相应的法律责任。

2.三类股东基金管理人/信托机构/资产管理机构承诺：

"如发行人成功A股上市，本公司将遵守法律法规中锁定期和减持规则的要求，在持有的发行人股份锁定期内不减持本机构届时持有的发行人股份。如本机构存续期在股份锁定期结束前到期，本公司将调整本机构的存续期限以满足有关股票限售期和减持的相关规定；如未能完成调整本机构的存续期限，本公司将确保在持有发行人股份锁定期结束前，不提出对基金持有的发行人股份进行清算出售的安排。

如发行人完成首次公开发行股票并上市，本公司将在基金所持发行人股份的锁定期内保持基金封闭，并确保现有基金投资人持有的基金份额和比例不变。"

3.基金投资人承诺：

"如发行人成功A股上市，本单位/本人将根据法律法规中锁定期和减持规则的要求，通过行使投资人表决权，使基金在股份锁定期内不减持届时持有的发行人股份。如基金存续期在发行人股份锁定期结束前到期，本单位/本人同意调整基金存续期限以满足有关股票限售期和减持的相关规定；如未能完成调整存续期限，本单位/本人同意在基金持有发行人股份锁定期内，不提出对基金持有的发行人股份进行清算出售的要求。

如发行人完成首次公开发行股票并上市，本单位/本人将继续持有基金份额保持不变，直至基金所持晓鸣农牧股份锁定期满。"

4.关于不属于私募基金或私募基金管理人的声明

_____（以下简称本企业，根据具体的组织形式进行调整），统一社会信用代码为_____，系依法设立并合法存续的有限合伙企业（根据具体组织形式进行调整），执行事务合伙人为_____，主要从事_____。

现本企业拟作为_____股份有限公司（以下简称发行人）股东，持有发行人_____股股票，持股比例为_____%。现本企业就是否系私募投资基金或私募基金管理人等相关事宜做如下说明：

1.本中心系以全体合伙人自有资金出资设立，不存在向合伙人以外的其他自然人、法人以非公开方式募集资金设立投资基金的情形。

2.根据本企业各合伙人签订的《合伙协议》的约定，本企业的重大事项系由执行事务合伙人自主决策，未委托基金管理人管理本企业资产，亦未接受委托管理他人资产。

3.本企业不存在被认定为须按照私募投资基金相关规定进行备案的情况。

4.执行事务合伙人_____亦不存在被认定为须按照私募投资基金管理人等相关规定进行登记的情况。

本声明系本企业真实意思表示,自本企业盖章之日起生效并不可撤销,直至本企业不再为发行人的股东为止;未经发行人书面同意,本声明不可变更。

盖章:
____年___月___日

二、基金参与上市公司非公开发行股票

(一)关于私募股权投资基金作为认购对象适格性核查

根据《上市公司证券发行管理办法》第三十七条规定,非公开发行股票的特定对象应当符合下列规定:

(一)特定对象符合股东大会决议规定的条件;

(二)发行对象不超过三十五名。

发行对象为境外战略投资者的,应当遵守国家的相关规定。

根据《上市公司非公开发行股票实施细则》(2020年6月修订)第九条的规定,《上市公司证券发行管理办法》所称"发行对象不超过三十五名",是指认购并获得本次非公开发行股票的法人、自然人或者其他合法投资组织不超过35名。

证券投资基金管理公司、证券公司、合格境外机构投资者、人民币合格境外机构投资者以其管理的二只以上产品认购的,视为一个发行对象。信托公司作为发行对象,只能以自有资金认购。

同时,我们亦查询了近期公示的《非公开发行股票预案》,在禾丰牧业

（股票代码：603609）、科大讯飞（股票代码：002230）、安科生物（股票代码：300009）披露的《非公开发行股票预案》中皆规定"发行对象须为符合中国证监会规定的特定对象，包括证券投资基金管理公司、证券公司、信托投资公司、财务公司、保险机构投资者、合格境外机构投资者以及法律法规规定可以购买人民币普通股股票的其他投资者"。

基于此，我们认为，私募股权投资基金或资管计划作为依法成立并合法存续的机构投资者，可以作为认购对象认购上市公司非公开发行的股票。

（二）私募股权投资基金或资管计划作为认购对象认购上市公司非公开发行股票应履行的核查要求

1. 基本的信息披露要求

根据《关于发布〈公开发行证券的公司信息披露内容与格式准则第25号——上市公司非公开发行股票预案和发行情况报告书〉的通知》（证监发行字〔2007〕303号）第九条和第十一条的规定，确定发行对象的发行应根据发行对象的具体情况披露发行对象名称、注册地、法定代表人（执行事务合伙人），与其控股股东、实际控制人之间的股权控制关系结构图，主营业务情况，最近3年主要业务的发展状况和经营成果，并披露其最近1年简要财务会计报表，注明是否已经审计。

基于此，私募股权投资基金或资管计划拟认购上市公司非公开发行的股票，应按照前述规定履行基本的信息披露义务。

2. 备案要求

根据2015年1月23日中国证监会发布的《发行监管问答——关于与发行监管工作相关的私募投资基金备案问题的解答》的规定，在证券发行监管工作中，中介机构应按照《证券投资基金法》《私募管理办法》《登记备案办法》等相关法律法规和自律规则对私募股权投资基金的备案程序进行核查并发表意见。

基于此，我们认为私募股权投资基金参与上市公司定增应按照《证券投资基金法》《私募管理办法》《登记备案办法》的规定办理备案手续。

根据《证券期货经营机构私募资产管理计划备案管理规范第1—3号》的规定，证券期货经营机构开展私募资产管理业务，应当符合有关法律法规、部门规章及自律规则的规定，并按照基金业协会的要求，及时进行资产管理计划备案，接受协会备案管理。根据《私募资产管理业务运作》第三条的规定，证券期货经营机构及相关销售机构不得违规销售资产管理计划，不得存在不适当宣传、误导欺诈投资者以及以任何方式向投资者承诺本金不受损失或者承诺最低收益等行为，包括资产管理计划不能在完成备案手续前参与股票公开或非公开发行。

基于此，我们认为，资管计划在参与上市公司非公开发行股票时，应履行备案手续。

3.资金来源核查要求

经核查证监会近期公布的再融资反馈意见，一般要求中介机构核查认购对象就认购非公开发行股票所需资金的来源，具体如下：

（1）要求核查认购对象是否具备合法的资金实力认购非公开发行的股票，如要求核查自然人或自然人合伙人等的财产状况，核查认购资金来源是否合法合规等；

（2）核查发行人、控股股东、实际控制人及其关联方是否存在直接或间接对投资公司提供财务资助或者补偿的情况；

（3）核查认购对象是否存在以对外募集、代持、结构化安排等方式募集的资金参与上市公司非公开发行股票的情形。

目前对于认购对象的基金来源主要还是依赖认购对象的承诺函，同时，辅以认购对象的审计报告、财务报表及存款证明加以验证。

另外，由于实践中，资管计划的主要资金来源是金融机构的表内资产，根据2018年4月27日中国人民银行、银保监会、证监会、外管局核发的《资管新规》第二条规定，资产管理业务是金融机构的表外业务，金融机构不得在表内开展资产管理业务。因此，资管计划的资产不能来源于银行等金融机构的表内资产。

4.关联关系核查

根据《上市公司非公开发行股票实施细则》第二条的规定，上市公司非公开发行股票，应当有利于减少关联交易、避免同业竞争、增强独立性；应当有利于提高资产质量、改善财务状况、增强持续盈利能力。因此，证监会一般要求中介机构核查认购对象与发行人控股股东等相关方是否存在关联关系，若不存在关联关系，会要求其出具相关承诺；若存在关联关系，则会要求下述事宜：

（1）要求补充说明资管合同或合伙协议，是否明确约定委托人或合伙人遵守短线交易、内幕交易和高管持股变动管理规则等相关规定的义务。

（2）对是否依照《上市公司收购管理办法》第八十三条等有关法规和公司章程的规定，在关联方履行重大权益变动信息披露、要约收购等法定义务时，将委托人或合伙人与产品或合伙企业认定为一致行动人，将委托人或合伙人直接持有的公司股票数量与产品或合伙企业持有的公司股票数量合并计算发表意见。对资管合同或合伙协议是否明确约定，管理人或普通合伙人应当提醒、督促与公司存在关联关系的委托人或有限合伙人，履行上述义务并明确具体措施及相应责任发表意见。

（3）对发行人本次非公开发行预案、产品合伙或合伙协议、附条件生效的股份认购合同，是否依照有关法规和公司章程的规定，履行关联交易审批程序和信息披露义务，以有效保障公司中小股东的知情权和决策权发表意见；若为国有控股上市公司董监高或其他员工作为委托人或合伙人参与资管产品或有限合伙，认购公司非公开发行股票的，对是否需要取得主管部门的批准，是否符合相关法规对国有控股企业高管或员工持有公司股份规定发表意见。

5.资产份额锁定期要求

根据《上市公司非公开发行股票实施细则》第九条的规定，发行对象属于下列情形之一的，具体发行对象及其定价原则应当由上市公司董事会的非公开发行股票决议确定，并经股东大会批准；认购的股份自发行结束之日起36个月内不得转让：

（1）上市公司的控股股东、实际控制人或其控制的关联人；

（2）通过认购本次发行的股份取得上市公司实际控制权的投资者；

（3）董事会拟引入的境内外战略投资者。

前述《上市公司非公开发行股票实施细则》第十条还规定，发行对象属于本细则第九条规定以外的情形的，上市公司应当在取得发行核准批文后，按照本细则的规定以竞价方式确定发行价格和发行对象。发行对象认购的股份自发行结束之日起12个月内不得转让。因此，为防止认购对象短线套利，监管机构要求其履行限制转让义务。除要求认购对象本身履行限制转让义务，对认购对象的出资人或合伙人也要求其按照前述锁定期履行限制转让义务。

6.穿透核查要求

根据《证券法》第十条的规定，公开发行证券，必须符合法律、行政法规规定的条件，并依法报经国务院证券监督管理机构或者国务院授权的部门核准；未经依法核准，任何单位和个人不得公开发行证券。有下列情形之一的，为公开发行：

（1）向不特定对象发行证券的；

（2）向特定对象发行证券累计超过200人的；

（3）法律、行政法规规定的其他发行行为。

非公开发行证券，不得采用广告、公开劝诱和变相公开方式。

同时，根据《上市公司证券发行管理办法》第三十七条的规定，非公开发行股票的特定对象应当符合下列规定：（一）特定对象符合股东大会决议规定的条件；（二）发行对象不超过三十五名。发行对象为境外战略投资者的，应当遵守国家的相关规定。因此，上市公司在非公开发行股票时，针对资管计划、理财产品、合伙企业、契约型基金等认购对象，需要在公告预案时即要求穿透披露至最终出资人，即所有出资人合计不能超200人（注：根据中国证监会2015年10月就再融资的指导意见，前述核查要求不适用于员工持股计划参与认购的情形），即不能变相公开发行。穿透核查往往要求穿透至国资委、政府及政府部门、自然人层面，在实操案例中，也有部分上市公司对于资管计划、理财产品的穿透披露至自然人、国资委、政府及政府部门、股份公司、有限公司的，若有限公司专为本次认购而设，根据财务数据不能判断是否有认购能力的，也应当穿透核查。但鉴于前述案例距今也有一年左右的时间，建议还是从严进行穿透。

7.结构化安排核查要求

中国证监会在2015年10月发布的窗口指导意见中，针对1年期的非公开发行股票（锁定期1年），发行人和主承销商的非关联方可以审慎参与，允许结构化产品参与，但是发行人关联方不能通过资管产品等通道认购；3年期定向增发（锁定期3年）：不允许有结构化产品，即发行对象可以是资管产品，但不能有优先劣后、持有人权利义务不对等的条款。

2018年4月，中国人民银行、中国银行保险监督管理委员会、中国证券监督管理委员会、国家外汇管理局核发了《资管新规》。根据《资管新规》第二十一条的规定，公募产品和开放式私募产品不得进行份额分级。

分级私募产品的总资产不得超过该产品净资产的140%。分级私募产品应当根据所投资资产的风险程度设定分级比例（优先级份额/劣后级份额，中间级份额计入优先级份额）。其中：权益类产品的分级比例不得超过1∶1，发行分级资产管理产品的金融机构应当对该资产管理产品进行自主管理，不得转委托给劣后级投资者。且分级资产管理产品不得直接或者间接对优先级份额认购者提供保本保收益安排。

基于此，对于结构化安排，《资管新规》要求分级私募产品的总资产不得超过该产品净资产的140%，且权益类产品的分级比例不得超过1∶1。另外，经核查近期公示的案例，认购对象皆承诺不存在结构化安排。

此外，根据《资管新规》第十六条第二款第三项的规定，同一金融机构全部资产管理产品投资单一上市公司发行的股票不得超过该上市公司可流通股票的30%。因此，资管计划在投资时应满足前述要求。

附录一：《私募股权投资基金合规风险管理指标库（范本）》

1.私募股权投资基金合规风险管理指标库之公司治理

表1　私募股权投资基金合规风险管理指标库之公司治理

一级指标	二级指标	三级指标	四级指标	合规管理风险类型	风险等级
一、公司治理架构	（一）权力机构	1.股东会/股东决定	（1）股东会/股东的职权 （2）议事规则 （3）议案的提出	B类、C类、D类	4级
		2.董事会	（1）董事会职权 （2）董事任职条件限制 （3）董事长职权 （4）董事会的召集、议题的提出、议事规则 （5）董事会的表决机制 （6）董事会决议的效力 （7）会议记录	B类、C类、D类	3级
		3.监事会	（1）监事会职权 （2）监事长职权 （3）监事会的召集、议题的提出 （4）监事会议事规则	D类	2级
	（二）专业委员会	1.投资决策委员会	（1）投资决策委员会职权 （2）投资决策委员会的履职	C类、D类	3级

续表

一级指标	二级指标	三级指标	四级指标	合规管理风险类型	风险等级
			（3）投资决策委员会的议事规则		
			（4）决议事项的执行反馈		
		2.风险控制委员会	（1）风控委员会的职权	C类、D类	3级
			（2）风控委员会的召集、议事规则		
			（3）风控委员会的决策		
			（4）风控委员会审查意见的形成、执行反馈	D类	4级
	（三）内部机构设置	1.战略发展部	—	D类	4级
		2.投资管理部	—		
		3.基金管理部	—		
		4.风险控制部	—		
		5.财务管理部	—		
		6.行政（综合管理、人事）部	—		
	（四）子公司、分支机构	1.子公司	（1）设立审批	B类、C类	4级
			（2）设立程序		
			（3）过度支配与控制		
		2.分支机构	设立程序及责任承担	B类、C类	4级
二、集团化基金管理特殊要求	（一）所管理基金类型（按管控对象的管控力度分类）	1.主导基金	—	—	—
		2.参与基金	—	—	—
		3.协管基金	—	—	—
	（二）关联交易	1.关联方认定	（1）关联方的界定环境	B类、C类、D类	4级
			（2）中基协的认定标准		
			（3）企业会计准则标准		

续表

一级指标	二级指标	三级指标	四级指标	合规管理风险类型	风险等级
			（4）引导基金认定的关联方标准		
			（5）上市公司关联方标准		
		2.关联交易范围	—	D类	4级
		3.关联交易的披露	—	D类	4级
		4.关联交易的回避表决机制	（1）董事会的回避	D类	4级
			（2）风控委员会的回避		
			（3）关联人员表决回避		
		5.关联交易回避表决的处理	—	D类	3级
		6.关联交易的决策权限和程序	—	D类	3级
		7.关联交易的档案管理	—	D类	2级
	（三）利益冲突	1.私募股权基金利益冲突	—	—	—
		2.存在利益冲突的情形	—	—	—
		3.对利益冲突的防范	（1）建立防范利益冲突机制	B类、C类、D类	4级
			（2）专业化经营，禁止冲突业务		
			（3）防范不同基金间的利益冲突		
			（4）公平对待、单独建账单独管理		
			（5）如实进行信息披露		

续表

一级指标	二级指标	三级指标	四级指标	合规管理风险类型	风险等级
			（6）外包业务时的利益冲突防范		
			（7）从业人员自律		
			（8）禁止性行为		
	（四）对各层级子公司合规事项纳入统一管理体系	1. 明确公司董事会、投决会、风控会、管理层、各部门合规管理职责	—	B类、C类、D类	4级
		2. 明确子公司需向公司报告的合规管理事项	—		
		3. 对旗下机构合规管理制度进行审查	—		
		4. 对旗下机构合规管理行为的合规性进行监督检查	—		
三、内部控制	（一）内部控制管理要求	1. 内部控制目标	—	C类、D类	3级
		2. 内部控制原则	—	D类	2级
		3. 内部控制要素和内容	—	D类	2级
		4. 内部控制效果的检查和评估	—	D类	2级

续表

一级指标	二级指标	三级指标	四级指标	合规管理风险类型	风险等级
	（二）内部控制及要求	1.内部控制的制度	—	D类	2级
		2.内部控制的具体要求	—	C类、D类	3级

2.私募股权投资基金合规风险管理指标库之管理人合规运营

表2　私募股权投资基金合规风险管理指标库之管理人合规运营

一级指标	二级指标	三级指标	四级指标	合规管理风险类型	风险等级
一、管理人设立	（一）设立基本要素	1.组织形式	—	C类、D类	3级
		2.名称和经营范围	—	B类、D类	4级
		3.股东资质	—	D类	5级
		4.注册资本	—	C类、D类	3级
		5.法定代表人和总经理人选	（1）必备条件	B类、D类	5级
			（2）禁止性条件	—	—
	（二）设立程序	1.内部决策	—	B类、C类、D类	4级
		2.工商注册	—	C类	3级
二、管理人登记	（一）登记主体	1.管理人依法设立	—	C类、D类	3级
		2.管理人有效存续	—	—	—
	（二）名称和经营范围	1.管理人名称应符合国家相关法律法规的规定	—	D类	4级

续表

一级指标	二级指标	三级指标	四级指标	合规管理风险类型	风险等级
		2. 管理人经营范围应符合国家相关法律法规的规定	—	D类	4级
	（三）专业化经营	1. 专业化经营要求	—	D类	5级
		2. 冲突业务范围	—	D类	5级
		3. 登记类型选择	—	D类	2级
		4. 已展业情况	—	D类	4级
		5. 展业计划	—	D类	3级
	（四）股权结构	1. 严禁股权代持	—	D类	4级
		2. 股权架构要求	—	D类	3级
		3. 股权稳定性要求	—	D类	3级
		4. 股东资质要求	—	D类	5级
		5. 控股股东认定	—	C类	3级
		6. 境外股东核查	—	D类	3级
	（五）实际控制人	1. 实际控制人的认定标准	—	C类、D类	3级
		2. 无实际控制人的认定和处理	—	D类	3级
		3. 实际控制人的相关义务	—	B类、D类	4级
		4. 实际控制人下设立多家私募基金管理人问题	—	D类	5级
	（六）子公司、分支机构和关联方	1. 子公司和分支机构的定义	—	D类	3级

续表

一级指标	二级指标	三级指标	四级指标	合规管理风险类型	风险等级
		2. 中基协对关联方认定范围	—	D类	5级
		3. 管理人登记时关联方要求	（1）登记顺序和同质化要求	D类	5级
			（2）冲突业务关联方		
			（3）关联私募基金管理人		
		4. 合规连带责任	—	D类	5级
		5. 特殊目的载体	—	D类	4级
	（七）运营基本设施和条件	1. 对实缴注册资本要求	—	D类	2级
		2. 对从业人员要求	（1）人数要求	D类	3级
			（2）资格要求		
			（3）专业能力要求		
		3. 对办公场所要求	—	D类	3级
	（八）制度	1. 应当具备的制度种类	—	D类	2级
		2. 对制度内容的要求	—	D类	5级
		3. 制度应具备有效执行的现实基础和条件	—	D类	5级
	（九）外包服务	1. 外包服务机构的定义	—	D类	—
		2. 是否选择外包服务机构	—	D类	—
		3. 已选择外包服务机构资质	—	D类	—

续表

一级指标	二级指标	三级指标	四级指标	合规管理风险类型	风险等级
	（十）对高管的要求	1. 高管定义	—	D类	—
		2. 高管从业资格要求	—	D类	—
		3. 高管的任职资格要求	—	B类、D类	5级
		4. 高管的专业胜任能力	—	D类	5级
		5. 高管兼职限制	—	D类	4级
		6. 高管变更	—	D类	2级
		7. 高管离职	—	D类	3级
		8. 高管其他要求	—	D类	3级
	（十一）诚信与被处罚情况	1. 管理人诚信要求	—	D类	5级
		2. 管理人诚信信息异常对登记的影响	—	—	
	（十二）申请登记材料	1. 申请登记材料要求	—	D类	4级
		2. 对申请登记材料的核查	（1）法律意见书的核查	D类	4级
			（2）基金业协会的核查	D类	4级
		3. 监督检查	—	D类	4级
		4. 申请登记材料不符合要求的相关后果	—	D类	4级
	（十三）首次登记法律意见书	1. 出具法律意见书律所资质要求	—	D类	3级
		2. 法律意见书的内容要求	—	D类	3级
		3. 有效期限	—	D类	2级

续表

一级指标	二级指标	三级指标	四级指标	合规管理风险类型	风险等级
	（十四）中止办理	1. 中止办理的情形	—	D类	5级
		2. 中止办理的后果	—	D类	5级
	（十五）不予登记	1. 不予私募基金管理人登记的情形	—	D类	5级
		2. 不予登记的后果	—	D类	5级
三、重大事项变更	（一）重大事项变更定义	—	—	D类	2级
	（二）变更后要求	1. 重大事项变更发生后及时履行信息披露义务	—	D类、E类	3级
		2. 提交重大事项变更专项法律意见书	—	D类	5级
	（三）变更限制	—	—	D类	5级
	（四）变更期限及整改次数要求	—	—	D类	5级
	（五）重大事项变更特殊规定	1. 视为新申请登记机构核查的重大事项变更	—	D类	5级
		2. 重大事项变更一旦提交不能中途撤销	—	D类	5级

续表

一级指标	二级指标	三级指标	四级指标	合规管理风险类型	风险等级
		3. 无在管产品管理人变更控股股东实际控制人后6个月内须备案新产品	—	D类	5级
		4. 原高管离职后聘任新高管人员的期限要求	—	D类	3级
四、入会	（一）会员类别及入会条件	1. 入会条件	—	D类	2级
		2. 会员类别	（1）观察会员	D类	2级
			（2）普通会员	D类	2级
			（3）联席会员	D类	2级
			（4）特别会员	D类	2级
	（二）入会程序	1. 提交申请材料	—	D类	2级
		2. 缴纳会费	—	D类	2级
		3. 协会审核并公示	—	D类	2级
		4. 未批准入会的处理	—	D类	2级
		5. 其他特殊要求	—	D类	2级
	（三）会费标准	1. 入会费	—	D类	2级
		2. 年费	—	D类	2级
		3. 逾期缴纳后果	—	D类	5级
	（四）会员权利	1. 参与协会治理	—	D类	2级
		2. 会员信用信息报告	—	D类	2级
		3. 产品备案"分道制+抽查制"试点	—	D类	2级
		4. 会员其他优势	—	C类、D类	3级

续表

一级指标	二级指标	三级指标	四级指标	合规管理风险类型	风险等级
五、管理人持续合规	（五）会员管理措施	1. 会员资格变更	—	D类	2级
		2. 会员资格终止	—	D类	2级
		3. 会员资格取消	—	D类	5级
	（一）业务运营	1. 登记后10个工作日向当地证监局报到	—	D类	2级
		2. 规定期限内备案基金产品	—	D类	4级
		3. 内部控制管理要求	—	D类	5级
				D类	3级
		4. 自有资金投资	（1）国资委主要要求	C类	4级
			（2）集团公司要求	C类	4级
			（3）证监会、基金业协会要求	C类、D类	4级
	（二）人员管理	1. 从业资格注册与管理	—	D类	2级
		2. 员工的聘任与解聘	—	D类	2级
		3. 员工人数和兼职要求	—	D类	3级
		4. 道德风险防范	（1）道德风险内容	D类	2级
			（2）道德风险管理	D类	4级
			（3）廉洁、防范利益冲突	A类、B类、D类	5级
	（三）合同管理	1. 部门职责	（1）合同管理部门职责	D类	2级
			（2）合同承办部门职责		
			（3）合同承办人职责		
			（4）财务部职责		
			（5）综合部职责		

续表

一级指标	二级指标	三级指标	四级指标	合规管理风险类型	风险等级
			（6）外聘常年法律顾问职责		
		2.合同审查流程	—	D类	3级
		3.审批权限	（1）审批原则	C类、D类	4级
			（2）董事长审批权限		
			（3）总经理审批权限		
			（4）财务总监联签		
			（5）需上报集团合同审核中心的范围		
			（6）合同审核中心报审流程		
		4.合同签署	（1）签章要求	D类	3级
			（2）签署原则		
			（3）签署后处理		
		5.合同归档	（1）归档时间	D类	3级
			（2）归档要求		
		6.合同责任	（1）责任主体	D类	4级
			（2）合同承办部门的责任		
			（3）风控部的责任		
			（4）综合管理部的责任		
	（四）信息披露管理	1.定期信息更新	（1）管理人审计报告年度更新	D类	4级
			（2）管理人年度信息更新		
			（3）产品相关信息披露义务		
		2.临时信息披露	—	D类	3级
		3.财务信息填报特殊要求	—	D类	2级

续表

一级指标	二级指标	三级指标	四级指标	合规管理风险类型	风险等级
		4.会员信用信息报告	（1）适用对象	D类	2级
			（2）填报	D类	2级
		5.其他特殊信息披露	—	C类	3级
		6.违规后果	—	D类	5级
	（五）诚信管理	1.证监局检查	—	C类、D类	5级
		2.基金业协会检查	—	D类	4级
		3.管理人自查	—	D类	3级
		4.异常经营情形	（1）出具异常经营专项法律意见书情形	D类	5级
			（2）提交异常经营专项法律意见书的程序和要求	D类	5级
			（3）出具异常经营专项法律意见书律所及签字律师要求	D类	5级
			（4）法律意见书的要求	D类	5级
			（5）法律意见书出具后的处理	D类	5级
			（6）后果	D类	5级
		5.注销登记	（1）注销登记情形	D类	5级
				D类	2级
			（2）注销登记后果	D类	5级
			（3）律所责任	D类	2级
			（4）管理人职责不因注销而免除	D类	5级
	（六）风险预警与处置	1.风险管理框架	—	D类	4级
		2.风险信息管理	（1）风险管理职责		
			（2）风险分类和等级划分	C类、D类	3级

续表

一级指标	二级指标	三级指标	四级指标	合规管理风险类型	风险等级
			（3）风险信息监控重点		
			（4）风险分析报告		
		3.诉讼事项报送	—		
	（七）档案和信息技术	1.档案管理部门和权限	—	D类	3级
		2.档案管理要求	（1）档案的整理		
			（2）档案的移交		
			（3）档案的借阅		
			（4）档案的保存		
		3.信息技术要求	（1）信息系统要求	C类、D类	3级
			（2）信息技术风险及管理措施		

3.私募股权投资基金合规风险管理指标库之基金产品设立、募集、备案及变更

表3 私募股权投资基金合规风险管理指标库之基金产品设立、募集、备案及变更

一级指标	二级指标	三级指标	四级指标	合规管理风险类型	风险等级
一、基金产品设计	（一）基本信息	1.基金名称	（1）禁止性规定	D类	3级
			（2）义务性要求	D类	2级
			（3）有关基金名称的其他要求	C类	3级
		2.基金注册地	—	C类	3级
		3.基金类型	（1）私募基金管理人专营要求	D类	3级
			（2）基金业务类型	D类	2级
			（3）产品类型	D类	2级

续表

一级指标	二级指标	三级指标	四级指标	合规管理风险类型	风险等级
		4.组织架构	（1）私募基金组织架构一般要求	C类	3级
			（2）特定类型基金对组织架构特殊要求	C类	3级
			（3）禁止多管理人	C类	3级
			（4）基金管理人需与普通合伙人/执行事务合伙人之一存在关联关系	C类	3级
		5.基金规模及封闭运作	（1）中基协有关基金规模要求	D类	2级
			（2）区域基金监管机构有关基金规模要求	C类	3级
			（3）封闭运作要求	C类、D类	3级
		6.基金存续期限	（1）私募投资基金存续期要求	C类	3级
			（2）政府投资基金存续期要求	C类	3级
			（3）管理人内部制度对特定投资基金存续期要求	C类	3级
		7.投资者条件及人数限制	（1）合格投资者条件	A类、C类、D类	5级
			（2）穿透核查要求		
			（3）投资者数量要求		
			（4）不得变相突破投资者人数要求		
	（二）投资范围	基金投资范围（投向）及投资限制	（1）私募投资基金投资比例限制	C类	3级
			（2）政府投资基金投资比例限制	C类	3级
			（3）私募基金投资范围限制	C类、D类	5级
			（4）政府投资基金投资范围限制	C类	3级

续表

一级指标	二级指标	三级指标	四级指标	合规管理风险类型	风险等级
			（5）私募股权基金投资范围要求	D类	3级
			（6）政府出资产业引导基金投资范围	C类	3级
	（三）费用及分配	1.管理费	—	C类、D类、E类	3级
		2.基金运营费用	—	E类	3级
		3.收益分配规则	—	C类	3级
		4.绩效评价	（1）特定政府投资基金绩效评价要求	C类	3级
			（2）管理人对基金绩效评价要求		
	（四）基金运作方式	1.备案前临时投资	—	D类	3级
		2.嵌套	（1）禁止多层嵌套	C类	3级
			（2）不视为嵌套的情形		
			（3）结构化资产管理计划嵌套投资其他结构化金融产品劣后级份额		
		3.资金池	—	C类、D类	3级
		4.分级及杠杆比例	—	C类、D类	3级
		5.负债比例上限	—	C类	3级

续表

一级指标	二级指标	三级指标	四级指标	合规管理风险类型	风险等级
		6. 保底保收益安排	（1）禁止保本保收益安排	A类、B类、C类、D类、E类	5级
			（2）禁止刚性兑付		
		7. 禁止投资单元	—	D类	5级
		8. 禁止开展损害投资者利益的行为	—	A类、D类	5级
		9. 从事违法证券期货业务活动或者为违法证券期货业务活动提供交易便利	—	A类	5级
		10. 鼓励组合投资	—	D类	2级
		11. 基金是否托管	（1）须托管的情形	C类、D类、E类	3级
			（2）不托管的条件		
			（3）托管人的资格要求		
			（4）私募基金托管人的禁止性条件		
			（5）托管人职责		
		12. 外包服务安排	（1）外包服务内容	D类	2级
			（2）私募基金外包服务机构资格要求		

续表

一级指标	二级指标	三级指标	四级指标	合规管理风险类型	风险等级
	（五）治理结构	基金治理结构及决策机制	（1）公司型 （2）合伙企业型 （3）契约型	B类、C类、D类	4级
二、基金募集	（一）基金募集应具备制度文件	基金募集阶段所涉制度	—	D类	3级
	（二）基金产品风险等级划分	1. 制定基金产品或服务风险等级评价方法	—	D类	3级
		2. 评定部门	—		
		3. 委托第三方划分的程序要求以及依据	—		
		4. 划分方法要求	—		
		5. 风险等级类别	—		
		6. 募集机构告知义务	—		
	（三）基金募集方式	1. 自行募集	—	D类	3级
		2. 委托募集	（1）委托募集的，管理人应建立基金募集机构遴选制度 （2）委托专业机构募集，被委托机构需在证监会注册取得基金销售资格并是基协会会员，委托不适格主体募集则基金不能备案，且可能受到暂停募集业务6个月的处罚	D类	3级

续表

一级指标	二级指标	三级指标	四级指标	合规管理风险类型	风险等级
			（3）委托募集应签署代销书面委托协议		
		3.募集人员资格	—	D类	3级
	（四）特定对象确认	1.特定对象确认是必经程序	—	C类、D类	4级
		2.取得投资者基本信息	—	C类、D类	4级
		3.填写风险测评问卷	—	C类、D类	4级
		4.评估结果的有效期	—	C类、D类	4级
		5.投资者对测评信息真实准确完整的书面承诺	—	C类、D类	4级
		6.在线销售特定对象确认	—	C类、D类	4级
	（五）投资者适当性匹配	1.普通投资者：适当性匹配原则	（1）普通投资者的适当性匹配原则	C类、D类	4级
			（2）最低风险承受能力类别的普通投资者的购买限制	C类、D类	4级
			（3）普通投资者购买R5产品或服务的特殊要求	C类、D类	4级
			（4）普通投资者购买风险不匹配产品的程序要求	C类、D类	4级
		2.专业投资者：适当性匹配原则	—	C类、D类	4级

续表

一级指标	二级指标	三级指标	四级指标	合规管理风险类型	风险等级
		3. 未对投资者进行分类	—	C类、D类	4级
		4. 销售人员规范	—	D类	4级
		5. 适当性匹配留痕	—	C类	4级
		6. 投资者投诉处理体系	—	D类	4级
		7. 适当性自查要求	—	D类	4级
		8. 建立投资者评估数据库	—	D类	4级
		9. 投资者重大变化告知义务	—	D类	4级
		10. 资料保存	—	D类	4级
	（六）推介	1. 推介材料的责任方	—	D类	4级
		2. 推介材料的使用方	—	D类	4级
		3. 推介材料的基本内容	—	D类	4级
				C类、D类	4级
		4. 推介材料的禁止性内容	—	C类、D类	4级
		5. 推介禁止行为	—	C类、D类	4级
		6. 推介禁止渠道	—	A类、B类、C类、D类	5级

续表

一级指标	二级指标	三级指标	四级指标	合规管理风险类型	风险等级
	（七）基金风险揭示书	1. 总体要求	—	D类	4级
		2. 风险揭示书中的特殊风险	—		
		3. 风险揭示书中的一般风险	—		
		4. 签署时间要求	—		
		5. 签章要求	—		
	（八）合格投资者确认	1. 总体要求	—	D类、E类	4级
		2. 合格投资者认定标准	—		
		3. 法定合格投资者	（1）法定合格投资者		
			（2）专业投资者		
		4. 穿透核查	—		
		5. 专业投资者转化为普通投资者的条件和程序	（1）转化条件		
			（2）转化程序		
		6. 普通投资者转化为专业投资者的条件和程序	（1）转化条件		
			（2）转化程序		
		7. 资产、收入证明文件	—		
		8. 反洗钱义务	—		

续表

一级指标	二级指标	三级指标	四级指标	合规管理风险类型	风险等级
	（九）基金募集账户	1. 监督主体资质	—	D类	3级
		2. 募集机构应与监督机构签署监督协议	—		
		3. 监督机构的法律责任	—		
		4. 运作要求	—		
	（十）签署基金合同	1. 基金合同内容要求	（1）契约型基金	D类、E类	4级
			（2）合伙企业型基金		
			（3）公司型基金		
		2. 基金合同签署及内容要求	—		
	（十一）缴纳投资款项	1. 禁止代付代缴	—	D类	3级
		2. 缴付资金要求	—		
	（十二）投资冷静期	1. 时间要求	—	D类	2级
		2. 起算时间	—		
		3. 禁止行为	—		
	（十三）回访确认	1. 回访要求	（1）回访时间	D类	4级
			（2）回访人员		
			（3）回访内容		
			（4）回访方式		
			（5）禁止行为		
			（6）回访确认留痕		
		2. 投资者权利	—	—	—
	（十四）募集简易程序	1. 豁免主体	—	D类	3级
		2. 豁免程序	—		

续表

一级指标	二级指标	三级指标	四级指标	合规管理风险类型	风险等级
三、私募基金备案	（一）备案时间要求	私募基金募集完毕后20个工作日	—	C类、D类	4级
			—		
	（二）备案材料上传要求	—	—		
四、私募基金信息更新及变更登记	（一）私募基金信息更新登记	1. 月度信息更新及报送（私募证券投资基金）	—	D类	4级
		2. 季度信息更新及报送（非私募证券投资基金）	—	—	—
		3. 私募基金等年度基本信息更新及报送	—	—	—
		4. 基金年度报告及审计要求	—	—	—
			—	—	—
	（二）私募基金重大变更登记	—	—	—	—
	（三）私募基金管理机构重大变更登记	—	—	—	—

4.私募股权投资基金合规风险管理指标库之基金投资

表4　私募股权投资基金合规风险管理指标库之基金投资

一级指标	二级指标	三级指标	四级指标	合规管理风险类型	风险等级
一、投资程序	（一）投资流程依据	—	—	C类	3级
	（二）项目储备要求	—	—	D类	2级
	（三）立项	基金投资立项	（1）主导基金立项适用规则	D类	2级
			（2）牵头部门		
			（3）立项申请文件		
			（4）立项机构		
			（5）对相应部门、岗位的职责要求		
	（四）中介机构选聘	1.适用范围	—	D类	2级
		2.中介机构类型	（1）中介机构范围	D类	2级
			（2）不属于中介机构的范围	D类	2级
		3.选聘方式	（1）选聘原则及总体要求	D类	2级
			（2）选聘方式	D类	2级
		4.选聘流程	（1）公开招标	D类	2级
			（2）邀请招标	D类	2级
			（3）公开招标和邀请招标程序	D类	2级
			（4）公开比选程序	D类	2级
			（5）库内比选程序	D类	2级
			（6）竞争性谈判	D类	2级
			（7）竞争性谈判程序	D类	2级

续表

一级指标	二级指标	三级指标	四级指标	合规管理风险类型	风险等级
			（8）单一来源采购	D类	2级
			（9）单一来源采购程序	D类	2级
				D类	2级
		5.再次选聘程序	（1）再次选聘程序的发起条件	D类	2级
			（2）再次选聘方式	D类	2级
		6.审批权限	（1）有权审批机构	D类	3级
			（2）审批权限	D类	3级
				D类	3级
			（3）评审委员会组成	D类	2级
		7.中介机构条件	（1）必须符合的资质条件	D类	3级
			（2）中介机构管理要求	D类	3级
				D类	3级
				D类	3级
		8.中介机构选聘过程要求	—	D类	2级
	（五）尽职调查	1.必要性	—	D类	3级
				D类	3级
		2.负责部门	—	D类	3级
				D类	3级
		3.尽职调查成果	—	D类	3级
	（六）投资条件	1.投资限制	—	C类	3级
		2.直接出资企业自主决策的投资条件要求	（1）产业投资	C类、D类	3级
			（2）财务投资		
			（3）资源投资		
		3.关联交易	—	C类、D类	3级
		4.利益冲突	—	C类、D类	3级

续表

一级指标	二级指标	三级指标	四级指标	合规管理风险类型	风险等级
（七）风险控制委员会		1.必要性	—	D类	2级
				D类	2级
		2.风控会召开的条件	（1）召开的情形	D类	2级
			（2）召开的时间	D类	2级
			（3）投资方案的审查条件	D类	3级
			（4）退出方案的审查条件	D类	3级
		3.风控委组织形式	—	D类	2级
		4.风控会召开形式	—	D类	2级
		5.风控会表决形式	—	D类	2级
		6.风控委意见反馈处理	—	D类	3级
		7.风控委审查意见的出具	—	D类	3级
（八）报批		子公司或参股企业需上报审批、审查或备案的投资事项	—	C类	3级
（九）投资决策委员会		1.必要性	—	D类	2级
		2.项目提交投决会的条件	—	D类	3级
		3.投决会的组织形式	—	D类	2级
		4.投决会决策意见的出具	—	D类	3级
		5.子公司投资决策委员会议事规则制定	—	D类	2级

续表

一级指标	二级指标	三级指标	四级指标	合规管理风险类型	风险等级
	（十）投资交割	1. 投资合同	（1）投资合同签署要求	D类	5级
			（2）投资合同内容	D类	5级
		2. 投资款项支付	—	E类	5级
		3. 工商变更	—	E类	5级
二、上市公司并购特殊要求（国资监管）	（一）聘请财务顾问	1. 财务顾问	—	A类、B类、C类	5级
		2. 财务顾问的成果	—	C类	4级
	（二）权益披露	1. 简式权益变动报告公告	—	C类	4级
		2. 翔实权益变动报告公告	—	C类	4级
		3. 披露时限	—	C类	4级
	（三）要约收购	1. 要约收购的触发	—	C类	5级
		2. 公平对待	—	D类	2级
		3. 要约收购报告书	—	C类	4级
		4. 取消收购	—	C类	4级
		5. 要约收购的程序	—	C类	4级
	（四）协议收购	1. 协议收购5%至30%的程序	—	C类	4级
		2. 协议收购超过30%的程序	—	C类	4级
		3. 协议收购的过渡期要求	—	C类	4级
	（五）一致行动人	1. 一致行动人的认定	—	C类	4级
		2. 一致行动人应合并计算所持股份	—	C类	4级

续表

一级指标	二级指标	三级指标	四级指标	合规管理风险类型	风险等级
	（六）上市公司实控权	上市公司控制权的认定	—	C类	4级
	（七）国有股东受让上市公司股份	1. 不提交国资委审批的事项	—	C类	4级
		2. 提交国资委审批应具备的文件	—	C类	4级
		3. 相关方禁止行为及法律责任	—	A类、B类	5级
	（八）内幕信息	—	—	A类、B类、C类、D类	5级

5.私募股权投资基金合规风险管理指标库之基金管理

表5　私募股权投资基金合规风险管理指标库之基金管理

一级指标	二级指标	三级指标	四级指标	合规管理风险类型	风险等级
一、基金日常管理	（一）信息更新	—	—	C类、D类	4级
	（二）年报审计	—	—	D类	3级
	（三）产品重大变更	1. 变更事项	—	D类	3级
		2. 变更程序	—	D类	4级
		3. 所需提供资料	—	D类	3级

续表

一级指标	二级指标	三级指标	四级指标	合规管理风险类型	风险等级
二、基金产品信息披露	（一）信息披露义务	1. 信息披露义务主体	—	C类、D类	3级
		2. 多个信息披露义务人情形	—	D类	3级
		3. 法定信息披露义务不得免除	—	D类	2级
	（二）信息披露对象	1. 向相关部门和自律管理部门的信息披露	（1）基金业协会	D类	4级
			（2）发改委、财政部门	C类	4级
			（3）国资委		
		2. 向投资者的信息披露	—	D类、E类	5级
		3. 向集团的信息披露	—	C类、D类	4级
	（三）信息披露内容	1. 基本披露内容	（1）法定披露内容	D类	3级
			（2）约定披露内容	D类	4级
			（3）向集团披露内容	D类	5级
		2. 重大事项的信息披露	（1）一般规定	D类	4级
			（2）政府投资基金特殊规定	C类	4级
			（3）PPP基金的特殊规定	C类	4级
			（4）其他特殊信息披露要求	C类	4级
		3. 关联交易的信息披露	—	C类、D类	5级
	（四）信息披露方式	1. 信息披露平台	—	D类	2级
		2. 基金合同约定披露方式	—	D类	4级

续表

一级指标	二级指标	三级指标	四级指标	合规管理风险类型	风险等级
	（五）信息披露管理	1. 制定信息披露事务管理制度	—	D类	5级
		2. 信息职责部门	—	D类	3级
		3. 信息披露流程	—	D类	3级
		4. 信息披露档案保管	—	D类	2级
		5. 披露信息保密义务	—	D类	2级
		6. 基金托管人的信息披露要求	—	C类、D类	3级
		7. 特殊信息的披露	—	B类、C类	4级
	（六）法律后果	1. 违反信息披露义务的法律后果	—	B类	5级
		2. 整改方法	—	D类	3级
三、目标公司投后管理	（一）公司治理	1. 外派人员	（1）任职资格	D类	3级
			（2）选聘程序	D类	3级
			（3）行权规则	D类	4级
			（4）人事管理	D类	2级
		2. 掌握会议情况	—	D类	4级
	（二）财务信息收集	—	—	C类	4级
	（三）协议执行情况监督	1. 业绩对赌	—	E类	4级
		2. 目标公司评估	—	D类	4级
	（四）重大事项	—	—	D类	4级
	（五）日常管理	1. 定期或不定期走访	—	D类	3级
		2. 增值服务	—	D类	2级

续表

一级指标	二级指标	三级指标	四级指标	合规管理风险类型	风险等级
四、风险预警与处置	（六）管理报告	—	—	C类、D类	4级
	（七）投后决策	—	—	D类	4级
	（一）维持运作机制	—	—	D类	4级
	（二）纠纷解决机制	1.按照合同约定的诉讼解决机制	—	D类	3级
		2.基金未托管的纠纷解决机制约定	—	D类	3级
		3.投资者投诉处理	—	D类	5级
	（三）风险管理	1.风险信息监控重点	—	C类	4级
		2.风险信息的报送	—	C类	5级

6.私募股权投资基金合规风险管理指标库之基金退出

表6　私募股权投资基金合规风险管理指标库之基金退出

一级指标	二级指标	三级指标	四级指标	合规管理风险类型	风险等级
一、项目延期和基金展期	（一）项目延期	1.决策部门	—	C类、D类	4级
		2.延期程序	—	D类	4级
		3.延期后的投后管理	—	D类	4级
	（二）基金展期	1.决策部门	—	D类	4级
		2.展期程序	—	D类	4级

续表

一级指标	二级指标	三级指标	四级指标	合规管理风险类型	风险等级
		3.展期后的基金管理	（1）基金的信息披露	D类	4级
			（2）对管理人的影响		
二、项目退出	（一）退出流程	1.投资决策部门	根据基金合同的约定，由投决会或合伙人会议或管理人作出基金退出项目的决策	C类、D类	3级
		2.退出程序（根据基金合同的约定，履行基金内部决策程序）	（1）风控委审查	D类	3级
			（2）投决会审议		
			（3）风控专员参与		
	（二）项目退出方式	1.IPO退出	（1）首次公开发行股票的基本条件	B类、C类、D类	4级
			（2）法定发行程序		
			（3）申请文件及审批程序		
			（4）锁定期和减持		
		2.股权转让	（1）收购的程序	B类、C类、D类	4级
			（2）优先购买权		
			（3）转让方式		
		3.股权回购	（1）回购的有效性	B类、C类、D类	4级
			（2）回购的方式		
		4.债权项目退出	按照协议的约定，基金收回本金和利息，实现退出	C类	3级
		5.诉讼退出	—	C类	5级
		6.清算退出	—	B类	5级

续表

一级指标	二级指标	三级指标	四级指标	合规管理风险类型	风险等级
三、基金清算	（一）基金清算	1.清算原因	（1）公司的法定解散或合伙企业的法定清算	B类、C类、D类	4级
			（2）基金合同的约定		
			（3）基金投资人后期决定		
			（4）基金未成立或成立后协会不予备案		
		2.清算时间点	（1）基金终止日	C类	3级
			（2）清算开始日		
			（3）清算截止日		
		3.清算步骤	（1）清算的前提	B类、C类、D类	3级
			（2）确定清算组		
			（3）清算人核算、清理基金财产、债权申报		
			（4）清算人处理基金财产		
			（5）清算人编制清算报告		
			（6）管理人向中基协申请基金清算备案		
			（7）工商注销登记		
			（8）清算资料的保管		
	（二）投资者退出基金	1.分配的决策	—	C类	3级
		2.分配的执行	（1）管理人按照基金合同约定将收益及本金分配至投资者账户，投资者退出	C类、D类	3级

续表

一级指标	二级指标	三级指标	四级指标	合规管理风险类型	风险等级
			（2）部分分配后的基金信息披露		
		3.特殊情况下的投资者退出基金	—	C类	3级
	（三）对管理人的影响	—	—	D类	3级

附录二：私募基金管理人登记法律尽职调查清单

表 1　私募基金管理人登记法律尽职调查清单

《私募基金管理人登记法律意见书指引》	管理人需说明的事项或提交的材料	签章要求	反馈情况
（一）申请机构是否依法在中国境内设立并有效存续。 （二）申请机构的工商登记文件所记载的经营范围是否符合国家相关法律法规的规定。申请机构的名称和经营范围中是否含有"基金管理"、"投资管理"、"资产管理"、"股权投资"、"创业投资"等与私募基金管理人业务属性密切相关字样；以及私募基金管理人名称中是否含有"私募"相关字样。	1. 登记承诺函 在 AMBERS 系统中下载使用最新模板。机构名称、注册地址、办公地址均需完整准确填写，登记承诺函与工商登记和系统填报保持一致。	1. 落款处加盖申请机构公章，多页加盖骑缝章。 2. 法定代表人/执行事务合伙人（委派代表）签字。	
	2. 请提供管理人取得的营业执照及全部政府批文（如为外商投资企业，包括但不限于外商投资企业批准证书等）。	复印件需加盖申请机构公章。	
	3. 请提供管理人自设立以来的全部工商登记档案。	—	
	4. 请提供管理人自设立以来内部决策机构的全部决议。	—	
	5. 管理人的公司章程/合伙协议 管理人的公司章程/合伙协议约定事项如有变更，可将章程修正案/补充合伙协议一并提供，或提供最新修订的章程/合伙协议。	复印件需加盖申请机构公章，多页加盖骑缝章。	
	6. 请提供管理人自身所有的网站地址。	—	

续表

《私募基金管理人登记法律意见书指引》	管理人需说明的事项或提交的材料	签章要求	反馈情况
	7. 提供商业计划书 商业计划书应详述申请机构展业计划，内容应包括投资类型、投资标的、如何募集、如何选择投资对象等，并详细说明基金产品的交易结构、资金来源及投出方式，并列出首只基金的产品要素表 （不要套用模板，详细、具体描述真实的展业计划）。	加盖申请机构公章，多页加盖骑缝章。	
	8. 拟投项目证明资料 拟投资项目投资协议或合作意向书、项目合作方联系方式、拟担任政府引导基金管理人相关政府批文等。	投资协议或合作意向书应加盖申请机构与合作方的公章，政府公文无需加盖申请机构公章，其他证明资料加盖申请机构公章。	
	9. 申请机构资产负债表、利润表、现金流量表，审计报告及经审计的财务报告，最近季度的财报。 ① 申请机构成立满一个会计年度需提交审计报告。 ② 申请机构成立不满一个会计年度自愿提交审计报告，但需提交近三个月资产负债表、损益表及现金流量表以及最近季度的财务报告。 ③ 年度审计报告距提交申请时间较长的，请提供本年度最近季度的财务报告（季报不强制经审计）。	加盖申请机构公章，多页加盖骑缝章；原件应有会计师事务所公章，复印件需加盖申请机构公章，多页加盖骑缝章。	
	10. 请书面说明管理人是否已进入解散、清算或破产程序，是否存在其他可能导致管理人终止的情形。	—	

续表

《私募基金管理人登记法律意见书指引》	管理人需说明的事项或提交的材料	签章要求	反馈情况
	11. 请说明管理人是否挂牌/上市。	—	
	12. 请说明管理人持有行政许可及注册信息（指金融监管部门及金融行业自律组织向机构颁发的与金融业务相关的牌照及注册信息），包括牌照名称、牌照业务类型、颁发机构、注册日期，并请提供牌照扫描件。	复印件需加盖申请机构公章，多页加盖骑缝章。	
	13. 其他相关证明文件 申请机构的设立或后续展业如有政府支持性文件、招投标证明、引导基金相关批复、行业知名机构举荐函/推荐信等相关支持文件可一并提供。	复印件需加盖申请机构公章，多页加盖骑缝章。	
（三）申请机构是否符合《私募投资基金监督管理暂行办法》第22条专业化经营原则，说明申请机构主营业务是否为私募基金管理业务；申请机构的工商经营范围或实际经营业务中，是否兼营可能与私募投资基金业务存在冲突的业务、是否兼营与"投资管理"的买方业务存在冲突的业务、是否兼营其他非金融业务。	14. 请说明： ① 管理人实际从事的主营业务情况（包括但不限于业务领域、业务类型和业务模式），主营业务是否为私募基金管理业务。 ② 管理人实际经营的业务中，是否在从事私募投资基金业务同时兼营其他与之存在冲突的业务、是否兼营与"投资管理"的买方业务存在冲突的业务，是否兼营其他非金融业务？特别是，是否从事P2P、民间借贷、担保等业务。如有，请说明兼营的业务领域、业务类型及业务模式。	—	
	15. 请提供管理人重大经营合同，特别是从事私募基金管理业务以及上述兼营业务相关的合同。	—	

续表

《私募基金管理人登记法律意见书指引》	管理人需说明的事项或提交的材料	签章要求	反馈情况
（四）申请机构股东的股权结构情况。申请机构是否有直接或间接控股或参股的境外股东，若有，请说明穿透后其境外股东是否符合现行法律法规的要求和中国基金业协会的规定。 （五）申请机构是否具有实际控制人；若有，请说明实际控制人的身份或工商注册信息，以及实际控制人与申请机构的控制关系，并说明实际控制人能够对机构起到的实际支配作用。	16. 请提供管理人目前的权益结构图，结构图应披露至各个股东或投资人的最终权益持有人（实际控制人），即披露至自然人或国有资产管理机构。	—	
	17. 请提供与管理人设立或存续有关的协议，例如股东协议或合伙协议。	—	
	18. 管理人是否存在股权激励、信托持股、委托持股、职工持股会或类似安排？如有，请提供相关协议、资料。	—	
	19. 申请机构股东/实际控制人如为自然人的，请提供证件扫描件、学位/学历证明文件。 ① 证件扫描件为身份证、港澳通行证、护照等。 ② 高中以上学位证、毕业证、结业证等（高中学历证明无需提交，但最高学历为高中的需提交）。 ③ 取得外国学历学位的，需补充提交教育部学历学位认证证明文件（早年取得无认证的无需提交）。 ④ 如遗失，可提交相关机构（如毕业学校、人事档案所在机构）出具的有效证明或学信网学籍验证报告。	学位/学历证明文件复印件需加盖申请机构公章。	
	20. 申请机构股东/实际控制人如为机构类的，请提供营业执照或主体资格证明文件。	营业执照或主体资格证明文件复印件需加盖出资人/实际控制人公章。	

续表

《私募基金管理人登记法律意见书指引》	管理人需说明的事项或提交的材料	签章要求	反馈情况
	21.（如涉及）管理人股权架构合理性说明 如管理人股权架构向上穿透超过三层的，应说明多层股权架构设置的合理性及必要性。 ① 上穿出资人如为SPV应说明设立目的及出资来源。 ② 出资人为地方政府融资平台的，请管理人出具承诺函，承诺将在产品运作过程中符合六部委《关于进一步规范地方政府举债融资行为的通知》（财预〔2017〕50号）及财政部印发《关于规范金融企业对地方政府和国有企业投融资行为有关问题的通知》（财金〔2018〕23号）的相关规定规范运作。	加盖申请机构公章，多页加盖骑缝章。	
	22.（如涉及）出资人出具不开展经营性业务承诺函 如存在出资人为持股平台的，需出具不开展经营性业务承诺函，出资人承诺自身仅为持股平台，不开展经营性业务。	加盖出资人公章。	
	23. 请提供股东的出资能力证明文件 ① 自然人出资人的出资能力证明包括：固定资产（非首套房屋产权证）、非固定资产（不限于薪资收入证明、完税证明、理财收入证明、配偶收入等），如为银行账户存款或理财金额，请提供近半年银行流水及金融资产证明；如涉及家族资产，请说明具体来源等情况。	复印件需加盖申请机构公章，多页加盖骑缝章。	

续表

《私募基金管理人登记法律意见书指引》	管理人需说明的事项或提交的材料	签章要求	反馈情况
	②非自然人出资人的出资能力证明如为经营性收入，请结合成立时间、实际业务情况、营收情况等论述收入来源合理与合法性，并提供审计报告等证明材料。 ③出资能力证明应包括资产所有权证明及该资产的合法来源证明。		
	24.实际控制人与管理人之间的控制关系图 ①控制关系图应完整展示全部直接出资人及出资比例，并披露各直接出资人向上逐层穿透情况直至最终出资人（自然人、上市公司实控、政府部门、事业单位等）。除依据控股股东上穿认定实际控制人的情形外，其他实际控制人认定理由应在图下做简要说明。 ②管理人通过一致行动协议认定实际控制人的，请提供一致行动协议。 ③申请机构的实际控制人为自然人，且不在申请机构担任高管的，应说明原因，并说明申请机构实际控制人如何在不担任公司高管的情况下参与公司经营管理。	实际控制人/第一大股东若为自然人，应在控制关系图上签字；若为非自然人，应在控制关系图上加盖公章。	
	25.（如涉及）实际控制人及第一大股东出具保持实际控制及自律合规连带责任承诺函 如关联方中有已登记的私募基金管理人，或控股股东/第一大股东为已登记的私募基金管理人，则申	自然人实际控制人/第一大股东签字，非自然人实际控制人/第一大股东盖章。	

续表

《私募基金管理人登记法律意见书指引》	管理人需说明的事项或提交的材料	签章要求	反馈情况
	请机构第一大股东及实际控制人出具书面承诺函，承诺申请机构完成私募基金管理人登记后，继续持有申请机构股权及保持实际控制不少于三年；实际控制人承诺若申请机构展业中出现违法违规情形，应当承担相应的合规连带责任和自律处分后果。		
	26.（如涉及）实际控制人/第一大股东出具新设同类型私募基金管理人合理性说明 申请机构实际控制人/第一大股东下已有同类型私募基金管理人的，实际控制人需提交新设同类型私募合理性说明，说明设置多个同类型私募基金管理人的目的与合理性、业务方向有何区别、如何避免同业化竞争等问题。	加盖实际控制人/第一大股东公章，多页加盖骑缝章。	
	27.（如涉及）直接或间接持有管理人权益的主体中若含有境外主体的，请提供相关主体的外商投资企业批准证书，经公证认证的境外主体的全套注册资料、中国证监会的批准文件等。	—	
（六）申请机构是否存在子公司（持股5%以上的金融企业、上市公司及持股20%以上的其他企业）、分支机构和其他关联方（受同一控股股东/实际控制人控制的金融	28.请提供管理人的子企业（持股5%以上的金融企业、上市公司及持股20%以上的其他企业，下同）、分支机构和其他关联方（受同一控股股东/实际控制人控制的金融企业、资产管理机构、私募基金管理人、投资类企业、冲突业务企业、投资咨询及金融服务企业等，下	—	

续表

《私募基金管理人登记法律意见书指引》	管理人需说明的事项或提交的材料	签章要求	反馈情况
企业、资产管理机构或相关服务机构）。若有，请说明情况及其子公司、关联方是否已登记为私募基金管理人。	同）（如有）目前有效的营业执照、全部工商登记档案。		
	29. 由上述子公司、分支机构和其他关联方与申请机构共同出具说明，说明及承诺内容如下： ① 子企业、分支机构和其他关联方实际开展业务的情况。 ② 子企业、分支机构和其他关联方是否开展私募基金业务，是否登记为私募基金管理人，以及未登记为私募基金管理机构的原因。 ③ 子企业、分支机构和其他关联方实际开展业务是否涉及与私募基金管理冲突业务。 ④ 申请机构与其子企业、分支机构和其他关联方是否存在关联交易或利益输送。 且冲突业务关联方需与申请机构共同承诺：申请机构自身及其未来管理的私募基金均不涉及民间借贷、民间融资、配资业务、小额理财、小额借贷、P2P/P2B、众筹、保理、融资租赁、担保、房地产开发、交易平台、典当等可能与私募投资基金属性相冲突的业务。	申请机构与冲突业务关联方加盖公章，承诺函可一页出具共同盖章，也可分别出具盖章。	
	30.（如涉及）冲突业务关联方资质证明文件 从事小额贷款、融资租赁、商业保理、融资担保、互联网金融、典当等冲突业务（房地产除外）的关联方需提供相关主管部门正式许可文件。	冲突业务许可证明文件若提交复印件需加盖冲突业务关联方公章。	

续表

《私募基金管理人登记法律意见书指引》	管理人需说明的事项或提交的材料	签章要求	反馈情况
（七）申请机构是否按规定具有开展私募基金管理业务所需的从业人员、营业场所、资本金等企业运营基本设施和条件。	31.（如涉及）关联私募基金管理人自律合规连带责任承诺函 如关联方中有已登记私募基金管理人，或控股股东/第一大股东为已登记私募基金管理人的，则需出具承诺函，承诺若申请机构展业中出现违法违规情形，应当承担相应的合规连带责任和自律处分后果。	加盖关联私募基金管理人公章。	
	32. 请提供管理人的员工花名册，包括但不限于姓名、部门、职务、性别、年龄、文化程度、专业、专业资质、证件类型及号码、入职年月日、签订劳动合同情况（首次签订劳动合同起止年月、最近一次续签劳动合同起止年月、未签订劳动合同情况说明）、签订其他用工协议情况（协议名称、起止年月）、缴纳五险一金情况（缴纳险种、未缴纳险种及情况说明）、是否兼职、是否具有基金从业资格。	—	
	33. 请提供社保、公积金缴纳记录等证明材料 社保缴费记录应显示员工姓名及管理人名称，新参保无缴费记录的可提供社保增员记录等，第三方人力资源服务机构代缴的提交管理人签署的代缴协议、人力资源服务资质证明文件、代缴记录，退休返聘的提交退休证。	社保缴费记录应加盖社保主管部门章。	
	34. 请填写并提供全体员工调查表，披露员工基本信息、学习经历、工作经历等。	全体员工简历加盖申请机构公章，多页加盖骑缝章。	

续表

《私募基金管理人登记法律意见书指引》	管理人需说明的事项或提交的材料	签章要求	反馈情况
	35. 请提供管理人与员工签署劳动合同，国企委派任职人员提供派出单位出具的委派任职文件。	劳动合同应由员工签字、申请机构加盖公章，国企委派任职文件加盖委派单位公章。	
	36. 请提供管理人的经营场所证明，若是自有产权，则提供产权证明及完税证明；如为直接租赁所得，请提供租赁协议、产权证复印件以及租金缴纳凭证；如为转租所得，请提供原租赁协议、转租协议、产权人或物业管理人同意转租的确认文件以及租金缴纳凭证；如由股东、关联方等无偿提供取得，请提供原租赁协议或产权证、无偿使用证明、产权人或物业管理人同意使用的确认文件。 备注：经营场所应足以支持运营，需提供前台、写字楼照片。	复印件需加盖申请机构公章，多页加盖骑缝章。	
	37. 请说明管理人的办公地址（实际营业场所所在地址），工商注册地和办公地址不在同一个行政区域的，请说明分离的原因及合理性。	申请机构加盖公章。	
	38. 请提供管理人的办公设施证明，如为自有资产，请提供相应的权属凭证及完税证明，如为租赁使用，请提供租赁合同、租金支付凭证。 备注：需提供办公设施证明，如办公设施采购合同、借用合同、租赁合同等及相关费用支付凭证。	银行回单需加盖银行业务章，验资报告需加盖会计师事务所公章。	

续表

《私募基金管理人登记法律意见书指引》	管理人需说明的事项或提交的材料	签章要求	反馈情况
	39.请提供实收资本/实缴出资证明 应提交验资报告或银行回单（优选银行回单），记载的出资人、认缴资本额、实缴资本额与工商登记信息一致；如实缴出资后发生出资人变更，可将原出资证明（验资报告或银行回单）、股权转让协议、股权转让款银行转账回单一并提交，或重新出具验资报告。	—	
	40.请说明管理人的主要支出（包括员工薪酬、办公场所租金、办公设施费用等）及其资金来源情况。 备注：需说明公司六个月预估的运营费用，且实缴资本和管理人的其他运营收入（包括但不限于管理费收入）可足额支持。	—	
（八）申请机构是否已制定风险管理和内部控制制度。是否已经根据其拟申请的私募基金管理业务类型建立了与之相适应的制度，包括（视具体业务类型而定）运营风险控制制度、信息披露制度、机构内部交易记录制度、防范内幕交易、利益冲突的投资交易制度、合格投资者风险揭示制度、合格投资者内部审核	41.请提供管理人现行有效的全部制度，包括但不限于运营风险控制制度、信息披露制度、机构内部交易记录制度、防范内幕交易、利益冲突的投资交易制度、合格投资者风险揭示制度、合格投资者内部审核流程及相关制度、私募基金宣传推介、募集相关规范制度、其他制度（如防范关联交易，利益输送等制度）。 请同时提供公司通过、实施相关制度的决议。	复印件需加盖申请机构公章。	

续表

《私募基金管理人登记法律意见书指引》	管理人需说明的事项或提交的材料	签章要求	反馈情况
流程及相关制度、私募基金宣传推介、募集相关规范制度以及（适用于私募证券投资基金业务）的公平交易制度、从业人员买卖证券申报制度等配套管理制度。			
（九）申请机构是否与其他机构签署基金外包服务协议，并说明其外包服务协议情况，是否存在潜在风险。	42.请说明管理人是否与其他机构签署基金外包服务协议（含提供销售、销售支付、份额登记、估值核算、信息技术系统等业务的服务），如有，请提供相关外包服务协议。	复印件需加盖申请机构公章。	
	43.管理人与其他机构签署有外包服务协议的，请一并提供管理人相应的风险管理框架及制度，管理人对外包机构的尽职调查报告。	复印件需加盖申请机构公章。	
（十）申请机构的高管人员是否具备基金从业资格，高管岗位设置是否符合中国基金业协会的要求。高管人员包括法定代表人\执行事务合伙人委派代表、总经理、副总经理（如有）和合规\风控负责人等。	44.请提供管理人目前高管人员[包括董事长、总经理、副总经理、执行事务合伙人（委派代表）、合规风控负责人以及实际履行上述职务的其他人员]名单。	—	
	45.请上述人员分别填写《高管调查表》。	—	
	46.请提供高管人员的证件扫描件、学位/学历证明文件、相关从业资格证明文件、无犯罪记录证明。	学位/学历证明文件复印件需加盖申请机构公章。	
	47.提供高管人员出具的承诺函。承诺法律意见书中披露及系统填报的基本信息、诚信信息、兼职及挂职信息真实、准确、完整，无系统填报以外的诚信信息及兼职挂职信息。	复印件需高管签字并加盖申请机构公章，多页加盖骑缝章。	

续表

《私募基金管理人登记法律意见书指引》	管理人需说明的事项或提交的材料	签章要求	反馈情况
	48.高管及团队员工投资管理经验证明 请提供高管人员或投资人员股权（含创投）项目成功退出证明，包括但不限于管理产品的证明材料、退出材料等；高管人员、团队员工在其岗位或私募投资基金领域具备专业能力的证明材料。	复印件需加盖申请机构公章，多页加盖骑缝章。	
（十一）申请机构是否受到刑事处罚、金融监管部门行政处罚或者被采取行政监管措施；申请机构及其高管人员是否受到行业协会的纪律处分；是否在资本市场诚信数据库中存在负面信息；是否被列入失信被执行人名单；是否被列入全国企业信用信息公示系统的经营异常名录或严重违法企业名录；是否在"信用中国"网站上存在不良信用记录等。	49.请说明管理人是否存在如下情形： ① 最近三年受到刑事处罚； ② 最近三年受到证监会的行政处罚； ③ 最近三年被证监会采取行政监管措施； ④ 最近三年受到其他监管部门的行政处罚； ⑤ 最近三年被基金业协会或其他自律组织采取自律措施； ⑥ 最近三年涉及诉讼或仲裁； ⑦ 最近三年其他合法合规及诚信情况。 若不存在上述情形，请提供证明、声明及保证；若存在上述情形，请提供刑事判决书、处罚决定、罚款缴纳凭证等。	复印件需加盖申请机构公章，多页加盖骑缝章。	
	50.关于任何政府部门以前、现在或预期将会对管理人进行的调查或询问（包括正式与非正式的）的报告或者重要通信；上述政府部门包括但不限于审计、税务、金融、工商、海关、行业和其他监管机构。	复印件需加盖申请机构公章，多页加盖骑缝章。	

续表

《私募基金管理人登记法律意见书指引》	管理人需说明的事项或提交的材料	签章要求	反馈情况
	51. 管理人是否存在媒体负面报道，如有请提供相关报道文件及管理人声明。	—	
	52. 请说明管理人及其高管人员是否存在如下情形： ① 受到行业协会的纪律处分； ② 在资本市场诚信数据库中存在负面信息； ③ 被列入失信被执行人名单； ④ 被列入全国企业信用信息公示系统的经营异常名录或严重违法企业名录； ⑤ 在"信用中国"网站上存在不良信用记录； ⑥ 存在其他违法或失信行为 若不存在上述情形，请提供证明、声明及保证；若存在上述情形，请提供刑事判决书、处罚决定、罚款缴纳凭证等。	复印件需加盖申请机构公章，多页加盖骑缝章。	
	53. 请提供管理人与高管人员的征信报告。	—	
（十二）申请机构最近三年涉诉或仲裁的情况。	54. 请提供管理人作为一方当事人的任何（已完结、未完结或有可能要提出的）诉讼、仲裁或行政处罚的详情，并提供已生效的法律文件等有关材料。应当包括但不限于起诉状、仲裁申请书、上诉状、双方证据、代理意见、答辩状、判决书、调解书、裁定书、款项支付凭证、案件最新进展情况的简要介绍、对诉讼或诉求结果的预计（包括预期	复印件需加盖申请机构公章，多页加盖骑缝章。	

续表

《私募基金管理人登记法律意见书指引》	管理人需说明的事项或提交的材料	签章要求	反馈情况
	所需的时间等）、索赔金额、采取措施的详细说明。 若无前述情形，请提供书面证明、声明及保证。		
（十三）申请机构向中国基金业协会提交的登记申请材料是否真实、准确、完整。	—	—	

图书在版编目(CIP)数据

私募股权基金行业合规管理实务:操作指引与实务范本/张颖主编.—北京:中国法制出版社,2021.9

(大成·集/韩光主编)

ISBN 978-7-5216-2064-1

Ⅰ.①私⋯ Ⅱ.①张⋯ Ⅲ.①股权—投资基金—证券投资基金法—基本知识—中国 Ⅳ.①D922.287.4

中国版本图书馆CIP数据核字(2021)第143676号

策划编辑:刘 悦

责任编辑:刘 悦(editor_liuyue@163.com) 封面设计:李 宁

私募股权基金行业合规管理实务:操作指引与实务范本
SIMU GUQUAN JIJIN HANGYE HEGUI GUANLI SHIWU:CAOZUO ZHIYIN YU SHIWU FANBEN

主编/张 颖
经销/新华书店
印刷/三河市国英印务有限公司

开本/710毫米×1000毫米 16开	印张/25 字数/343千
版次/2021年9月第1版	2021年9月第1次印刷

中国法制出版社出版
书号ISBN 978-7-5216-2064-1 定价:108.00

北京西单横二条2号 邮政编码100031 传真:010-66031119
网址:http://www.zgfzs.com 编辑部电话:010-66066620
市场营销部电话:010-66033393 邮购部电话:010-66033288
(如有印装质量问题,请与本社印务部联系调换。电话:010-66032926)